A história
desconhecida
das mulheres
que criaram
a internet

Claire L. Evans

A história desconhecida das mulheres que criaram a internet

Tradução de
Giu Alonso

1ª edição

Rio de Janeiro | 2022

TÍTULO ORIGINAL
Broad Band – The Untold Story of the
Women Who Made the Internet

ADAPTAÇÃO DA CAPA ORIGINAL DE
Jaya Miceli

COPIDESQUE
Anna Beatriz Seilhe

REVISÃO
Guilherme Bernardo
Julia Marinho

CIP-BRASIL. CATALOGAÇÃO NA PUBLICAÇÃO
SINDICATO NACIONAL DOS EDITORES DE LIVROS, RJ

E93h   Evans, Claire L.
          A história desconhecida das mulheres que criaram a internet / Claire L.
Evans ; tradução Giuliana Alonso Tiscate. – 1. ed. – Rio de Janeiro : BestSeller, 2022.

          Tradução de: Broad band : the untold story of the women who
made the internet
          ISBN 978-65-5712-129-0

          1. Mulheres - Tecnologia - História. 2. Mulheres e internet. 3. Internet -
História. I. Tiscate, Giuliana Alonso. II. Título.

22-78291   CDD: 004.082
                             CDU: 929:004.738.5-055.2

Gabriela Faray Ferreira Lopes – Bibliotecária – CRB-7/6643

Texto revisado segundo o novo Acordo Ortográfico da Língua Portuguesa.

Copyright © 2018 by Claire L. Evans
All Rights reserved inclunding the right of reproduction in whole
or in part of any form.
This edition published by arrangement with PORTFOLIO, an imprint of Penguin
Publishing Group, a division of Random House LLC.

Copyright de tradução © 2022 by Editora Best Seller Ltda.

Todos os direitos reservados. Proibida a reprodução,
no todo ou em parte, sem autorização prévia por escrito da editora,
sejam quais forem os meios empregados.

Direitos exclusivos de publicação em língua portuguesa para o Brasil adquiridos pela
Editora Best Seller Ltda.
Rua Argentina, 171, parte, São Cristóvão
Rio de Janeiro, RJ — 20921-380
que se reserva a propriedade literária desta tradução

Impresso no Brasil

ISBN 978-65-5712-129-0

Seja um leitor preferencial Record.
Cadastre-se no site www.record.com.br e receba informações
sobre nossos lançamentos e nossas promoções.
Atendimento e venda direta ao leitor:
sac@record.com.br

Para os usuários

Sumário

Introdução: O DELL   9

PARTE UM: AS KILOGIRLS

Capítulo Um: PROCURA-SE UM COMPUTADOR   17

Capítulo Dois: INCRÍVEL GRACE   35

Capítulo Três: OS VERDES ANOS DA MOCIDADE   63

Capítulo Quatro: TORRE DE BABEL   75

Capítulo Cinco: AS GAROTAS DOS COMPUTADORES   87

PARTE DOIS: VIAGEM DE CONEXÃO

Capítulo Seis: A CAVERNA MAIS LONGA   97

Capítulo Sete: RESOURCE ONE   III

Capítulo Oito: REDES   127

Capítulo Nove: COMUNIDADES   147

Capítulo Dez: HIPERTEXTO   173

PARTE TRÊS: AS PRIMEIRAS CONVICTAS DE VERDADE

Capítulo Onze: MISS OUTER BORO   199

Capítulo Doze: WOMEN.COM   229

Capítulo Treze: AS JOGADORAS   249

Epílogo: AS CIBERFEMINISTAS   267

Agradecimentos   275

Notas   277

Introdução

O DELL

Quando eu era mais nova, tive um computador Dell.

Era um caixote bege ligado à internet por um modem de 28,8K que guinchava toda vez que eu me conectava. As teclas tinham o porte de cubos de açúcar e eram ligeiramente côncavas. O equipamento completo ocupava a quina da escrivaninha em L no santuário do meu quarto. Com o passar dos anos, fui colando adesivos feito camadas geológicas no laminado branco da mesa. Se arrancados um por um, eles revelariam versões anteriores da menina que os colou, como um doce manifestando diferentes sabores conforme derrete na boca. O quarto de uma adolescente é uma cabine de pilotagem, um altar e um ventre: guarda o que ela tem de mais sagrado, e a contém enquanto ela cresce, até cedo ou tarde ejetá-la para o mundo.

O Dell passou pela própria metamorfose. Teve todos os sistemas operacionais da Microsoft, do MS-DOS até o Windows 95. A era do DOS foi incrível: jogos em disquetes e prompts de comando. Com o tempo, o plástico grosso do monitor chanfrado se avolumou com camadas de esmalte com glitter e post-its. FAÇA ALGUMA COISA, escrevi com canetinha no gabinete do Dell, tanto um desabafo quanto um mantra.

Quando a internet entrou na minha vida, foi como se meu monitor se transformasse em um portal de vidro. Ela abriu um canal infinito. Quando o modem engasgava, eu me derramava em elogios: *Você é um modem muito bonzinho e eu acredito em você.* Era uma tradição folclórica compulsiva todinha minha. Eu acreditava, na época, que a informação, tal como as pessoas, precisava de apoio para fazer sua jornada pelo mundo. No início da minha vida on-line, aprendi a programar em HTML e fiz sites rudimentares em homenagem às minhas bandas favoritas. Enviei e-mails empolgados para amigos que conheci em acampamentos de férias, com os quais nem tinha muito contato. Encontrei respostas para perguntas que tinha vergonha de fazer. Fiz amigos à distância que tinha medo de encontrar pessoalmente. Registrei minha vida em pequenas comunidades, hoje obsoletas. Resumindo, eu me tornei eu mesma, aproveitando as liberdades que o computador me permitia, livre tanto *de* — do isolamento, da timidez, da ignorância — quanto *para* — aprender, experimentar, descobrir e brincar.

Abandonei meu Dell quando fui para a faculdade com um Sony VAIO, um daqueles trágicos modelos intermediários de laptop que provavelmente vão habitar futuros museus da tecnologia, com uma base removível que só servia para esquentar minhas coxas. Tal como a maior parte dos eletrônicos de uso popular nos Estados Unidos, o Dell deve ter acabado em um lixão, ou dentro de um contêiner rumo à China, Malásia, Índia ou ao Quênia, onde foi despedaçado feito um frango assado, os cabos cortados, as entranhas despidas de metais e minérios valiosos. Imagino o que não devem ter pensado do meu monitor brilhante de glitter os trabalhadores mal pagos que reviram os campos tóxicos de lixo tecnológico não processado que trituraram meu Dell até virar pó de plástico. Mesmo quando ficam obsoletos, computadores nunca desaparecem por completo — só se tornam problema de outra pessoa. Produzidos em massa, fazem parte da nossa memória cultural — a materialização, como o meu Dell, de conceitos juvenis ou, como o Macintosh que nunca tive, do próprio fenômeno da computação pessoal. Sem dúvida, é por isso que tantas vezes consideramos a história da tecnologia como uma linhagem de máquinas cada vez mais espertas: do ábaco chinês a armários imensos manejados por trabalhadores cuidadosos, de refrigeradores com telas de tubo de raios catódicos a encarnações de silício e plástico, encolhendo até chegar a um familiar retângulo de vidro portátil. Em qualquer marco dessa linhagem, é tentador dar todo o mérito à caixa. Apontar uma delas e dizer: "As pessoas que criaram isso mudaram o mundo." Esta história não é sobre essas pessoas.

Este é um livro sobre mulheres.

Este também é um livro sobre o verdadeiro potencial dos computadores. Com isso não estou dizendo que os homens fabricam e as mulheres usam — longe disso —, só que a história da tecnologia que em geral ouvimos se resume a homens e máquinas, ignorando as mulheres e o que elas desenvolveram. O trabalho mental feminino deu origem à tecnologia da informação, e foram as mulheres que elevaram a operação rudimentar de máquinas de computar para uma arte chamada programação. Elas deram uma linguagem à caixa. Lutaram com mainframes brutamontes e os fizeram servir ao público, mostrando como produtos industriais podem ser úteis às pessoas, desde que haja essa intenção. Quando a internet ainda era uma confusão desordenada de hosts, elas construíram protocolos para direcionar o fluxo do tráfego e ajudar a web a crescer. Antes que a World Wide Web entrasse em nossa vida, mulheres no meio universitário e no ofício da ciência da computação criaram sistemas para transformar vastos armazéns de informação digital em conhecimento; mas nós as abandonamos em favor da simplicidade bruta. Mulheres construíram impérios na era da internet, e estiveram na vanguarda em estabelecer e propagar comunidades virtuais. As lições que aprenderam ao fazer isso tudo nos serviriam bem hoje em dia, mas precisamos nos dispor a escutar.

Nada disso é fácil de quantificar, o que torna as contribuições dessas mulheres à computação difíceis de catalogar e, mais ainda, de preservar. Embora este livro deva muito à incrível pesquisa bibliográfica citada, também utilizei relatos em primeira pessoa de mulheres e documentação fragmentada característica da história da tecnologia: capturas de tela, históricos de chats, programas ultrapassados, manuais antigos e pági-

12 A HISTÓRIA DESCONHECIDA DAS MULHERES QUE CRIARAM A INTERNET

nas de internet em ruínas. Fiz tudo o que pude para explorar os antigos softwares ainda disponíveis, aprendi comandos de Unix e as convenções sociais da cultura cibernética do velho mundo com a dedicação de um estudante de intercâmbio. Que os servidores ronronem por tempo o bastante para que esse turismo virtual aconteça, porque com o tempo tais lugares só vão se tornar mais precários. É uma ironia: mesmo com a multiplicação da memória dos computadores, nossa capacidade de guardar lembranças pessoais continua sendo uma questão de vontade, presa ao crânio e expansível somente graças à nossa habilidade de contar histórias.

Estas páginas são habitadas por técnicas, algumas das mais brilhantes programadoras e engenheiras da história. Há também acadêmicas e hackers. E há profissionais da cultura, webdesigners e designers de games, além da autodeclarada "maior escrota do Vale do Silício". Por mais diversas que sejam suas experiências, todas têm uma coisa em comum: elas se importam profundamente com o usuário. Nunca se deslumbram a ponto de esquecer por que a máquina existe: para enriquecer a vida humana. Se você estiver procurando as mulheres na história da tecnologia, comece por onde a tecnologia tornou a vida melhor, mais fácil e mais conectada. Comece no ponto em que a forma é suplantada pela funcionalidade. Um computador é uma máquina que condensa o mundo em números a serem processados e manipulados. Tornar isso compreensível para o maior número de pessoas possível, seja qual for a sua habilidade técnica, não é um objetivo essencialmente feminino — nada é. Porém, as mulheres com quem conversei pareciam compreender implicitamente a importância desse propósito, considerando-o um direito fundamental e inalienável.

Viver com uma caixa que conecta o mundo a si mesmo é elucidativo, transformador e até meio mágico. Mas a caixa, em si, continua sendo só um objeto. Se não for desmontada e reciclada, vai poluir o planeta por milênios, uma permanência justificável somente se acreditarmos que a história antes do lixão foi válida. Ou mesmo espiritual. Computadores são montados para serem ligados, cabos são feitos para serem conectados, e links são feitos para serem clicados. Sem o toque humano, pode haver luz, mas o sinal para. Nós tornamos o objeto vivo. Damos a eles um significado, e é nesse significado que repousa seu valor. Os livros de história celebram os fazedores de máquinas, mas são os usuários — e aqueles que criam *para* os usuários — que realmente transformam o mundo.

Há mulheres no início de toda grande onda tecnológica. Não somos secundárias; somos centrais, muitas vezes ocultas em plena luz do dia. Algumas das contribuições mais assombrosas descritas aqui floresceram nos meandros duvidosos das vias expressas da informação. Antes que um novo campo seja aberto por experts, e antecipando-se à exploração comercial de qualquer coisa, as mulheres experimentam novas tecnologias e as forçam para além do que seus criadores jamais imaginariam. Muitas e muitas vezes, elas fizeram o trabalho que ninguém acreditava ser importante, até que essa mentalidade mudava. Mesmo a programação de computadores foi originalmente tarefa de garotas contratadas pura e simplesmente para conectar cabos — até que os cabos se tornaram padrões, e os padrões se tornaram uma linguagem, e de repente a programação se transformou em algo que valia a pena aprender.

Algumas considerações antes de começarmos. Considero neste livro que sexo está para gênero assim como corpo está para alma. "Mulher" significa algo diferente para cada pessoa. Não há como imaginar todas as maneiras possíveis de ser mulher, e usar o termo traz liberdade para uma multitude de vidas. Dito isso, muitas vezes mulheres partilham experiências, e, sobretudo em ambientes em que somos minoria, é bom procurar pontos em comum que aumentem a solidariedade entre nós. Mais uma: a história dos computadores é uma sopa de letrinhas. Vamos conhecer ENIAC, UNIVAC, ARPANET, Plato e a WWW. Pode ser difícil ler essas siglas sem sentir o passado gritando com você. Por favor, não se desespere. Isso é só metade da diversão.

Sigamos agora. Meu Dell se foi, sua memória foi apagada. O que resta dele são marcas não em um HD, e sim em uma pessoa: a usuária andando de um lado para o outro com seus símbolos. As lembranças do

14   A HISTÓRIA DESCONHECIDA DAS MULHERES QUE CRIARAM A INTERNET

meu Dell são como as que tenho de familiares e amigos. Lembranças de descobertas e transgressões. É este o milagre da tecnologia: ela nunca é de todo alheia a nós. Assim como um martelo engrossa o punho, ou como uma lente fortalece a vista, o computador faz a voz, mesmo de uma adolescente, ser ouvida no mundo. Eu sou o computador, e o computador sou eu.

Não serei a última a me sentir assim. E tenho certeza que não fui a primeira.

PARTE UM

As kilogirls

Capítulo um

PROCURA-SE UM COMPUTADOR

Cidade de Nova York, 1892. Em janeiro, um centro de processamento de imigrantes chamado Ellis Island passou a funcionar. Em março, em Springfield, Massachusetts, um instrutor da Associação Cristo de Moços, desesperado para evitar que uma turma de jovens inquietos saísse no frio, deu início ao primeiro jogo público de basquetebol. Mas então o inverno terminou. É dia 1º de maio, falta pouco para o verão começar e também para o século XX. É antes da tela, do mouse, do byte, do pixel e cem anos antes do meu Dell, mas há um anúncio curioso nos classificados do *New York Times*.

PROCURA-SE UM COMPUTADOR, era o que dizia.[1]

Esse anúncio é a primeira ocorrência da palavra "computador" em um veículo impresso. Não foi escrito por um viajante no tempo indiscreto, preso na Era de Ouro e saudoso do brilho familiar do seu MacBook. O anúncio foi enviado pelo Observatório Naval dos Estados Unidos, em Washington, que há algumas décadas se dedicava a um projeto de astronomia matemática: o cálculo, à mão, das posições do Sol, das estrelas, da Lua e dos planetas no céu noturno. Os diretores do observatório não estavam, naquela primavera, querendo comprar um computador e, sim, contratar um.

Por mais ou menos duzentos anos, um computador foi uma ocupação profissional, significando alguém que computa, ou faz cômputos,

18   A HISTÓRIA DESCONHECIDA DAS MULHERES QUE CRIARAM A INTERNET

para viver. Se você estivesse lendo o *Times* naquele 1º de maio de 1892 e decidisse responder ao anúncio, faria em seguida uma prova de álgebra. O trabalho no Observatório Naval era relativamente confortável: quem morava perto de Cambridge trabalhava em um escritório aconchegante e descontraído distante do prédio principal do observatório, encarapitado às margens do rio Potomac. O expediente era de cinco horas diárias, mapeando os céus de suas mesas em torno de uma lareira, muitas vezes parando para discutir uma ou outra ideia científica em voga. O restante do trabalho era feito de casa, utilizando esquemas matemáticos detalhados recebidos pelo correio. Computação, como um historiador já havia observado, foi o protótipo da vida de home office.[2]

Todo dia, esses computadores — tanto quanto os computadores de hoje — trabalhavam minuciosamente em longuíssimos problemas matemáticos complexos. E não trabalhavam sozinhos. O novo contratado faria parte de uma equipe: todos dedicados a partes específicas dos cálculos, alguns revisando o trabalho dos outros para ganhar um dinheiro extra. Com somente papel e canela, a equipe do Observatório Naval mapeava os céus, assim como outros escritórios de computação no hemisfério ocidental se dedicavam à balística, navegação marítima ou matemática pura. Eles não recebiam muito crédito individualmente, mas, qualquer que fosse o problema, participariam da solução.

Os escritórios de computação eram fábricas do pensamento. Charles Babbage, matemático britânico do século XIX, cujo desejo de calcular usando vapor levou a importantes descobertas nos primórdios da computação mecânica, chamava o que os escritórios de computação humana da sua época faziam de "labor mental".[3] Ele considerava o esforço feito pelo cérebro ao da mão ao martelar um prego. E realmente: computação era o trabalho pesado da ciência organizada; antes de se tornarem obsoletos, computadores humanos determinavam trajetórias balísticas para o Exército norte-americano, desvendavam códigos nazistas no Bletchley Park, deslindavam dados astronômicos em Harvard e davam assistência aritmética para estudos de fissão nuclear no Projeto Manhattan. Apesar da variedade de áreas, os computadores humanos tinham um aspecto em comum: eram mulheres.

A maioria, pelo menos. O Observatório Naval tinha somente uma mulher na equipe do Escritório do Almanaque Náutico, embora ela fosse de longe a mais famosa ali: Maria Mitchell, uma quacre de Nantucket Island que recebeu uma medalha do rei da Dinamarca antes dos 30 anos por descobrir um novo cometa no céu noturno. Ele ficou conhecido como "o cometa da Srta. Mitchell". No observatório, Mitchell calculava a efeméride de Vênus, sendo, como seu supervisor lhe disse, a única computadora bela o bastante para lidar com o mais belo dos planetas.

Sua presença feminina em um grupo de computação era incomum para a época, mas isso mudaria progressivamente. Maria Mitchell descobriu seu cometa apenas um ano antes da Conferência de Seneca Falls sobre os direitos das mulheres, organizada sobretudo por ativistas quacres. Sua igreja era a única denominação religiosa que permitia que mulheres pregassem para as congregações, e o pai de Maria, um astrônomo amador, fez uma forte campanha para que as realizações da filha fossem reconhecidas. Antes do fim do século XX, porém, a computação já se tornaria um trabalho majoritariamente feminino. Foi o labor mental das mulheres, desmembrando problemas intratáveis em etapas sequenciais tal como as máquinas fazem ainda hoje, que deu o pontapé inicial na era das grandes pesquisas científicas.

Na metade do século XX, a computação tanto era considerada um trabalho feminino que, quando as máquinas computacionais surgiram, evoluindo de forma paralela e quase que independente de suas contrapartes humanas, os matemáticos estimavam a capacidade delas[4] usando "anos-garota" e descreviam unidades de trabalho das máquinas como equivalentes a uma "kilogirl". Esta é a história das kilogirls. Começa, tal como nos mais belos contos, com um tear.

TEIA DE ARANHA

O tear é uma máquina simples, mas na trama e na urdidura do fio repousa a tessitura de todas as sociedades tecnologicamente letradas. Tecidos são de suma importância na experiência humana e, assim como um software, são codificados com significados. Como a teórica cultural britânica Sadie Plant observa, cada pano é um registro de sua tecelagem, uma matriz interconectada de habilidades, tempo, materiais e pessoas. "O padrão visível"[5] de qualquer tecido, escreve ela, "é integral ao processo que o produziu; o programa e o padrão são contínuos". É lógico que esse processo historicamente diz respeito às mulheres. Em torno dos teares e rodas de fiar, em círculos de costura, seja no antigo Egito, na China ou no sudeste da Europa cinco séculos antes do cristianismo, mulheres teciam roupas, abrigos, indicadores de status e até moedas de troca.

Como aconteceu com muitos padrões dominantes, esse também foi transformado pela Revolução Industrial, quando um tecelão francês, Joseph-Marie Jacquard, propôs uma nova forma de criar tecidos — não a mão, mas com números. Diferentemente de um tear tradicional, operado somente pela habilidade do tecelão, a invenção de Jacquard produzia tecidos incrivelmente complexos a partir de padrões perfurados em sequências de cartões de papel, reproduzíveis e consistentes para além de qualquer margem humana de erro. Os damascos, brocados e matelassês resultantes se tornaram muito desejados por toda a Europa, mas o impacto do tear de Jacquard foi muito além da produção têxtil industrial: seus cartões perfurados, que romperam com o padrão do processo pela primeira vez na história, mais tarde seriam usados nos primeiros computadores. Padrões codificados em papel, que cientistas da computação mais tarde chamariam de "programas", podiam dar significado a números enredados tão facilmente quanto o faziam com fios.

O tear de Jacquard tirou o emprego de trabalhadores especializados — homens e mulheres. Alguns descontaram sua raiva nas novas máquinas, declarando como herói do povo o apócrifo Ned Ludd, um tecelão que dizem ter destruído dois teares no fim do século anterior. Hoje usamos o termo "ludista" de forma pejorativa, como alguém com uma aversão irracional à tecnologia, mas sua causa não era impopular naquela época. Até lorde Byron era simpatizante. Em seu discurso inaugural na Câmara dos Lordes em 1812, ele defendeu o movimento operário organizado comparando os resultados da tecelagem mecânica feita por um tear Jacquard com uma "teia de aranha". Secretamente, ele temia que, ao defender os ludistas, fosse considerado um pouco "vândalo" também.[6] É óbvio que não era o caso — e ele também estava equivocado sobre a tal teia de aranha.

Mesmo enquanto Byron apresentava seus argumentos, os teares de Jacquard produziam um volume inédito de tecidos de qualidade no mundo. O matemático Charles Babbage possuía um retrato de Joseph-Marie Jacquard tecido com milhares de fios de seda e criado a partir de 24 mil cartões perfurados, um padrão tão intrincado que muitas vezes era confundido com uma gravura pelos seus convidados. E, embora o retrato fosse uma posse de incrível beleza, era o tear em si, e seus programas de cartões perfurados, que estimulavam a imaginação de Babbage. "É sabido", proclamou Babbage,[7] "que o tear Jacquard pode tecer qualquer padrão que a imaginação do homem for capaz de criar". Contanto que tal imaginação pudesse ser traduzida em um padrão, ele seria reproduzido infinitamente, em qualquer volume, com qualquer material, em qualquer grau de detalhamento, em qualquer combinação de cores, sem sofrer degradação. Babbage compreendeu a genialidade do programa de cartão perfurado porque fórmulas matemáticas funcionam da mesma maneira: utilize-as quantas vezes quiser, e elas jamais se modificam.

Ele ficou tão fascinado pelo tear de Jacquard que passou grande parte da vida criando máquinas de computação alimentadas por cartões perfurados. Para descrever como elas funcionavam, ele até adotou o vocabulário das fábricas de tecido, falando sobre um "armazém" para guardar os números[8] e um "moinho" onde eles seriam processados, de forma análoga às unidades de memória e de processamento de um computador moderno. Os números se moveriam pelas máquinas de Babbage, agrupando-se como fios para formar um único tecido.

As máquinas de Babbage — sendo sua máquina diferencial uma calculadora mecânica criada para tabular funções polinomiais, o mais complexo engenho analítico — estavam tão à frente do seu tempo que costumam ser vistas como anacronismos históricos. Seus projetos mecânicos exigiam uma precisão técnica nunca antes imaginada, embora o governo britânico, que considerava tabelas matemáticas um assunto de interesse nacional, estivesse disposto a apostar neles. A construção do engenho analítico foi financiada em 1823, com um orçamento inicial de 1.700 libras; quando o primeiro-ministro desistiu do projeto, quase vinte anos depois e tendo gastado dez vezes esse valor, ainda não havia nada que provasse que aquele "brinquedo dispendioso",[9] "inútil para qualquer objetivo científico", servisse para algo além de uns poucos modelos inacabados e mais de 30 metros quadrados de desenhos técnicos incompreensíveis.

As máquinas tornaram Babbage famoso — talvez até infame —, mas poucas pessoas vivas na sua época tinham capacidade intelectual de compreender o que elas poderiam fazer, que dirá como. Uma dessas pessoas era a filha de lorde Byron, Ada. Nos seus poucos anos de vida, ela lutaria por uma coisa: que a teia de aranha da qual o pai desdenhara se espalhasse, inexorável, pelo século seguinte e além.

RAIOS DE CADA CANTO DO UNIVERSO

A alquimia que deu origem a Ada era peculiar. Ela era fruto de um casamento apaixonado de um ano de duração entre Byron e uma aristocrata brilhante e com inclinações para a matemática chamada Anne Isabella Milbanke, ou Annabella. Byron, nas palavras de uma antiga amante, era "louco, perverso e perigoso",[10] e suas paixões, românticas em todos os sentidos; Annabella, por outro lado, era tão racional e bem-criada que

PROCURA-SE UM COMPUTADOR   23

Byron a provocava, chamando-a de "princesa dos paralelogramos". O casal se separou por conta de rumores de que o sórdido Byron tivesse relações mais que fraternais com sua meia-irmã Augusta.

Em meio ao escândalo do divórcio, a última coisa que Annabella queria era que Ada herdasse alguma das loucuras do pai, ou que sofresse em consequência da infâmia paterna. Para manter a filha no caminho certo, Annabella a iniciou num rigoroso curso de instrução matemática desde os 4 anos da menina. Matemática: o oposto da poesia, ou assim ela pensava.

Byron fugiu para a Itália pouco depois do nascimento de Ada. Ele nunca a conheceu, embora perguntasse bastante sobre ela. "A menina é criativa?", escreveu ele a Augusta, sabendo muito bem que Annabella, que mantinha a filha propositalmente isolada, não responderia nada a esse respeito. Byron morreu de uma nada romântica gripe na Grécia, em 1824, quando Ada tinha 9 anos. No seu leito de morte, ele gritou ao criado: "Ah, minha pobre filhinha![11] Minha querida Ada! Meu Deus, quisera eu vê-la! Dê-lhe minhas bênçãos!"

Seu corpo foi levado de volta à Inglaterra num navio, e uma grande multidão se reuniu para ver seu caixão em meio à procissão de 47 carruagens. Quando Ada finalmente descobriu o nome do pai, ela chorou por ele, embora aparentemente seu legado não tenha sido muito valorizado por ela ou pela mãe — o retrato de Byron, na casa delas, ficou escondido sob cortinas pesadas até Ada completar 20 anos. Mas seu espírito temperamental vivia nela. "Não acredito que meu pai fosse[12] (ou que pudesse vir a ser) um *poeta* tal como eu *serei* uma analista (e metafísica)", escreveu ela para Charles Babbage mais tarde, "pois para mim os dois são indissolúveis".

A mente analítica e sagaz de Ada era afligida por uma imaginação fora de série. Impedida de seguir a carreira acadêmica formal por ser mulher, ela brilhava sob preceptoria particular. Uma criança precoce e muito solitária, criava máquinas de voar e marchava em torno da mesa de bilhar tocando violino. Muitas vezes também caía doente, com uma tendência a ter episódios do que na época se considerava histeria, e mal sobreviveu a uma onda de três anos de sarampo, tempo aproveitado por Annabella para dobrar a quantidade de deveres da filha. Mas Ada era indomável, agitada e carismática, e quando superava — e em um caso, seduzia — seus tutores, buscava ela mesma conhecimento através de livros e correspondências com algumas das mentes mais ilustres da Inglaterra do século XIX.

Ela ainda estava na adolescência quando começou sua grande amizade com a famosa cientista Mary Somerville, que respondia a suas perguntas e incentivava seus estudos. O lógico Augustus De Morgan enviava problemas para ela pelo correio e se surpreendia com o poder mental que emanava de suas respostas. Se Ada fosse homem, impressionava-se ele, sua "habilidade para compreender os tópicos relevantes[13] e as verdadeiras dificuldades dos princípios básicos" a teria tornado "um investigador matemático único, talvez da maior eminência". Ela não fugia dos desafios, e tinha uma forma curiosa de aprender: questionava os princípios primordiais da matemática até chegar ao seu sentido mais fundamental, compreendendo-os assim por completo.

Ada encontrou Charles Babbage pela primeira vez em Londres, quando foi com a mãe ver sua máquina diferencial, o primeiro dos seus caríssimos e inacabados engenhos matemáticos. Ela estava com 17 anos; Babbage, 42. Ele apresentou a máquina — parte dela, ao menos — em um salão durante *soirées* nas noites de sábado, eventos que atraíam os nomes mais importantes da sociedade: Charles Darwin, Michael Faraday, Charles Dickens, o duque de Wellington. Não foi muito tempo depois do tradicional baile de debutante de Ada, no qual ela usou seda e tule e sussurrou comentários para a mãe sobre os vários duques a quem foi apresentada: de Wellington ela gostou, assim como do duque de Orleans, mas o duque de Talleyrand? Aquele ali era um "velho caduco".[14]

Ada obedientemente circulou entre os nobres, mas não tinha muito apreço pelos deveres sociais. Por outro lado, ficou encantada de imediato com a máquina de Babbage, um imenso bloco de mecanismos e engre-

PROCURA-SE UM COMPUTADOR 25

nagens. "Enquanto outros visitantes observavam[15] o funcionamento daquele belo instrumento com o tipo de expressão, e ouso dizer até com o sentimento, que selvagens supostamente teriam feito ao verem um espelho ou ouvirem o som de uma arma de fogo", escreveu uma testemunha, "a Srta. Byron, por mais jovem que fosse, compreendeu seu funcionamento e viu na invenção uma grande beleza".

Não muito depois, Ada se tornou Ada Augusta King — após casar-se com um sábio aristocrata dez anos mais velho — e, três anos mais tarde, condessa de Lovelace, graças a ascensão do marido. Aos 24 anos, Ada já tinha três filhos — um deles, um menino, batizado em homenagem ao pai dela — e gerenciava as casas da família em Surrey e Londres, mas continuava estudando matemática diariamente, ainda fascinada pela máquina diferencial.

Ela pediu a Babbage que a deixasse auxiliá-lo com suas máquinas. "Torço para que mantenha meu nome em seus pensamentos",[16] escreveu ela a Babbage em 1840, "quero dizer, meus interesses matemáticos. O senhor sabe que esse seria o maior favor que alguém poderia fazer por mim". Ser uma condessa trazia deveres sociais que a distraíam de suas verdadeiras paixões; ela queria seguir uma carreira, sua vocação, praticar a matemática de forma útil, para deixar um legado como os poemas do pai. Suas cartas — para Babbage, para a mãe, para os muitos amigos — revelam uma mulher consumida pelo terror absoluto de não ter a chance de deixar sua marca na ciência. Ela tinha confiança em seus talentos únicos: em suas imensas habilidades lógicas, fortalecidas pelas lições da mãe, e sua "percepção intuitiva de coisas ocultas",[17] um legado do pai ausente. "Posso jogar *raios* de todos os cantos do universo em *um* vasto ponto focal", escreveu ela para a mãe, que temia pela sanidade da filha.

Ada sentia afeto pelo marido — o chamava de "meu querido *escolhido*" —, mas dedicava sua vida mental a Babbage e suas máquinas. Ela se tornou sua assistente, e depois sua porta-voz. Sua maneira iconoclasta de pensar a atraía; ela admirava a engenhosidade das suas invenções. Tendo sido criada isolada, sob a tutela rigorosa de uma mãe determinada a eliminar qualquer vestígio das fantasias poéticas de lorde Byron, Ada se sentia compreendida por Babbage. Da mesma maneira que ela, ele entendia que a manipulação dos números — o clímax do pensamento matemático — tinha profundas implicações metafísicas. Essa matemática era em si uma forma de poesia.

Mas, à época em que Ada estava casada, Babbage já praticamente esquecera a máquina diferencial. Por mais impressionante que tivesse sido para a alta sociedade britânica em suas confraternizações de sábado, ainda era uma máquina de somar complicada, cuspindo linhas e mais linhas de números com o uso do operador de diferença. A máquina diferencial poderia criar tabelas matemáticas livres de erros, para com precisão "calcular a vapor" o tipo de coisa que computadores humanos faziam com alguns poucos erros por mais de um século, mas Babbage não tinha mais interesse em algo tão prático. Ele tinha uma ideia maior.

As engrenagens minunciosamente projetadas da máquina diferencial acumulavam milhares de números, mas Babbage desejava que guardassem *variáveis* — símbolos abstratos capazes de substituir números. Uma máquina assim poderia fazer muito mais que aritmética; ela resolveria *qualquer* tipo de problema. Ele começou a esboçar uma nova máquina, bem mais ambiciosa, algo que ultrapassasse a aritmética mecânica e criasse o conceito inovador de computação. Ele chamou essa máquina de engenho analítico.

Se a máquina diferencial era inteligente, o engenho analítico era brilhante. Se tivesse mesmo sido construído, teria sido capaz de multiplicar dois números de vinte dígitos em três minutos. O Harvard Mark I, um computador eletromecânico fabricado nos anos 1940 usando alguns dos princípios básicos de computação de Babbage, conseguia cumprir a mesma tarefa em torno de seis segundos, ainda que quase cem anos depois; hoje, meu laptop consegue fazer isso em um milionésimo de segundo. Mas o engenho analítico não era uma máquina elétrica: era um troço mecânico imenso, com engrenagens, manivelas e hastes pensadas para serem movidas a vapor. A palavra "engenho" é a mais adequada: ao olho

PROCURA-SE UM COMPUTADOR 27

comum, o modelo parcial do engenho analítico atualmente em exposição no Museu da Ciência de Londres parece algo saído das entranhas de um trem. Tem a formidável e impressionante figura de um cofre de banco.

Era uma ideia difícil de vender. Depois de todo o dinheiro desperdiçado na máquina diferencial de Babbage, o governo britânico não estava disposto a investir em um novo modelo com ainda menos aplicações imediatas, e Babbage não tinha ninguém a quem recorrer: com sua teimosia, ele tinha feito inúmeros inimigos na comunidade científica britânica. Na tentativa de gerar interesse pela sua máquina, Babbage aceitou um convite para ir a Turim no outono de 1840 e compartilhar seus planos para o engenho analítico com um grupo de cientistas e filósofos italianos. Ele torcia para que "o país de Arquimedes e Galileu" se provasse mais receptivo à sua ideia do que sua terra natal, mas não foi bem assim que tudo correu.

Sentado na plateia de Babbage em Turim estava um certo L. F. Menabrea, um jovem engenheiro militar que mais tarde se tornaria diplomata e, posteriormente, primeiro-ministro italiano. Após a apresentação, Menabrea escreveu um artigo detalhado, chamado "Notions sur la machine analytique", para uma revista científica suíça. Quando a intelectualmente curiosa Ada encontrou tal revista, ela logo se pôs a traduzir o artigo, corrigindo os erros de Menabrea conforme os encontrava. Ela apresentou a tradução não solicitada a Babbage. Impressionado, ele perguntou por que ela não havia escrito um artigo original, considerando sua familiaridade tanto com a máquina quanto com seu arquiteto. A ideia nem lhe havia ocorrido. Babbage sugeriu que ela deveria, ao menos, adicionar algumas notas suas à tradução. Esse meio-termo entre modéstia e ambição intelectual era aceitável, e ela mergulhou no projeto de imediato. Mas, quando chegaram à editora, as notas de Ada — assinadas somente com suas iniciais, AAL — tinham criado vida própria. Tinham quase três vezes o tamanho do texto original de Menabrea e eram infinitamente mais sofisticadas.

Em suas anotações, Ada resumiu o imenso escopo da visão de Babbage. Não era uma tarefa fácil: ao morrer, ele já dedicara trinta volumes de planos ao engenho analítico. Avivando sua análise técnica com toques de fantasias metafísicas, seu objetivo era tornar a máquina compreensível — e empolgante — para um público de vitorianos bem-educados, em particular aqueles na comunidade científica e no governo britânico, que Ada e Babbage esperavam que mudassem de ideia em relação à máquina. Babbage era teimoso e não sabia ser diplomático, e Ada tinha consciência de que o brilhantismo dele poderia ser esquecido por quem considerasse seu temperamento insuportável. "Minha querida e tão admirada intérprete",[18] admitiu Bobbage.

Mas Ada não se limitou a explicar o funcionamento técnico do engenho analítico. Ela imaginou o impacto que ele poderia ter no mundo, dando pistas sobre as implicações da computação geral e prevendo o poder revolucionário do software. Ela compreendia que, se o engenho analítico viesse a manipular símbolos, então qualquer coisa simbolicamente representável — números, lógica, até música — poderia ser utilizada pela máquina para criar os mais incríveis resultados. "O engenho analítico *tece padrões algébricos*",[19] escreveu ela, recorrendo a uma metáfora têxtil, "assim como o tear Jacquard tece flores e folhas". As possibilidades eram inúmeras, e Ada tinha a mente certa para demonstrá-las: matematicamente brilhante e incisivamente poética em igual medida.

O trabalho lhe exigia muito, mental e fisicamente. Como tantos pacientes na época, Ada recebeu a prescrição de láudano para aliviar seu sofrimento. Em meio à confusão do ópio, ela trabalhava em explosões de energia febril entre compromissos sociais e períodos de doença. Sua mãe era contra aquele trabalho e inventava dramas familiares para distraí-la, mas Ada era determinada. A correspondência entre Ada e Babbage nessa época era direta e muito íntima. Eles trocavam cartas de um lado a outro de Londres, várias vezes por dia. Ela dava broncas nele quando o trabalho não estava a contento, reclamava quando ele editava suas palavras e pegava os erros dele, o tempo todo se referindo a si mesma como sua "fada", uma descrição adequada para sua musa matemática. "Este meu cérebro[20] é algo mais que simplesmente mortal", orgulhava-se ela enquanto listava todas as maneiras como a máquina deduziria números de Bernoulli. "Em menos de dez anos, que o Diabo me carregue se eu não tiver desvendado alguns dos mistérios desse universo de formas que nenhuma boca ou cérebro mortal é capaz."

O engenho analítico nunca foi concluído, mas ele representa o início conceitual da era dos computadores. Os quatro componentes do seu projeto — entrada, armazenamento, processamento e saída — permanecem essenciais em todos os computadores atuais, e as anotações absurdamente originais que Ada preparou para explicar o funcionamento desse novo tipo de máquina previram em quase um século a literatura da ciência da computação. Para demonstrar como o engenho analítico seria capaz de calcular os números de Bernoulli sem a assistência de "mão ou mente humana", ela escreveu provas matemáticas que muitos acadêmicos consideram os primeiros programas de computador da história, e tudo para uma máquina que nunca sequer existiu. Embora Ada tivesse três filhos, ela se referia às notas no artigo de Menabrea como seu primogênito. "É um bebê incomumente belo",[21] escreveu ela para Babbage ao completar o primeiro rascunho, e "crescerá para se tornar um homem de prima importância e poder".

Diz muito sobre a época de Ada o fato de ela caracterizar seu trabalho como masculino, assinando-o com suas iniciais. Embora durante toda a vida ela tenha sido apoiada por poderosos — sendo Babbage o maior em um grupo que incluía seus tutores, seu marido e os amigos da comunidade científica —, sua vida sem dúvida foi única. Sua mãe mal conseguia tolerar a situação. "Nem mesmo condessas",[22] escreve a filósofa Sadie Plant, "deveriam fazer contas". Com a exceção da amiga Mary Somerville, Ada tinha poucas colegas nessa área de estudo, e suas realizações exigiam uma dedicação determinada e persistente, uma devoção quase maníaca à matemática que desafiava as convenções e fazia mal à sua saúde.

Dona de uma saúde frágil a vida toda, Ada sofria de acessos de tontura, dor, desmaios e desconforto nervoso. Seus sintomas foram desconsiderados como histeria e controlados com doses regulares de láudano, pelas quais ela ansiava ardentemente. Aos 36 anos, a mesma idade de seu pai, Ada morreu do que de fato a estava afetando: câncer de útero.

A essa altura, ela já havia desistido da matemática. Nos seus últimos anos, ela apostava compulsivamente em corridas de cavalo, usando suas habilidades matemáticas para calcular as probabilidades para um grupo de amigos. Um biógrafo sugeriu[23] que seu intuito era ganhar a fortuna necessária para construir o engenho analítico de Babbage, mas Ada perdia com tanta frequência que se via obrigada a pedir dinheiro emprestado para amigos e penhorar as joias da família. Quando se viu aprisionada ao repouso acamado em Londres, tornou-se muito mais parecida com o pai — louca, perversa e perigosa — do que com qualquer "princesa dos paralelogramos". Indo e vindo entre a consciência e o torpor das doses de láudano, vinho e clorofórmio, Ada reavivava o histórico familiar de imprudência e tragédia. "Eu temo aquela terrível luta,[24] que receio vir do sangue dos Byron", escreveu para a mãe. "Acho que não morremos fácil."

Como aconteceu com seu pai, o trabalho de Ada viveu muito além dela mesma, embora tenha levado quase um século para ser reconhecido. Foi só no início da era dos computadores, quando a magnitude de sua presciência se tornou inegável, que suas *Notas* foram republicadas em uma conferência britânica sobre computação. Seu editor se surpreendeu, em 1953, com o fato de que "suas ideias eram tão modernas[25] que novamente despertaram grande interesse". Ada teve a sorte de nascer rica, nobre e relativamente ociosa. Mesmo sem poder seguir uma carreira, pôde se educar e teve tempo de se dedicar a seus interesses. Ainda assim, ela poderia ter feito muito mais, e é evidente que assim o desejava. Muitas mulheres brilhantes — nascidas no século errado, no lugar errado, ou tentando entrar no campo errado — padeceram de destinos semelhantes, ou até piores.

Lendo a correspondência de Ada, vejo alguém de quem desejo poder me aproximar, através dos séculos, e dizer: você está certa. Ninguém consegue enxergar isso além de você. Mas você terá herdeiras. Netas e bisnetas. Elas vão surgir de todos os cantos, pelo mundo inteiro, e trabalharão com o mesmo foco determinado. Outros vão receber o crédito por isso, até que um dia tudo vai mudar. Aí *então* sua história será escrita, mil vezes, por meninas em suas mesas no coração de seus reinos, em máquinas que vão além da sua mais louca imaginação.

KILOGIRLS

Segundo sua vontade, Ada Lovelace foi enterrada ao lado do pai em uma igrejinha perto da propriedade de seus antepassados, em Newstead Abbey. Seu caixão, com acabamentos de veludo violeta, tinha a inscrição do lema da família Lovelace, uma frase que ela abraçou ao se dedicar às notas sobre o engenho analítico de Babbage. LABOR IPSE VOLUPTAS, lia-se. "O trabalho é sua própria recompensa."

O trabalho continuaria sendo sua própria recompensa por muito tempo. Quando o século de Ada chegou ao fim, embora mulheres com talento técnico como o dela conseguissem empregos como computadoras dos dois lados do Atlântico, seus títulos oficiais não eram acompanhados do status ou do pagamento que mereciam. Nos anos 1880, por exemplo, o astrônomo Edward Charles Pickering[26] só contratava mulheres para analisar e classificar dados estelares em seu laboratório em Harvard, incluindo a própria empregada, Williamina Fleming. Embora mais tarde ele tenha dado apoio às mulheres que trabalhavam no observatório, até apresentando trabalhos em nome de Fleming em conferências astronômicas, Pickering não as contratara por convicção. Ele só queria o dobro dos trabalhadores, e o salário das mulheres era metade do dos homens. "Os computadores de Harvard são quase todos mulheres",[27] reclamou o diretor de um observatório rival que só empregava homens, e elas "trabalhavam por uma ninharia".

Conhecido historicamente como o "harém de Pickering",[28] as computadoras de Harvard catalogaram dez mil estrelas; Williamina Fleming descobriu a Nebulosa Cabeça de Cavalo e ajudou a desenvolver um sis-

32 A HISTÓRIA DESCONHECIDA DAS MULHERES QUE CRIARAM A INTERNET

tema de designação comum para estrelas, enquanto sua colega Annie Jump Cannon era capaz de classificar o espectro estelar a um ritmo de três estrelas por minuto, e com uma consistência tão impressionante que a permitiu descobrir um grande número de estrelas novas e incomuns. Essas mulheres literalmente mapearam o cosmos, mas seu pagamento era equivalente ao de trabalhadores sem qualificação — recebendo entre 25 e cinquentá centavos por hora, elas ganhavam pouco mais do que se trabalhassem em uma fábrica.

Nos Estados Unidos, o número de mulheres trabalhando em escritórios aumentou no fim do século XIX, com um pico significativo depois da Guerra Civil norte-americana. Grandes guerras têm um efeito inconfundível no mercado de trabalho quando o assunto é gênero, abrindo novas vagas para mulheres; nesse caso, muitas eram viúvas de guerra, tentando ganhar a vida ajudando a coordenar um mundo cada vez mais complexo. Depois do fim da Guerra Civil em 1865, escreve o historiador David Alan Grier, as computadoras não eram mais "as filhas talentosas de pais dedicados",[29] como Maria Mitchell havia sido, ou "as amigas inteligentes de homens bem-intencionados", como Ada. Elas eram "trabalhadoras, funcionárias de escritório, que ganhavam dinheiro com sua habilidade com números".

As duas guerras mundiais também introduziram milhares de mulheres ao mercado de trabalho como datilógrafas, atendentes e operadoras de telefonia, sem falar de soldadoras. Mas foram as companhias telefônicas que primeiro contrataram mulheres em massa. Em 1891, oito mil trabalhavam como telefonistas; em 1946, esse número chegava a 250 mil. As mulheres eram funcionárias ágeis, capazes de trabalhar de forma colaborativa, em redes e grupos fluidos, que se adaptavam às necessidades da empresa. Elas estavam nos quadros de distribuição, atualizavam os registros, faziam anotações gerais e preenchiam documentos. Essas tarefas de gerenciamento do escritório são cada vez mais feitas eletronicamente por assistentes digitais e sistemas telefônicos automáticos, e muitos ainda utilizam vozes femininas.

Enquanto vozes femininas ressoavam pelas redes telefônicas na primeira metade do século XX, o termo "garota" era usado como sinônimo de "computadora". No Painel de Matemática Aplicada, uma divisão do Comitê de Pesquisa de Defesa Nacional que administrava um grupo de computadores humanos no início dos anos 1940, um membro imaginou a unidade de uma "kilogirl" de energia[30] como equivalendo a mais ou menos mil horas de trabalho de computação. O Comitê Nacional para Aconselhamento sobre Aeronáutica — o predecessor da NASA — mantinha seu próprio grupo de "garotas",[31] que incluía mulheres negras desde 1940, trabalhando em uma seção segregada no Langley Research Center. Uma delas, a matemática Katherine Johnson,[32] que entrou na Força-Tarefa Espacial em 1958, calculou à mão as trajetórias dos voos espaciais de Alan Shepard e John Glenn. O Grupo de Computação em Langley fazia todos os cálculos analíticos à mão, usando as ferramentas típicas do trabalho: réguas de cálculo, lupas, curvas francesas e as primeiras máquinas de calcular. Johnson muitas vezes foi citada dizendo que era um computador na época em que eles "usavam saias".[33]

O último importante projeto de computação humana nos Estados Unidos, um livro de referência de tabelas matemáticas financiado pela Works Progress Administration — e gerenciado por outra matemática, Gertrude Blanch —, foi publicado pouco antes de as máquinas de computar o tornarem obsoleto. A computação humana era um paliativo entre o surgimento de pesquisas científicas em larga escala e a capacidade do hardware de fazer tais cálculos; depois de um tempo, as incansáveis máquinas que surgiram do pico de pesquisa em ciência da computação durante a Segunda Guerra Mundial superaram seus adversários humanos. Depois da guerra, as máquinas prevaleceram, de uma vez por todas, redefinindo a palavra "computador" pela primeira e última vez. A descrição daquele trabalho, que antes exigia uma mistura única de esforço humano, também mudou: os computadores humanos passaram de rivais a vigias, não mais executando as funções das máquinas e sim *programando* as funções a serem executadas.

34 A HISTÓRIA DESCONHECIDA DAS MULHERES QUE CRIARAM A INTERNET

Escritórios de computação humana realizavam em anos-garota os cálculos que as máquinas agora fazem em uma fração de segundo. Mas, por alguns séculos, grupos de mulheres trabalhando em colmeias e "haréns" eram o hardware: máquinas de distribuição biológicas capazes de cálculos prodigiosos para além da capacidade mental de qualquer indivíduo isolado, cálculos que catalogaram o cosmos, mapearam as estrelas, mediram o mundo e construíram a bomba. Pouco importa que o trabalho mental matemático tenha sido, em alguns casos, separado em passos relativamente simples para cada indivíduo. É o acúmulo desses passos, executados simultânea e coletivamente, que pré-configurou nosso mundo conectado e calculante de megadados. Sozinhas, as mulheres foram os primeiros computadores; juntas, formaram as primeiras redes de informação. O computador como o conhecemos hoje é batizado em homenagem às pessoas que ele substituiu, e muito antes que viéssemos a compreender a rede como uma extensão de nós mesmos, nossas bisavós estavam realizando as funções que a tornaram possível.

O surgimento de máquinas de computar pode ter esvaziado os escritórios de computação humana, mas não expulsou as mulheres do ramo. Muito pelo contrário: muitas mulheres que eram computadoras encontraram trabalho cuidando de seus substitutos. Mãos femininas largaram lápis e réguas de cálculo, pegaram calculadoras de mesa e interruptores, depois relés e tabuladoras de cartões perfurados. Fazer a informação entrar e sair daquelas novas máquinas também era considerado um trabalho feminino, no mesmo patamar que datilografia, preenchimento de relatórios e conexão de ligações de um lugar para o outro. Não que fosse fácil. Lidar com aqueles primeiros computadores mecânicos antigos exigia uma mente analítica atenta e uma paciência infinita. Assim como as mulheres cujos cálculos moveram montanhas, as primeiras programadoras e operadoras de computador eram responsáveis por problemas enormes e intratáveis. Suas soluções criativas muitas vezes representavam a diferença entre a vida e a morte.

Capítulo dois
INCRÍVEL GRACE

Grace Hopper tinha 36 anos, estava em um emprego fixo e era casada quando o Japão atacou Pearl Harbor. Ela dava aula de matemática; seu marido, Vincent, de literatura. O casal passava os verões reformando uma antiga casa de fazenda em New Hampshire, em um terreno de sessenta acres que compraram durante a Grande Depressão por 450 dólares. Jogavam badminton, e Grace tecia tapetes, uma habilidade desenvolvida ainda na infância, nas férias no condomínio da família em Lake Wolfeboro.

Grace e Vincent tinham problemas típicos de casais de acadêmicos. Quando Grace começou seu mestrado[1] em Yale, Vincent buscava o doutorado em Colúmbia. De alguma maneira, ela ainda encontrava tempo para ajudá-lo na pesquisa de sua tese de oito anos, uma história do simbolismo dos números, lendo textos assírios, babilônios e medievais sobre o assunto. Quando passou a dar aulas em Vassar em 1931, ela frequentou outros cursos nas horas vagas, adquirindo conhecimentos em astronomia, geologia, física e arquitetura. Sua destreza intelectual era lendária[2] no campus: para impressionar estudantes, ela às vezes começava a escrever na lousa uma frase em alemão com a mão esquerda e na metade do caminho trocava para a mão direita e terminava a frase em francês.

36 A HISTÓRIA DESCONHECIDA DAS MULHERES QUE CRIARAM A INTERNET

Quando Grace era professora assistente em Vassar, aceitava as aulas que os estudantes temiam e mais ninguém queria ensinar, como cálculo, trigonometria e desenho técnico. Para revitalizá-las, ela atualizou os trabalhos e exercícios com conceitos recentes, como muitos bons professores fazem hoje em dia. Para tornar a topografia mais divertida, dizia às turmas de desenho técnico que estavam traçando as fronteiras de mundos fantásticos, e atualizou os problemas balísticos repetitivos dos livros didáticos incluindo foguetes, que na época começavam a chamar a atenção do público geral. O resultado era que suas turmas ficavam cheias, com estudantes atraídos de todos os departamentos da faculdade. Isso fez com que Grace ganhasse o respeito dos seus superiores e um ressentimento atroz dos colegas.

No verão de 1941, Grace e Vincent estavam em Nova York. Vincent tinha arrumado um emprego dando aulas de literatura na Escola de Comércio da Universidade de Nova York, e Grace conseguira uma vaga em um programa de ensino docente para estudar na NYU por um ano, sob a orientação de Richard Courant, um dos maiores nomes da matemática aplicada. Foi uma boa folga das viagens semanais[3] pelo Hudson, indo da cidade para Poughkeepsie em um Ford Modelo A que Grace chamava de Dr. Johnson. Ela gostava de Courant, que havia se especializado em equações diferenciais com operadores de diferença, algo que ela havia aprendido "um mero segundo antes das alunas"[4] para lecionar na aula de cálculo em Vassar. Courant tinha um sotaque fofo — era imigrante da Alemanha — e suas aulas eram sempre empolgantes. Ela gostava de lidar com problemas pouco ortodoxos sob sua orientação, embora ele às vezes reclamasse quando ela adotava soluções pouco ortodoxas. No geral, foi um "ano magnífico".[5] Até que tudo mudou.

Grace e Vincent ouviram o anúncio em um rádio minúsculo, sentados a uma escrivaninha dupla no escritório que dividiam, cercados de livros: um ataque repentino e violento em uma base naval no Havaí havia deixado 2.403 norte-americanos mortos. No dia seguinte, os Estados Unidos declararam guerra ao Japão; em uma semana, o conflito se estendeu para os aliados dos japoneses, Alemanha e Itália.

Todos na vida de Grace queriam entrar na guerra. Vincent tentou se alistar, mas foi recusado por usar óculos. O irmão de Grace, mirrado como todos na família e com um ponto cego mais ou menos na altura do topo de uma lousa, também não conseguiu. Determinados, os dois se voluntariaram ao serviço militar e entraram. A prima de Grace virou enfermeira. No verão de 1942, todos pareciam ter ido embora — todos os homens, alistados; todas as mulheres da família nos novos ramos femininos das forças militares, com exceção da irmã, que tinha dois filhos. Grace também queria fazer sua parte, mas estava sete quilos abaixo do peso e era considerada velha demais. Professores de matemática, considerados uma profissão confidencial, não podiam se alistar sem liberação dos institutos de ensino. Ela aceitou dar cursos especiais de verão na Barnard College sobre matemática voltada à guerra, mas não era o bastante. Durante todo o verão, aspirantes à Marinha marchavam pelos dormitórios da Barnard saídos de um navio de treinamento no Hudson, e Grace os observava, desejando estar entre eles.

De volta ao norte do estado, ela sofria com a solidão e um patriotismo desorientado. "Estou começando a me sentir bem isolada[6] aqui", disse ela, "a professora universitária livre de preocupações". Ela fez uma campanha veemente para que a Vassar permitisse seu alistamento, dando um ultimato à universidade: seis meses ou ela partiria de um jeito ou de outro. E, embora fosse velha demais, magra demais e sua visão não fosse muito melhor que a do irmão, foi o que ela fez. O dia em que aquelas bombas atingiram Pearl Harbor, o caminho de uma vida respeitável de classe média se abriu para Grace Hopper, mas ela não o tomou. Em alguns anos, tudo mudaria: ela se separaria de Vincent, largaria o emprego e entraria na Marinha. Não tinha sido a primeira atitude impressionante de sua vida, e não seria a última.

Grace completou 37 anos no seu primeiro dia na Escola de Aspirantes à Reserva da Marinha dos Estados Unidos em Northampton,

38 A HISTÓRIA DESCONHECIDA DAS MULHERES QUE CRIARAM A INTERNET

Massachusetts. Ela logo pegou os jargões da Marinha — anteparas, deques e adriças. Sempre foi boa com idiomas. Tinha aprendido alemão, latim e grego por conta própria, lendo com atenção o dicionário ao seu lado, juntando as palavras desconhecidas em frases como variáveis matemáticas. Compreender o protocolo militar foi mais difícil, sobretudo porque tantas vezes contrariava as expectativas sociais. Hierarquia e cortesia se chocavam em entradas e saídas. Às vezes, ela parava para deixar almirantes passarem primeiro, mas eles queriam tratá-la como uma dama, uma comédia dramática. "Acabávamos tentando passar juntos",[7] contava ela. "O que era péssimo." Mas ela gostava dos treinos. Achava parecido com uma dança.

Ela era menor que os outros recrutas e mais velha, treinando ao lado de alunas para quem dera aula poucos meses antes. Mas, depois de uma carreira acadêmica, indo de um lado para outro do país enquanto tentava manter duas casas e um casamento estremecido, as restrições da vida militar eram quase férias. Ela não precisava mais pensar em ninguém; nem mesmo escolher as roupas que usaria no dia seguinte. Havia poucos confortos — até meias-calças eram racionadas —, mas as responsabilidades domésticas tinham desaparecido. "Eu adorava aquilo",[8] contou ela a um historiador anos depois. Diferente das jovens com quem se alistara, ela "tinha a mais completa liberdade... Relaxei naquela vida como se fosse um travesseiro de plumas, ganhei peso e aproveitei muito." Com o racionamento de carne, ela comia peixe fresco da costa de New England e lagostas todo domingo à noite. Foi nomeada comandante de batalhão e se formou em primeiro lugar da turma, com suas meias ásperas de algodão.

Embora Grace não duvidasse de que a Marinha a teria mandado para o mar caso fosse homem, a nova tenente Hopper não passaria um dia sequer em um navio. Em vez disso, algo em seu histórico empregatício chamou a atenção — justamente o seu estudo sobre diferenças finitas na NYU, orientada por Richard Courant. A Marinha mudou as ordens de Grace de um dia para o outro. Durante o treinamento, ela imaginara que sua carreira militar seria passada desvendando códigos inimigos com um grupo de matemáticos e lógicos de elite no Anexo de Comunicações, o cérebro criptográfico da Marinha, supervisionado por um dos antigos professores de Grace em Yale. Ela até estudou criptografia caso tal possibilidade se concretizasse. Em vez disso, a Marinha a enviou para Harvard, onde, como gostava de dizer, ela se tornou a terceira programadora do primeiro computador do mundo.

Quando chegou à universidade em julho de 1944, Grace literalmente se perdeu. Ela não conseguia encontrar o Escritório de Comunicações da Marinha e não havia recebido quaisquer informações sobre onde ficaria e o que faria. Andou a esmo pelo campus até ser levada ao porão do Laboratório de Física Cruft por um guarda armado. Um homem aquilino, de mais de 1,90m e com um bico de viúva pronunciado, a recebeu na porta, já irritado. As primeiras palavras que saíram de sua boca foram: "Mas onde você *estava*?"[9] Atordoada com a recepção, ela explicou que tinha acabado de sair da Escola de Aspirantes e que passara a manhã inteira procurando o lugar. "Eu estava um pouco confusa e, àquela altura, muito assustada com aquele comandante", lembrou. "Falei para eles que você não precisava fazer isso", resmungou ele, que achava que mulheres não deviam servir nas forças armadas. Ele perguntou se ela já havia encontrado onde morar, e Grace comentou que realmente tinha acabado de chegar. "Bom", foi a resposta do comandante, "comece a trabalhar e amanhã você resolve isso".

E foi o que ela fez. Grace nunca chegou a ver o campo de batalha, mas foi responsável por domar duas feras. A primeira era aquele homem brusco, o capitão-tenente Howard Aiken. Durante sua pós-graduação em física em Harvard, Aiken — um grande admirador de Charles Babbage — tinha criado um aparelho mecânico de aritmética capaz de resolver qualquer problema, de aritmética básica a equações diferenciais, desde que pudesse ser simplificado a uma análise numérica. Era uma questão de conveniência: sua dissertação de doutorado havia sido um pesadelo de cálculos imensos e tediosos. Sua máquina, construída pela IBM em troca

40 A HISTÓRIA DESCONHECIDA DAS MULHERES QUE CRIARAM A INTERNET

dos direitos de comercialização e doada para a universidade para uso durante a guerra, seria a segunda fera de Grace. Como Aiken a imaginara como calculadoras em série fazendo o trabalho de uma dezena de pessoas, a batizou de Calculadora Automática de Sequência Controlada, a ASCC. Todos em Harvard chamavam o aparelho de computador Mark I.[10]

O Mark I fora entregue ao Escritório de Artilharia para fazer cálculos de problemas balísticos durante a guerra, e Aiken precisava de matemáticos que entendessem equações diferenciais com operadores de diferenças finitas — o que Grace estudara sob a tutela de Richard Courant naquele ano magnífico, antes do ataque japonês a Pearl Harbor. Mas Grace ainda não sabia disso. Ao encontrar Aiken pela primeira vez, ela ouviu uma barulheira no cômodo ao lado. Aiken a levou até a origem do som. "Esta é uma máquina de computar",[11] explicou ele. Grace examinou aquela coisa, perplexa. "Era tudo aberto", recordou ela. Pesando 4,5 toneladas, o Mark I tinha mais de 2 m de altura, milhares de partes móveis e 850 quilômetros de cabeamento. As engrenagens estavam todas à mostra, girando e estrepitando. "Tudo que pude fazer foi olhar para aquilo", conta ela. "Não conseguia pensar em nada naquele momento."

O Mark I estava mais próximo dos engenhos mecânicos de Babbage do que de um computador no sentido moderno da palavra: dentro de seu invólucro metálico, um eixo de transmissão giratório, alimentado por um motor de quatro cavalos, movia uma sequência de engrenagens e rodas numéricas pela instalação. O código do Mark I era escrito à mão, com lápis, em papel quadriculado padrão, e depois transferido — literalmente perfurado — em cilindros de fita de mais ou menos 7 cm, bem parecido com os rolos de uma pianola ou o cartão de padronagem de um tear Jacquard. As posições dos furos[12] na fita, usando um código único de oito bits, correspondiam aos numerais, ao processo e à aplicação de certo cálculo. Embora o Mark I fosse programável — no sentido de que aceitava esses rolos de fita perfurados —, a distinção entre hardware e software na época era pouco nítida, quase inexistente: cada cálculo exigia que certos interruptores fossem ligados, certos cabos conectados.

INCRÍVEL GRACE 41

Howard Aiken apresentou Grace aos companheiros de equipe, dois alferes da Marinha que chegaram a Harvard enquanto ela ainda estava na Escola de Aspirantes. Ela descobriu depois que os dois tentaram subornar um ao outro para não se sentarem ao lado da nova recruta — "tinham ouvido falar que uma professorinha grisalha[13] estava chegando e nenhum dos dois queria ficar na mesa ao meu lado". Aiken lhe entregou um livro de códigos, com algumas páginas de comandos misteriosos e um trabalho: escrever um programa para o Mark I que computasse os coeficientes de interpolação para arcotangente com uma precisão de 23 casas decimais. "E ele me deu uma semana[14] para fazer isso", disse ela, "para aprender a programar aquela fera e fazer o programa funcionar". O problema em si não era misterioso para Grace — afinal, ela tinha um ph.D. em matemática. Era a máquina que era inescrutável. Não havia manual nem precedente para servir de base, pois o Mark I era o primeiro do tipo. Grace era boa em muitas coisas, mas não tinha histórico com engenharia, e não conseguia diferenciar interruptores dos relés. Aiken a estava testando.

Uma autodidata nata, ela se jogou no desafio. Mergulhou no livro de códigos, pediu ajuda aos dois alferes, especialmente a Richard Bloch, um rapaz de 23 anos recém-formado em Harvard e um nerd da matemática que logo se tornaria o maior colaborador de Grace. Alguns engenheiros da IBM ainda estavam pela área, corrigindo problemas na máquina — e ela conseguiu mais algumas informações com eles também. Ela ficou no escritório até tarde todos os dias, destrinchando plantas e diagramas de circuito do Mark I para compreender o básico da sua engenharia. Às vezes, dormia na mesa. Anos depois, quando Grace já era uma figura estabelecida[15] no jovem ramo da programação de computadores, ela sempre dava os trabalhos mais difíceis para os membros mais jovens e mais inexperientes da equipe. Sua lógica era a de que eles ainda não tinham a noção do que era impossível.

Seu primeiro ano em Harvard foi de muito trabalho e, conforme novos programadores se juntavam à equipe, Grace subiu na hierarquia.

42 A HISTÓRIA DESCONHECIDA DAS MULHERES QUE CRIARAM A INTERNET

Usando a mesma dedicação e engenhosidade que aplicara à docência, ela se tornou inestimável. A professorinha grisalha de Nova York conheceu matemáticos e engenheiros famosos e basicamente todo mundo no microscópico ramo da computação. "Era fascinante", contava ela, "um viveiro de ideias,[16] conceitos, sonhos e tudo que existe", O projeto de computação era tão desejado durante a guerra que Aiken criou um segundo computador, o Mark II. Grace aprendeu a programá-lo também.

Como suas máquinas, Aiken não tinha manual. Ele era temperamental, petulante e obsessivo com detalhes. Orgulhava-se muito de comandar uma equipe que trabalhava com sua própria invenção. Embora o Mark I tivesse sido construído pela IBM no porão de uma prestigiosa universidade, Aiken comandava a operação como uma instalação naval. A disciplina era a norma. Todos os funcionários tinham que aparecer com o uniforme completo e chamá-lo de "comandante". Referia-se ao computador no feminino, como se fosse um navio. Aiken forçava os empregados a trabalharem muitas horas e, quando alguém cometia um erro, ele "berrava" com o infeliz.[17] Suas críticas podiam ser tão súbitas e ferozes que muitas vezes Grace passava um pente-fino no trabalho depois do expediente para ter um pouco de paz e silêncio. Mas ela aprendeu a pensar no chefe como uma máquina também. "Ele tem um funcionamento específico",[18] contou ela a Bloch, que muitas vezes tinha problemas com o superior. "Se você compreendia Aiken e como ele funciona, ele era uma ótima pessoa para se trabalhar. Nunca tive problemas. Mas, se você tentasse dizer que ele estava errado, misericórdia."

O comprometimento de Aiken com a hierarquia militar era difícil, mas no fim isso funcionou a favor de Grace. O tratamento no seu Laboratório de Computação era, na maior parte das vezes, definido por cargo e habilidade, e não gênero. Uniformes e títulos ajudaram a dissolver estereótipos tradicionais, assim como o completo isolamento do laboratório em relação ao mundo externo. E, embora Aiken não tivesse desejado uma mulher na sua equipe, ele foi forçado pelo seu apreço ao protocolo a aceitá-la. De um jeito ou de outro, como Grace disse a Howard Aiken,[19] ele *ia* querer uma mulher por perto.

E tinha razão. Mais tarde, ela acabou se tornando o braço direito de Aiken, e então a única responsável pelo Mark I. Ela escreveu o código que resolveu um dos problemas matemáticos mais difíceis da guerra, e até um manual para o computador, um documento trabalhoso de mais de quinhentas páginas cheio de diagramas de circuitos e códigos operacionais. Com seu colega Richard Bloch, desenvolveu um sistema de codificação e processamento que transformou o laboratório no mais eficiente centro de processamento da época. Ela manteve a ordem em um ambiente de guerra aterrorizante que levou a melhor sobre alferes menos capazes. E, além de sua competência fundamental, havia algumas vantagens em ter uma mulher no time. Quando o Mark I tinha problemas mecânicos, às vezes Grace "pegava seu espelho de bolsa[20] e o enfiava entre a máquina para procurar faíscas". No fim de sua carreira, Aiken só tinha uma coisa para dizer de sua colega, o maior elogio possível: "Grace era um bom soldado."[21]

Como em um submarino naval, o Mark I tinha uma equipe presente 24 horas por dia, em turnos de oito horas, e o computador funcionava impressionantes 95 por cento do tempo durante a guerra. A demanda para cálculos de guerra era constante, e pedidos urgentes chegavam ao laboratório de todos os cantos do conflito. Grace, que sempre foi uma pensadora voraz, puxando matérias em Vassar sobre todos os assuntos possíveis, mergulhou no trabalho. Ela aprendeu a traduzir problemas complexos de oceanografia, varredura de minas, detonação por proximidade e balística em passos aritméticos simples, ordenando um mundo complicado e violento.

Os cálculos do Mark I eram atrapalhados por todo tipo de dificuldade: códigos incorretos, relés problemáticos e paralisações mecânicas pressagiadas por tremores e barulhos assustadores. Para se manter no prazo, a equipe de Aiken muitas vezes trabalhava até tarde. Certa noite, em setembro de 1945, uma mariposa entrou voando na sala do computador por uma janela aberta, atraída pela luz da máquina. Grace encontrou o cadáver pouco depois, esmigalhado por um dos relés. Ela a grudou com fita adesiva no relatório do dia, com a anotação: *primeiro caso real de bug encontrado.* "Bug" é uma gíria da engenharia[22] que remonta, pelo menos, ao século XIX — até Thomas Edison usava a palavra para se referir a problemas técnicos, a "pequenas falhas e dificuldades" —, e Grace era conhecida no laboratório pelos seus desenhos de insetos e monstrinhos no quadro de giz, pretensos responsáveis pelo caos no laboratório: um dragão que mastigava as fitas perfuradas, um "gremlin que com o nariz[23] pegava buracos e os colocava de volta nas fitas". Depois do incidente da mariposa,[24] ela comprou uma caixa de percevejos de plástico na cidade e os espalhou de brincadeira pelos fundos do computador, causando um pânico que durou dois dias.

Durante a guerra, o Laboratório de Computação isolou-se dos outros poucos projetos semelhantes existentes no mundo, e Grace Hopper, lidando com as necessidades diárias do lugar, não tinha tempo nem oportunidades de ver o que outras pessoas na área estavam fazendo. Mas às vezes essas pessoas vinham até ela. Grace trabalhava no laboratório havia somente alguns meses, por exemplo, quando o físico John von Neumann apareceu para uma visita. Von Neumann circulava bastante — ele passou grande parte do ano de 1944 visitando diferentes projetos de computação nos Estados Unidos, procurando uma máquina robusta o bastante para resolver uma equação diferencial parcial complexa. O Mark I era o primeiro computador em larga escala da sua viagem, e por três meses naquele verão ele ficou acampado em uma sala de reuniões de Harvard, esboçando seu problema na lousa enquanto Richard Bloch o programava no computador. Grace, ainda recém-chegada no laboratório, mas com experiência em equações diferenciais, acompanhou cada passo.

Nem Grace nem Richard sabiam qual seria a aplicação específica do problema — para eles, era só um desafio matemático interessante. E

Von Neumann era uma figura, um teórico húngaro tagarela tão famoso na época quanto seu colega de Princeton, Albert Einstein. Enquanto trabalhavam no problema, Bloch e Von Neumann corriam de um lado para outro entre a sala de reuniões e o computador, com Von Neumann gritando números e Mark os imprimindo, "em 99 por cento do tempo",[25] observou Grace, impressionada, "com uma incrível precisão. Era fantástico". Depois de três meses, Von Neumann levou os resultados de volta para uma cidade desértica no Novo México chamada Los Alamos, onde era consultor para o Projeto Manhattan. Na verdade, a equação diferencial era um modelo matemático da implosão central das bombas atômicas. Até que elas caíssem sobre Nagasaki e Hiroshima, Grace não sabia exatamente o que ajudara a calcular.

Nem sempre havia tempo para considerar onde aquela matemática toda *acabava*, e com que objetivos. Os cálculos não paravam de chegar, alguns — como os de Von Neumann — incrivelmente complexos. Para economizar tempo de processamento, Grace e Richard inventaram uma sintaxe e fórmulas para os códigos que deram início à forma como se escreve código ainda hoje. Ainda em 1944, Grace percebeu que poderia facilitar seu trabalho se, em vez de reescrever os códigos do zero para cada problema, ela guardasse certos conjuntos de fita reutilizáveis, que vieram a ser chamados de sub-rotinas. Nos tempos de guerra, isso era feito informalmente: programadores na equipe trocavam suas anotações, copiando as partes relevantes à mão. Mais tarde, essa prática foi formalizada, e computadores futuros foram construídos com bibliotecas de sub-rotinas já estabelecidas, permitindo que até programadores iniciantes pudessem usar sequências de instruções de programação já bem resolvidas. Quando os códigos de Grace ficavam complicados, ela tinha o hábito de deixar comentários no código-mestre, dando contexto e fornecendo equações, para que seus colegas compreendessem seu trabalho mais tarde. Esse sistema de documentação se tornou a prática-padrão de programadores, e é assim até hoje: um bom código é sempre bem documentado.

46 A HISTÓRIA DESCONHECIDA DAS MULHERES QUE CRIARAM A INTERNET

Atitudes como essa, que simplificavam e aumentavam o acesso à programação computadorizada, eram o cartão de visitas de Grace. Mesmo antes da guerra,[26] quando ainda ensinava em Vassar, ela fazia suas alunas escreverem trabalhos sobre os problemas matemáticos, porque não fazia sentido aprender matemática se não fosse possível comunicar o valor daquele trabalho para os outros. Quando retornou ao mundo civil, contratada pela primeira empresa de computação comercial, ela seguiria com essa lógica. As mais duradouras contribuições de Grace para o campo florescente da programação computadorizada tiveram a ver com sua democratização: ela defendeu avanços na programação que mudaram radicalmente a forma como as pessoas falam com os computadores. Com sua ajuda, elas não precisavam mais de termos matemáticos avançados, nem mesmo de zeros e uns. Tudo de que precisavam era de palavras.

AS SEIS DO ENIAC

A guerra acabou antes que Grace tivesse oportunidade de ver qualquer outra instalação de computadores além da de Harvard. Ainda assim, havia outro computador a menos de 500 quilômetros ao sul, na Escola Moore de Engenharia Elétrica, da Universidade da Pensilvânia. Como as máquinas de Aiken, sua construção havia sido financiada pelas forças armadas para fazer cálculos durante a guerra. A gigantesca instalação de aço e conduítes foi chamada de Computador e Integrador Eletrônico e Numérico (ENIAC, em inglês).

Tecnicamente, o ENIAC era mais rápido que as máquinas nas quais Grace Hopper havia começado sua carreira. Enquanto o Mark I de Howard Aiken só conseguia executar três cálculos por segundo, o ENIAC tinha a capacidade de lidar com cinco mil. Esse salto de velocidade quase inacreditável em processamento se devia ao fato de o ENIAC não depender de relés, engrenagens ou eixos mecânicos. Em vez disso, algo em torno de 1.800 tubos a vácuo, como finas lâmpadas elétricas, serviam como interruptores, ligando e desligando da escuridão da máquina. Livres das limitações da mecânica bruta, os interruptores de tubos a vácuo do ENIAC iluminaram o novo e inefável reino dos pulsos e sinais eletrônicos. A computação nunca mais seria a mesma.

Como esses computadores antigos foram desenvolvidos sob sigilo de guerra, a história da computação é cheia de marcos contestáveis e dúbios — com debates desagradáveis sobre a origem do "primeiro" computador. Muitas máquinas podem se considerar as primeiras, e por isso o título é dividido de formas diferentes: o Mark I, por exemplo, foi o primeiro computador *eletromecânico*, enquanto o ENIAC, que superou as limitações físicas do Mark I, foi o primeiro — e mais rápido — computador *eletrônico*. Do outro lado do Atlântico, em laboratórios igualmente secretos, cientistas britânicos também construíram máquinas similares, cada uma fazendo por merecer em suas especialidades: computador de programa armazenado, computador de propósito geral, digital, binário. Nessa época inicial, cada máquina era como uma ilha.

Quando Grace Hopper visitou a Universidade da Pensilvânia em 1945, ficou chocada ao descobrir como o ENIAC era diferente dos computadores Mark I e Mark II, que ela conhecia tão bem. "O maior contraste",[27] percebeu, "estava na programação". Embora Grace fosse uma especialista em programação, ela não teria sido capaz de trabalhar no ENIAC sem treinamento especial. Os princípios podiam ser similares, mas o hardware e os métodos de programação desenvolvidos para lidar com aquele equipamento eram únicos. Ela estava acostumada a escrever seus códigos em rolos de papel, e o ENIAC tinha que ser fisicamente reconfigurado, tornando-se um computador diferente a cada problema. Quaisquer que fossem os ganhos com os tubos a vácuo, o ENIAC perdia em tempo de preparo: enquanto o cálculo só levava um segundo para ser feito, um dia inteiro poderia ser perdido para prepará-lo, enquanto que o mais lento Mark I, com seus rolinhos de papel perfurado, já tinha terminado o trabalho e partido para outra. Era um caso de ser devagar e sempre para ganhar a corrida — talvez pela última vez na história da tecnologia.

48 A HISTÓRIA DESCONHECIDA DAS MULHERES QUE CRIARAM A INTERNET

Visitando a Universidade da Pensilvânia, Grace descobriu outra coisa impressionante: ela não era a única mulher a programar computadores no mundo. O laboratório do ENIAC estava cheio delas. Só em 1944, pelo menos cinquenta mulheres trabalhavam no ENIAC em diferentes funções, como desenhistas, montadoras, secretárias e técnicas.[28] Dessas, seis eram responsáveis pelo trabalho demorado e intelectualmente árduo de preparar os problemas matemáticos para o computador, inserindo-as e depois executando-as, corrigindo-as e as executando de novo até obter o resultado final. Três delas, como Grace, eram formadas em matemática. As outras tinham o treinamento na matéria suplementado pelo do Exército norte-americano. Essas mulheres, que entraram para a história como as Seis do ENIAC, eram as companheiras que Grace nunca soube que tinha. Mais tarde algumas se tornariam suas colegas, e outras, amigas. Eram Kathleen "Kay" McNulty, Betty Jean Jennings, Elizabeth "Betty" Snyder, Marlyn Wescoff, Frances Bilas e Ruth Lichterman.

As Seis do ENIAC eram todas antigas computadoras, saídas da seção de computação da Escola Moore, um laboratório que empregava mais de cem mulheres com aptidão para matemática. Enquanto Grace tinha ido a Harvard direto do seu treinamento básico, elas passaram os anos iniciais da guerra em um porão, calculando à mão tabelas de tiro: livrinhos impressos que eram enviados junto com toda nova arma para a frente de batalha. Os soldados usavam esses livrinhos para determinar com precisão a que ângulo atirar suas armas — "basicamente um *Angry Birds*",[29] como comentou um historiador do ENIAC — para atingir o alvo. Assim como no arco dos projéteis em *Angry Birds*, fatores externos como o clima e o arrasto da resistência do ar afetavam o ponto de impacto, e essas variáveis eram consideradas pelas computadoras calculando modelos matemáticos em seus países de origem.

Um computador humano levava mais ou menos quarenta horas para calcular uma única trajetória balística com todas as variáveis. Isso significava que, durante a guerra, o Exército dos Estados Unidos estava enviando armas mais rapidamente do que era capaz de produzir os seus manuais de uso. A demanda por computadores humanos era constante e, quando o Laboratório de Pesquisa Balística do Exército ficou sem mulheres formadas em matemática na área da Filadélfia, começou uma campanha nacional de contratação. Um anúncio de recrutamento chegou a Betty Jean Jennings no Missouri por uma professora de cálculo que a apoiava; Ruth Lichterman viu um em um quadro de avisos na Hunter College de Nova York. Quando chegaram à Universidade da Pensilvânia, elas se juntaram às mulheres rabiscando os arcos imaginários de armas de longa distância para os rapazes no front.

As mulheres da Escola Moore trabalhavam com papel, caneta e uma calculadora analógica gigantesca chamada "analisador diferencial" — uma máquina do tamanho de uma mesa, baseada em uma criação dos anos 1920, que usava engrenagens e eixos para fornecer uma analogia ao problema. O analisador era meio impreciso, então as mulheres comparavam os resultados com seus cálculos laboriosos feitos à mão, equilibrando as diferenças para criar uma tabela final. Era um sistema difícil: árduo, falível e, sem dúvidas, lento demais para uma guerra tão moderna e rapidamente mutável. Embora as computadoras trabalhassem seis dias por semana, em dois turnos, nunca conseguiam acompanhar a demanda. As pessoas da Escola Moore começaram a considerar outras possibilidades.

Por volta dessa época, em 1941, o Exército financiou um curso intensivo de engenharia com a duração de dez semanas na Universidade da Pensilvânia. Grace Hopper tinha dado uma aula semelhante em Barnard antes de se alistar: era grátis, voltada para aplicações práticas de defesa e aberta para qualquer um com formação em matemática ou engenharia. Um dos alunos dessa turma da Pensilvânia era John Mauchly, professor de física da Ursinus College, um inventor genial que, mais tarde, passaria a usar óculos de aro de tartaruga e um cavanhaque engraçado. Durante o curso, ele começou a sugerir a ideia de uma máquina de computar que usasse tubos a vácuo. E discutiu essa ideia com o instrutor do laboratório, J. Presper Eckert, apelidado de "Pres". Ele não era um aluno exemplar, mas era famoso na Escola Moore como um engenheiro criativo e competente. Mostrara seu potencial desde cedo, brincando ainda criança pelo laboratório de Philo Farnsworth, o inventor da televisão, na Filadélfia. Quando chegou à faculdade, os professores o consultavam sobre desenhos de circuitos.

Pres achava interessante a ideia de tubos a vácuo de John Mauchly. Todo mundo sabia que tubos a vácuo eram delicados demais para um computador — como lâmpadas, eles podem explodir —, mas Pres considerou que, desde que não fossem forçados além do limite, os tubos talvez resistissem. Os dois começaram a rascunhar os circuitos. John aceitou uma vaga de professor na Universidade da Pensilvânia, feliz por ficar mais próximo de Pres, e, uma vez estabilizado, descobriu as computadoras humanas da Escola Moore. Seus cálculos árduos[30] seriam uma aplicação perfeita para seu computador de tubos a vácuo. Ele ditou uma proposta à sua secretária, Dorothy, que enviou um memorando para o escritório de comunicação civil-militar.

O memorando foi perdido, como às vezes acontece. Foi só durante uma conversa informal entre o homem que fazia a manutenção do analisador diferencial, um amigo de John da Ursinus College chamado Joe Chapline, e o coronel Herman Goldstine, o militar de ligação com o Laboratório de Pesquisa Balística na cidade próxima de Aberdeen, que a ideia ressurgiu. Quando Chapline mencionou o computador elétrico do amigo John, Goldstine imediatamente viu o potencial daquilo. Ele tentou encontrar o memorando perdido, sem sucesso. Felizmente, a secretária, Dorothy, conseguiu recriá-lo a partir de suas anotações em taquigrafia. Como a maior parte das secretárias da época, ela fora treinada em taquigrafia, uma técnica de escrita rápida que para olhos não treinados mais parece rabiscos. Se não fosse a habilidade de Dorothy de codificar[31] e decodificar o que na época era uma linguagem basicamente feminina, a proposta original do computador eletrônico teria se perdido de vez.

O memorando reconstruído foi levado ao alto escalão do Exército, que não precisou de muito convencimento. John e Pres conseguiram o financiamento em 1943 e logo começaram a construir o ENIAC. Contrataram engenheiros e ex-funcionários de companhias telefônicas, experientes com relés, mas a maior parte das pessoas que realmente trabalhava no ENIAC era de mulheres, donas de casa trabalhando em meio expediente com soldas em uma linha de montagem. As contratações mais importantes, porém, foram as calculadoras humanas, escolhidas entre as melhores do grupo da Escola Moore, que traduziriam os cálculos balísticos que conheciam tão bem para a nova máquina. Ninguém pensou duas vezes em dar esse trabalho para mulheres. Parecia natural que as computadoras humanas treinassem seus substitutos. Além disso, o ENIAC parecia um quadro de distribuição, reforçando a ideia de que os "operadores" deveriam ser mulheres, a tarefa "mais artesanal que científica,[32] mais feminina que masculina, mais mecânica que intelectual".

Em 1944, a construção do ENIAC, na época conhecido como "Projeto X", ocupava a maior parte do primeiro andar do prédio da Escola Moore. Uma noite, Pres e John fizeram uma demonstração após o expediente para uma das recém-contratadas, Kay McNulty. Eles levaram Kay e uma colega para um cômodo em que — atrás de um aviso dizendo ALTA VOLTAGEM, CUIDADO — dois acumuladores do ENIAC estavam conectados por um longo cabo com um botão no fim. Um acumulador mostrava o número cinco. Eles apertaram o botão. O cinco pulou para o outro acumulador, se moveu três casas e se transformou em cinco mil. John e Pres pareciam empolgados. Kay não entendia o motivo. "Ficamos confusas e perguntamos:[33] O que há de tão incrível nisso? Vocês usaram esse equipamento todo para multiplicar cinco por mil", disse ela. "Eles explicaram que o cinco havia sido transferido de um acumulador para o outro mil vezes em um segundo. Não fazíamos a menor ideia do que aquilo significava."

Significava que o ENIAC era capaz de calcular a uma velocidade até então inimaginável, por humanos ou por máquinas. E embora tivesse sido financiado por militares para cuspir tabelas de disparo tão rapidamente quanto o Exército produzia armas, o ENIAC era muito mais do que uma calculadora balística. Pres e Mauchly tinham criado um computador de *uso geral* — pense na diferença entre as invenções de Charles Babbage, a máquina diferencial, que só sabia fazer um trabalho, e o teórico engenho analítico, que tanto hipnotizara Ada Lovelace. Ele conseguia realizar um número infinito de funções computacionais, contanto que novos programas para tal fossem escritos. Na época da Escola Moore,[34] o ENIAC podia calcular as propriedades de gases diatômicos à pressão zero, criar modelos de fluxo de ar em torno de projéteis supersônicos e descobrir soluções numéricas para a refração de ondas de choque. Se o hardware é estático, o software faz toda a diferença. E, embora tenha levado algum tempo para ser aceita, essa verdade vem com uma consequência lógica: quem cria o software também faz toda a diferença.

As Seis do ENIAC eram bem diferentes entre si, unidas pelas circunstâncias da guerra. Betty Jean Jennings cresceu descalça em uma fazenda no Missouri, a sexta de sete filhos, e nunca nem mesmo havia visitado uma cidade antes de chegar à estação de trem da North Philadelphia. Kay McNulty era irlandesa, o pai pedreiro ex-membro do IRA; Ruth Lichterman, uma nova-iorquina de uma prestigiada família de acadêmicos judeus; Betty Snyder, da Filadélfia, tinha pai e avô astrônomos. Marlyn Wescoff, também da Filadélfia, fazia cálculos à mão desde antes da guerra e era tão proficiente que John Mauchly dizia que era "como um autômato".[35] Todas se encontraram pela primeira vez na plataforma da estação na Filadélfia, no caminho para Aberdeen Proving Ground, um terreno pantanoso em Maryland que o Exército havia transformado em um campo de teste de armamentos. Dividindo alojamentos, elas ficaram amigas. Mesmo depois dos longos dias treinando com o equipamento da IBM que usavam para tabular e organizar os dados do ENIAC, elas ficavam acordadas até tarde conversando sobre religião, seus históricos familiares tão diferentes e notícias sobre o computador secreto. "Era uma grande aventura,[36] acho", supôs John Mauchly quando perguntado por que aquelas mulheres se voluntariam para um trabalho tão misterioso. "Havia a oportunidade de fazer algo novo e inédito... Por que não?"

INCRÍVEL GRACE   53

A verdade talvez fosse um pouco mais pragmática: nos anos 1940, uma mulher com interesse em matemática não tinha muitas opções no mercado de trabalho. Quando Kay McNulty estava prestes a se formar, teve dificuldade em encontrar um emprego que usasse sua formação em matemática. "Não quero ensinar",[37] explicou ela. "As vagas de contabilidade em seguradoras exigiam mestrado, e mais tarde descobri que raramente contratavam mulheres." Se as outras únicas opções eram ensinar álgebra na escola fundamental ou executar cálculos tediosos para uma seguradora, a oportunidade de trabalhar em um campo recente e relativamente bem pago representava uma mudança animadora para todas as mulheres inscritas.

A computação era um campo tão novo, na verdade, que nenhum dos seus atributos estava delineado. Durante sua entrevista com Herman Goldstine, Betty Jean Jennings lembra que foi perguntada sobre o que pensava da eletricidade. Ela respondeu que tinha feito um curso de física na universidade em Missouri e conhecia a Lei de Ohm. Não, não, disse Goldstine, do outro lado da mesa. Ela por acaso tinha *medo* de eletricidade? O trabalho exigiria que ela ligasse interruptores e conectasse cabos, explicou ele, e era preciso que ela não se assustasse com todos aqueles fios. Betty Jean respondeu que conseguiria lidar com aquilo.

As Seis do ENIAC treinaram no papel, escrevendo programas para uma máquina que ainda não conheciam. Quando finalmente lhes mostraram o ENIAC concluído em dezembro de 1945, o que elas viram foi uma imensa máquina de aço preto em forma de U em uma sala grande o bastante para o computador e outros móveis. O ENIAC tinha quarenta painéis,[38] que reunidos criavam trinta unidades diferentes, cada uma lidando com algumas funções aritméticas básicas: acumuladores para adição e subtração, um multiplicador e um divisor combinatório que calculava raízes quadradas. O efeito visual da máquina era arrebatador. Programar, as seis descobriram, não seria um trabalho feito à mesa. As mulheres ficariam *dentro* do ENIAC para "plugar" cada problema, conectando as unidades em sequências usando centenas de cabos e mais de trezentos interruptores.

Não havia instruções a serem lidas nem cursos. O único manual para o ENIAC só seria escrito anos mais tarde, muito depois de aquelas mulheres já terem feito sua engenharia reversa a partir da própria máquina. Construído por engenheiros elétricos, o ENIAC vinha acompanhado de diagramas de blocos dos circuitos, apenas. Assim como Grace Hopper fizera antes, elas ensinaram a si mesmas o que fazer, tornando-se especialistas em hardware nesse processo.

Elas começaram com os tubos a vácuo e seguiram até chegar aos painéis frontais. Betty Snyder pegou emprestado manuais de manutenção do tabulador de cartões perfurados da máquina com um "rapazinho da IBM[39] chamado Smitty", que confessou não ter permissão de emprestá-los, mas o fez assim mesmo, só por um fim de semana, para que ela pudesse entender como o input e o output do ENIAC funcionavam. Elas encontraram um funcionário solidário[40] que deixou que desmontassem um painel e desenhassem seus diagramas para referência, embora seu supervisor não achasse que elas fossem capazes de remontá-lo (elas eram). O lugar era quente e inacabado, inclusive com obras na sala acima da que elas trabalhavam. Certo dia, John Mauchly apareceu e disse: "Só estou dando uma olhada para ver se o teto não caiu." Elas se aproximaram com questões, e no fim foram bem-sucedidas.

Saber como uma máquina funciona e saber programá-la não é a mesma coisa. É como a diferença entre entender racionalmente o funcionamento de um motor a combustão e ser um piloto de caça. Era como se John Mauchly e J. Presper Eckert construíssem um jato, dessem as chaves a seis mulheres sem licença de piloto e pedissem que elas ganhassem a guerra. Era assustador, mas também criou a oportunidade para elas demarcarem seu espaço em um campo tão recente que ainda nem tinha nome. "Na época era tudo novo e ninguém sabia o que fazer", explicou Betty Jean Jennings. Nem mesmo os criadores do ENIAC tinham pensado muito em como a máquina funcionaria. Eles ignoraram o fluxo de trabalho de entrada de problemas. Em 1973, o próprio Mauchly admitiu que ele e Pres tinham "improvisado um pouco"[41] na parte da programação, dizendo que "sentiam que, se estivéssemos com a máquina funcionando... haveria tempo para se preocupar com o restante".

Acontece que Mauchly encontrou outras pessoas para se preocupar com o restante — seis pessoas, na verdade, com saias de lã e animadas com o desafio. "Como se escreve um programa?[42] Como se programa? Como se visualiza? Como se introduz o programa na máquina? Como se faz tudo isso?", perguntava-se Betty Jean. Caberia as Seis do ENIAC descobrir.

Hoje em dia, programação ainda pode ser complicada, mas é acessível. Para escrever códigos, você não precisa estudar diagramas de circuitos, destrinchar componentes nem inventar métodos do zero. Basta aprender uma linguagem de programação, que age como intermediária entre programador e máquina, assim como um idioma falado em comum pode ser uma ponte de compreensão entre as pessoas. Você pode dizer à máquina o que fazer em uma linguagem que os dois compreendem — a máquina então traduz e executa sozinha os seus comandos. O ENIAC não tinha uma linguagem assim. O computador aceitava dados no seu estado mais rudimentar, por isso aquelas seis mulheres arregaçaram as mangas e conversavam com a máquina no mesmo nível que o dela. Como Betty Jean Jennings relembra:

> Às vezes, nós seis[43] nos encontrávamos para discutir como achávamos que a máquina funcionava. Se isso parece improvisado demais, é porque era mesmo. A maior vantagem de aprender a lidar com o ENIAC usando os diagramas era que começamos a entender o que ele podia e o que não podia fazer. Com isso, éramos capazes de diagnosticar problemas até em um tubo específico. Como conhecíamos tanto a aplicação quanto a máquina, aprendemos a diagnosticar os problemas tão bem quanto os engenheiros, se não melhor.

Diferentemente de Grace Hopper, que era responsável por uma equipe de operadores transformando seus códigos manuscritos nas fitas do

56 A HISTÓRIA DESCONHECIDA DAS MULHERES QUE CRIARAM A INTERNET

Mark I, as Seis do ENIAC viviam entrando e saindo da grande máquina. Elas trocavam tubos a vácuo queimados um a um — vários se partiam a cada hora, apesar dos cálculos de Pres —, corrigiam conexões com curto e cabeavam painéis de controle. Escreviam programas e os transmitiam gentilmente para a máquina, em um processo de incontáveis tentativas e erros. O trabalho exigia uma combinação de destreza mecânica e conhecimento matemático, sem falar na habilidade de organização: os cartões perfurados que continham os programas do ENIAC precisavam ser organizados, reunidos, tabulados e impressos. A palavra "programador" ainda não existia, mas Betty Snyder se considerava algo "entre um arquiteto e um engenheiro de construção".[44] Betty Jean Jennings era mais objetiva. "Era difícil para cacete programar",[45] escreveu.

Infelizmente, nada desse esforço ajudou muito o Exército dos Estados Unidos. Embora tenha feito um bom número de cálculos, a guerra terminou antes que o ENIAC ficasse totalmente operacional como calculador balístico. Em tempos de paz, porém, ele não era mais um segredo, e o computador foi revelado ao público em 1946, com muita pompa e circunstância em duas demonstrações diferentes. A primeira, para a imprensa, foi um pouco decepcionante em todos os sentidos. A segunda, para a comunidade científica e militar, foi um sucesso, graças, em grande parte, à demonstração de um cálculo de trajetória programado por Betty Jean Jennings e Betty Snyder.

As duas Bettys, como às vezes eram chamadas, eram as feras da equipe de programação do ENIAC — depois da guerra, ambas seguiram longas e revolucionárias carreiras na indústria da computação comercial. Como se tornou comum na história da computação humana, a pedagogia da Escola Moore encorajava parcerias profissionais, com duplas procurando erros. Betty Jean e Betty eram parceiras ideais, porque adoravam encontrar os erros uma da outra. As duas queriam códigos perfeitos e nunca deixavam os egos atrapalharem. "Betty e eu nos divertíamos muito",[46] escreveu Betty Jean nas suas memórias. "Não só éramos parceiras como também amigas, e passávamos a maior parte possível do nosso tempo livre juntas."

Alguns dias depois da primeira demonstração do ENIAC, Herman Goldstine, o militar de ligação com o laboratório, e sua esposa, Adele, convidaram as duas Bettys para seu apartamento no oeste da Filadélfia. Adele treinava as calculadoras humanas na Universidade da Pensilvânia e Betty Jean sempre a considerara uma impressionante cosmopolita — na Escola Moore, Adele ensinava sentada na mesa, com um cigarro no canto da boca. Betty Jean ficou surpresa ao ver que o apartamento dos Goldstine era bem simples, quase impessoal, com duas camas de solteiro. Enquanto Adele lhes servia chá e o gato da família pulava sem cerimônia no colo delas, Herman perguntou se elas conseguiriam criar um cálculo de balística no ENIAC a tempo da apresentação da máquina para a comunidade científica, dali a 12 dias. Era muito a se pedir, e Betty Jean sentia que Herman estava nervoso com a apresentação. Cientistas famosos, dignitários e o alto escalão das forças armadas estariam presentes, e todos queriam ver se o ENIAC funcionava conforme o prometido. As coisas não mudaram muito, ao que parece, sobre a forma como os anúncios de novidades tecnológicas são preparados e organizados.

As Bettys assentiram vigorosamente, dizendo que sim, sem dúvidas, poderiam fazer isso. Estavam blefando. Embora tivessem passado os últimos quatro meses trabalhando em um programa de trajetória balística no papel, ainda não o tinham passado para o ENIAC, e nem imaginavam se iria funcionar. Elas começaram no dia seguinte.

Betty Snyder tinha 28 anos; Betty Jean Jennings acabara de completar 21. Elas sabiam que eram responsáveis por algo importante e que todos com quem trabalhavam contavam com elas. A dupla trabalhou sem parar[47] por duas semanas, respirando o programa de trajetória. Suas colegas Ruth Lichterman e Marlyn Wescoff ajudavam calculando à mão um problema de trajetória idêntico, espelhando passo a passo o processo de cálculo do ENIAC. Isso ajudaria as Bettys a identificar problemas caso a máquina cometesse algum erro. Homens apareciam com oferendas:

58   A HISTÓRIA DESCONHECIDA DAS MULHERES QUE CRIARAM A INTERNET

o reitor da Escola Moore as presenteou com uísque, e John Mauchly chegou em um domingo com uma garrafa de licor de damasco. Elas não bebiam — no máximo um Tom Collins em ocasiões especiais —, mas Betty Jean acabou desenvolvendo um fraco[48] por licor de damasco pelo resto da vida.

A noite antes da grande apresentação era o Valentine's Day, Dia dos Namorados nos Estados Unidos, mas as Bettys não tiveram encontros. Seu programa no ENIAC tinha um bug imenso: embora tivessem conseguido criar um modelo perfeito da trajetória do projétil, elas não tinham ideia de como fazê-lo *parar*. Quando o projétil imaginário atingia o chão, o modelo matemático continuava calculando, atravessando o planeta na mesma velocidade e aceleração que teria no ar. Isso tornava o cálculo ainda pior do que inútil. Se não descobrissem uma maneira de parar o projétil, seriam motivo de chacota frente a matemáticos importantes, o Exército e seus chefes. Desesperadas, elas checaram e rechecaram as configurações, comparando o programa aos cálculos de Ruth e Marlyn, mas não conseguiam imaginar o que havia de errado. Pouco antes de meia-noite, saíram do laboratório. Betty pegou o trem do campus da universidade para sua casa no subúrbio de Narberth. Betty Jean foi caminhando para casa no escuro. Ambas sentiam-se derrotadas.

Mas Betty Snyder ainda tinha uma carta na manga: quando não sabia como avançar em um problema de lógica, ela sempre dormia sobre ele. Cansada, passou a viagem de uma hora no trem para casa naquela noite considerando o problema e suas várias potenciais soluções. Quando caiu no sono, seu inconsciente começou a desatar aquele nó. Na manhã seguinte — dia 15 de fevereiro de 1946 —, Betty chegou cedo ao laboratório e foi direto para o ENIAC. Ela havia *sonhado* com a solução, e sabia exatamente qual interruptor daqueles três mil acionar, e em qual das dez possíveis posições ele teria que ficar. Acionou o interruptor e resolveu o problema em um instante. Betty conseguia "pensar mais racionalmente[49] enquanto dormia do que a maior parte das pessoas é capaz mesmo desperta", surpreendeu-se Betty Jean.

INCRÍVEL GRACE   59

A demonstração da trajetória do projétil foi um imenso sucesso, graças ao inteligente programa de balística das Bettys e um pouco do toque dramático de John e Pres, que prenderam bolas de pingue-pongue cortadas ao meio nos indicadores de neon do ENIAC. Durante a apresentação, a sala ficou na penumbra, evidenciando os pensamentos do computador com seus pontos luminosos febris. O programa era mais rápido que uma bala,[50] literalmente: o ENIAC calculava a trajetória em vinte segundos, mais rapidamente do que um projétil de verdade fazendo o percurso programado. As Bettys e Kay McNulty correram[51] para o tabulador, imprimindo os resultados e distribuindo-os como souvenirs.

O evento foi manchete nos jornais. As mulheres foram fotografadas ao lado dos colegas homens — elas se lembravam dos flashes —, mas as fotos publicadas nos jornais só mostraram homens de terno e condecorações militares posando com a famosa máquina. A imprensa teve o que falar com o ENIAC, apresentando-o como fruto do esforço de guerra então dedicado a melhorar a vida do cidadão norte-americano. Por conta da estranheza que a computação trazia, os jornalistas chamaram o ENIAC de "gigantesco cérebro" e uma "máquina de pensar", um mal-entendido que persiste no inconsciente coletivo, alimentado por escritores de ficção científica, até hoje. O ENIAC não era capaz de pensar. Ele multiplicava, adicionava, dividia e subtraía milhares de vezes por segundo, mas não era capaz de ter um pensamento racional. Não era um cérebro gigantesco. Se havia grandes cérebros ali, pertenciam às pessoas que construíram e operaram a máquina.

As mulheres do ENIAC ficaram irritadas quando leram os artigos dizendo que a máquina, em si, tinha inteligência — elas sabiam melhor que qualquer um que aquilo era só uma sala cheia de aço e cabos. "A quantidade de trabalho envolvido[52] para chegar a uma máquina que fizesse o mínimo que fosse era inimaginável", completou Betty Jean, e "achei a situação toda muito chata". Foi mais do que chato; aquilo efetivamente apagou a existência delas. O artigo do *New York Times* de 1946 sobre a apresentação do ENIAC contava animadamente que "ao

ENIAC foi ordenado que resolvesse[53] um problema que exigiria várias semanas de trabalho de um homem treinado. O ENIAC o resolveu em exatos 15 segundos".

Como a historiadora Jennifer S. Light comenta, essa afirmação ignora dois fatores essenciais: primeiro que as "várias semanas de trabalho" nunca[54] seriam realizadas por um homem, para começo de conversa — e sim por uma computadora humana fazendo hora extra na Escola Moore. Segundo que a ideia de que o ENIAC resolveria o problema em "exatos 15 segundos" despreza, seja por ignorância, seja por desdém voluntário, as semanas de trabalho, novamente feminino, necessárias para programar o problema antes mesmo que ele fosse apresentado ao computador. Para a imprensa, nada além daqueles 15 segundos mágicos — não as horas de criação de códigos e correção de erros, nem o trabalho das programadoras, funcionários de manutenção e operadores — contava. Light escreve: "A coletiva de imprensa e a cobertura[55] subsequente invisibilizavam tanto o trabalho especializado por trás daquela apresentação como o gênero das mulheres especializadas que o fizeram."

Depois da apresentação, quando os apertos de mão e as sessões de foto tinham acabado, a universidade deu um grande banquete celebratório. A julgar pelo cardápio do evento, não houve economia. O alto escalão do Exército e os membros da comunidade científica comeram creme de lagosta, filé mignon e "bolos finos". Nenhuma das Seis do ENIAC foi convidada — nem mesmo as Bettys, que tinham criado a apresentação que o jantar celebrava. Elas ajudaram a apresentar ao século a máquina que viria a defini-lo, e ninguém as parabenizou. Os Goldstine as esnobaram. Até mesmo seus apoiadores, John Mauchly e J. Presper Eckert, ficaram envolvidos demais na animação daquele dia para comentar sobre o programa. No dia 15 de fevereiro, assim como na noite anterior, Betty Jean Jennings e Betty Snyder voltaram para casa desanimadas. Estava frio, e elas estavam exaustas. "Parecia que havia sido feita história[56] naquele dia", escreveu Betty Jean na sua autobiografia décadas depois, "e nós tínhamos sido atropeladas por ela e largadas para trás".

INCRÍVEL GRACE 61

A história as atropelaria muitas vezes mais. Nem Betty nem Betty Jean seriam creditadas por escrever o programa da apresentação do ENIAC até começarem elas mesmas a escrever suas histórias, cinquenta anos depois. Herman Goldstine, na sua influente história do ENIAC, escreveu que *ele e Adele* programaram a apresentação de 15 de fevereiro, uma atitude revisionista que Betty Jean Jennings, mais tarde, chamaria de "mentira deslavada".[57] Em relatos subsequentes, as mulheres foram repetidamente ignoradas. Em algumas imagens históricas, as Seis do ENIAC eram apontadas como modelos, sendo que nem estavam nas fotos. "Eu não era fotogênica",[58] disse Betty Snyder. "Não aparecia em nenhuma das fotos daquela idiotice toda." Quando o Exército usou uma foto publicitária do ENIAC do Departamento de Guerra[59] para um anúncio de recrutamento, cortou as três mulheres da imagem. Os próprios releases de imprensa do departamento sobre o ENIAC citavam um vago e genérico "grupo de especialistas"[60] responsável pela operação da máquina, mencionando por nome somente John Mauchly, J. Presper Eckert e Herman Goldstine.

É tentador olhar para a associação histórica entre mulheres e software e presumir que há alguma afinidade inerente: que mulheres apreciam os aspectos mutáveis e linguísticos da programação, enquanto homens são atraídos pela natureza prática e física do hardware. Alguns podem argumentar isso usando a parceria de Babbage e Lovelace, a relação irascível entre Howard Aiken e Grace Hopper, uma geração depois, ou a divisão de trabalho entre os engenheiros de hardware e as operadoras do ENIAC. Mas, em todos esses casos, as mulheres acabaram no lado do software não porque o trabalho por qualquer motivo fosse mais indicado para elas, mas porque o software ainda não era uma categoria valorizada. Da forma como todos enxergavam, o software — escrever códigos e conectar cabos — era na verdade só a manipulação do hardware, e o título de "programador" ainda não era distinto do inferior "operador", um trabalho repetitivo com cores femininas por causa do longo histórico de mulheres ocupando cargos secretariais. Além disso, a contratação de mulheres para programar computadores como o ENIAC refletia a longa tradição de mulheres computadoras, trabalhando com matemática aplicada em universidades e pesquisas. As mulheres já faziam contas desde o começo dos tempos.

"Se os administradores do ENIAC soubessem[61] quão crucial seria a programação para o funcionamento do computador elétrico e quão complexa ela se mostraria", comentou Betty Jean Jennings mais tarde, "eles talvez pensassem duas vezes antes de deixar uma tarefa tão importante nas mãos de mulheres". Na época era difícil perceber a programação como uma ocupação distinta de simplesmente *operar* um computador, e os trabalhos das mulheres do ENIAC eram oficialmente classificados como "subprofissionais, um tipo de tarefa administrativa".[62] Levaria anos até aqueles que lidavam com computadores começarem a se definir como programadores ou cientistas da computação, em vez de operadores ou engenheiros elétricos. Levaria ainda mais tempo para que a visão da programação enquanto forma de arte capaz de mudar o mundo moderno ganhasse foco.

Capítulo três
OS VERDES ANOS DA MOCIDADE

A Segunda Guerra Mundial foi uma guerra tecnológica. A relação entre governo, indústria e as universidades criada para obter uma vantagem nacional frente aos países do Eixo nos deu o complexo militar-industrial e, de lambuja, criou uma geração de inovadores tecnológicos. É improvável que a computação tivesse se desenvolvido tão rapidamente enquanto campo ou indústria sem os cálculos complexos exigidos pela máquina de guerra. A guerra fez com que valesse a pena correr riscos e acelerou tudo. Também permitiu que as mulheres participassem do processo. Os homens podem ter jogado as bombas, mas foram elas que lhes disseram onde fazê-lo.

É estranho pensar em qualquer guerra, ainda mais uma tão terrível, como uma oportunidade. Mas trabalhar nos cálculos militares durante a Segunda Guerra Mundial permitiu que Betty Jean Jennings, Betty Snyder, Grace Hopper e suas colegas fizessem mais da vida do que dar aulas, casar ou serem secretárias. Isso abriu um campo técnico novo para as mulheres, um cuja importância só ficaria evidente depois de elas demonstrarem as coisas incríveis que poderiam ser feitas quando pessoas e máquinas de computar se uniam. Mas mudar nunca é tão simples. Com a mesma facilidade que a guerra deu a essas mulheres uma forma de evitar casamentos potencialmente forçados e carreiras sem futuro como secretárias, a paz ameaçava tirar tudo isso delas.

64 A HISTÓRIA DESCONHECIDA DAS MULHERES QUE CRIARAM A INTERNET

Depois da guerra, quando os financiamentos militares acabaram e as rédeas dos projetos de computação retornavam para mãos civis, Grace Hopper se viu em uma encruzilhada. Em pouco tempo, ela se tornou uma especialista em um campo recente, mas à custa de muitos sacrifícios. Embora estivesse separada de Vincent desde o início da guerra, eles só se divorciariam em 1945. Ele logo se casou de novo[1] — com uma amiga de Grace, que tinha sido sua madrinha de casamento. Não deve ter sido fácil. Grace estava com 43 anos e, depois de tudo por que passara, nem sequer cogitava voltar a ensinar cálculo para universitários e se reacomodar na vida de professora de cidade pequena. Mas quando os soldados que voltavam do front retomaram seus lugares no cotidiano norte-americano, muitas mulheres ao redor de Grace também retornaram aos seus papéis anteriores à guerra. Até algumas das Seis do ENIAC se tornaram donas de casa. Grace, tendo largado tudo para se dedicar à duplamente masculina interseção entre a vida acadêmica e a carreira militar, estava tensa.

Howard Aiken transformou o trabalho militar do Laboratório de Computação em uma parceria de longo prazo com a Harvard e manteve Grace, indispensável para o funcionamento do lugar, como assistente de pesquisa por três anos. No seu novo cargo, Grace não lidava mais com programação. Em vez disso, dava assistência a Aiken e escrevia um manual de usuário para o Mark II, para o qual — assim como no manual anterior — não recebeu qualquer orientação. Ela conduzia passeios pelas instalações, explicando a visitantes importantes os muitos usos para a antes secreta máquina de computar. Aiken tentou manter a mesma sensação de urgência no Laboratório de Computação, mas não era a mesma coisa — a atmosfera da guerra em épocas de uma paz arduamente conquistada criava um quê de sadismo no ar. Grace sempre bebera socialmente, mas, ao ver suas responsabilidades desaparecerem, começou a fazê-lo durante o expediente, mantendo um cantil na mesa de trabalho. Em 1949, o contrato da Harvard com a Marinha acabou. Aiken, com sua estabilidade garantida, permaneceu na universidade, mas

OS VERDES ANOS DA MOCIDADE 65

não havia esse tipo de promoção para suas funcionárias, então Grace — incomparavelmente mais relevante do que qualquer outro especialista em programação de computadores — perdeu o emprego no laboratório que liderara por anos. "Meu tempo acabou",[2] disse ela.

O laboratório do ENIAC na Universidade da Pensilvânia também fechou. O computador foi levado para o Aberdeen Proving Ground — foi necessário derrubar uma parede inteira do prédio da Escola Moore para retirá-lo — e depois outras sete mulheres foram contratadas para trabalhar nele em Aberdeen, onde ele funcionou até ser desligado, em 1955. As Seis do ENIAC, tendo seguindo em frente com suas vidas, nunca mais programariam aquela máquina.

Durante a guerra, não importava de quem era o ENIAC. Tinha sido construído com dinheiro do Exército e trabalhava no que o Exército determinava. Com a paz alcançada, a posse do computador passou a ser disputada. Eckert e Mauchly queriam patentear a invenção, mas a universidade exigia todas as licenças e sublicenças para a criação, assim como os direitos do que quer que eles inventassem no futuro. A universidade ofereceu a eles cargos vitalícios em troca das patentes, mas os dois engenheiros não queriam ficar presos pelo resto da carreira. Pres e John decidiram abrir mão do ENIAC, evitar mais prejuízo e tentar a vida por conta própria.

Em 1947, eles já tinham fundado a própria empresa, a Electronic Control Company, mais tarde rebatizada como Eckert-Mauchly Computer Corporation. O escritório na Ridge Avenue, na Filadélfia, não era nada de mais: uma antiga fábrica de meias sem ar-condicionado e com algumas escrivaninhas de madeira de segunda mão. Do outro lado da rua havia um ferro-velho. Atrás do prédio, ficava o Mount Vernon Cemetery. Se o novo computador não funcionasse,[3] brincava Grace Hopper, eles poderiam jogá-lo pela janela e começar o próximo.

A narrativa de jovens inovadores de tecnologia começando do zero, arriscando tudo e revolucionando o mundo parece clichê para nós hoje. Toda história do Vale do Silício, da garagem para a fama, parece seguir os

66 A HISTÓRIA DESCONHECIDA DAS MULHERES QUE CRIARAM A INTERNET

mesmos passos de sempre. Mas a Eckert-Mauchly Computer Corporation foi a primeira companhia de computação comercial do mundo. Antes da EMCC, computadores eram máquinas de um único modelo, construídas sob medida para os cálculos de guerra: balística, decodificação e a fluidodinâmica das bombas nucleares. Mas eles tinham um imenso[4] potencial de mercado no meio acadêmico e em indústrias dependentes de cálculos como a aviação, e poderiam lidar rapidamente com trabalhos de contabilidade e pagamentos para grandes empresas. Pres e John não eram os únicos a se dar conta do imenso potencial comercial dos computadores, mas estavam entre os primeiros a tentar produzi-los de forma seriada. Os arquitetos do mundialmente famoso ENIAC tinham uma vantagem já na largada.

A EMCC fechou alguns contratos importantes logo de cara: o Departamento de Censo, o Instituto Nacional de Padrões, a Northrop Aviation e o Serviço de Mapeamento do Exército queriam suas versões do ENIAC. Cada instalação teria que ser personalizada para as necessidades específicas de cada cliente, com sistemas, serviços e suporte técnico. Software ainda não era um produto pronto — não era nem uma palavra, aliás —, então a Eckert-Mauchly Computer Company precisaria de programadores. Por sorte, as melhores do mundo tinham sido suas colegas na Escola Moore — Betty Snyder, Betty Jean Jennings e Kay McNulty, e a grande dama da programação Grace Hopper, que estava em busca de um emprego depois de ser demitida da Harvard. Pres e John foram espertos o bastante e as contrataram.

Durante seus primeiros anos, a EMCC era um anacronismo — uma startup de tecnologia entre gigantes corporativos, construindo os computadores mais avançados do mundo, que funcionavam com códigos únicos criados por programadoras talentosas à frente de suas equipes de desenvolvimento de software. Betty Jean Jennings recordou aquela época como mágica. "Eu adorava", escreveu ela,[5] "e nunca mais me senti tão viva. Trabalhávamos arduamente. Chegávamos cedo, marcávamos reuniões durante intervalos e almoços, ficávamos até tarde". Não havia cargos formais, e os departamentos eram fluidos. As pessoas trabalha-

OS VERDES ANOS DA MOCIDADE   67

vam diretamente umas com as outras de acordo com as demandas dos projetos, e não havia hierarquia de comando nem burocracia. Todos lidavam com os problemas que surgiam, levando a iniciativa adiante. "A verdade", disse Betty Snyder,[6] "é que acreditávamos tanto no que fazíamos que trabalhávamos todos juntos, só isso".

Os fundadores eram muitíssimo apreciados e admirados pelas funcionárias, porque eram bons professores, sabiam ouvir e tinham visão. Em reuniões com clientes, John Mauchly era capaz de recitar uma variedade de usos para os computadores sem sequer hesitar. Grace foi motivada a entrar na EMCC porque sabia que aprenderia com John, de quem se lembrava de como "uma pessoa agradável[7] e divertida de se trabalhar. Ele ficava tão animado com o trabalho quanto você, se metia em tudo e gostava muitíssimo de estar ali, e era o que eu considerava um ótimo chefe". Pres também era "um ótimo chefe", apesar das esquisitices. Enquanto conversava com alguém, ele muitas vezes se distraía e saía caminhando por corredores, descia até o porão e então subia de novo. Sentava sobre as mesas. Uma vez, subiu em um gaveteiro enquanto falava com alguém sem nem perceber. Em todos os anos em que trabalhou na EMCC, Betty Jean nunca descobriu onde ficava o escritório de Pres: ele nunca estava lá. Pres juntava-se sempre à equipe, indo de grupo em grupo com perguntas e soluções. As mulheres brincavam que ele gostava tanto de falar que era capaz de impedir o servente de limpar o chão só para ter com quem trocar algumas ideias. Apesar das idiossincrasias, ele era da família. "Todas aceitamos Pres[8] como ele era", lembrou-se Betty Jean.

Numa época em que tantas empresas estavam demitindo mulheres competentes para receber soldados que voltavam da guerra, a Eckert-Mauchly Computer Company não só empregava mulheres como também valorizava suas contribuições, dando-lhes consideravelmente mais responsabilidades de programação do que elas tinham durante a guerra. Tanto Betty Snyder, nessa época já Betty Holberton, quanto Betty Jean Jennings gerenciavam grandes projetos: Betty criou os códigos de instruções e Betty Jean fez o design de sistemas para o produto carro-chefe da empresa, o Computador Automático Universal, ou UNIVAC. Os primeiros anos foram apertados — Betty, assim como vários engenheiros, no início trabalhava sem salário —, mas todos foram recompensados quando a empresa decolou. Quando já trabalhava havia um ano[9] na EMCC, Betty Jean descobriu que um recém-contratado ganhava quatrocentos dólares a mais por ano que ela e levou sua reclamação a John Mauchly, que não só a ouviu como imediatamente lhe deu um salário de duzentos dólares *a mais* que o homem. A EMCC dava cursos de programação dentro da empresa a cada primavera, na esperança de treinar novos talentos de outras áreas. "Foi assim que tantas secretárias[10] viraram programadoras antes de irmos embora", lembrava-se Grace Hopper. Fazia parte da política da empresa. "Uma boa secretária estava destinada a se tornar programadora, pois seria meticulosa e comprometida. Teria uma atitude estratégica. As características que as faziam ser boas secretárias eram exatamente o que as fazia serem boas programadoras."

Grace tinha sofrido com o alcoolismo durante seus últimos anos no ingrato Laboratório de Computação de Howard Aiken, e suas amigas torciam para que o trabalho na EMCC a ajudasse a parar de beber e reconquistar sua autoconfiança. Mesmo não tendo sido valorizados na Harvard, seus talentos eram muito visados na crescente indústria da computação — além da oferta de Eckert e Mauchly, em 1949 ela considerou um trabalho de pesquisa balística em Aberdeen, outro que criava máquinas de criptografia para a Associação de Pesquisa em Engenharia e em terceiro no Escritório de Pesquisa Naval. Mas somente a EMCC tinha máquinas já em funcionamento[11] para programar naquele ano, e Grace não queria mais esperar. Na EMCC, poderia retornar de imediato à sua grande paixão (programar), e ainda por cima cercada de outras mulheres brilhantes. Sentiu-se grata. Assim como havia adorado a transição entre a vida civil e a militar na Marinha, ela "se encaixou facilmente no UNIVAC",[12] como se tivesse "conquistado toda a liberdade e felicidade do mundo".

A mulher com quem Grace trabalhava mais de perto na EMCC era Betty Holberton, a gênia do ENIAC que resolvia problemas de programação até enquanto dormia. E esse era só um dos aspectos únicos da mente de Betty. Desde jovem, ela adorava desafios. Aos 15 anos, quando a máquina de calcular da família quebrou, ela desmontou o negócio inteiro, rotulou cada componente e os espalhou pela mesa em um diagrama preciso. Ela gostava de pensar em máquinas assim: como um concerto de pequenas peças trabalhando juntas em um conjunto lógico. E descobriu que pensava "como uma tela de radar, circundando o problema sem parar" até mapeá-lo inteiro. Depois desses rastreamentos, ela era capaz de localizar o problema quase que instantaneamente. Seu talento era tamanho que muitas vezes ela era chamada, "se o programador e o engenheiro[13] não conseguissem descobrir qual o problema", para ajudar nos projetos dos outros. Mais tarde na sua carreira, ela insistia em não ser chamada até *depois* que os engenheiros estivessem empacados por pelo menos quatro horas. Caso contrário, era um desperdício do seu tempo.

Betty era a arma secreta da EMCC e, quando Grace Hopper chegou à Filadélfia, já estava na empresa havia dois anos, trabalhando lado a lado com John Mauchly na sala da sua casa antes que alugassem o galpão na Ridge Street, desenvolvendo o C-10, o código operacional do UNIVAC. Embora ela dissesse não ser "fotogênica" o bastante para ser fotografada com o ENIAC, não há como negar a beleza singular do seu código. O C-10 era o conjunto básico de instruções do computador, e Betty foi muito cuidadosa ao escrevê-lo. Em vez de depender somente de números e símbolos, ela incluiu letras como abreviações para as operações mais comuns: *s* para "subtrair", *a* para "adicionar". Era a primeira vez que isso era feito, e tornava o UNIVAC mais agradável para o usuário final sem conhecimento matemático. Grace achava o C-10 brilhante — belo, até. Ela adorava tudo que tornava a programação mais acessível. E ela considerava Betty a melhor programadora que já conhecera. Betty era mais modesta. De acordo com Betty Jean Jennings — que nem sempre se dava bem com Grace —, Betty Holberton dizia que "se alguém conseguia fazer algo[14] que Grace não era capaz de fazer, essa pessoa obviamente tinha que ser a melhor no mundo, porque só os melhores podiam ser melhores que Grace!".

70 A HISTÓRIA DESCONHECIDA DAS MULHERES QUE CRIARAM A INTERNET

Betty ensinou a Grace como usar fluxogramas para criar problemas complexos, algo que ela nunca havia feito. O Mark I era linear, com todos os códigos "seguindo" os rolos de papel. Mas as máquinas da Eckert-Mauchly eram capazes de modificar as instruções no meio do caminho, criando laços. "Agora eu tinha que pensar em programas em duas dimensões",[15] lembrava Grace, o que exigia "pensamento multiespacial", algo que Betty formalizou em seus fluxogramas elegantes. Betty, concluiu Grace, "era excelente". Além do código C-10, Betty fez mais duas contribuições importantes para a computação no seu tempo na EMCC. A primeira foi estética: ela convenceu os engenheiros a mudar a cor da carcaça do UNIVAC de preta para o bege que se tornaria a cor universal dos computadores de mesa (sim, eu tenho muito a agradecer a Betty pelo meu Dell cor de areia). A segunda foi um programa que ela chamava de "Gerador de Classificação e Mesclagem", que pegava as especificações de arquivos e automaticamente gerava rotinas para a classificação e mesclagem dos dados, guardando históricos de todas as entradas e saídas de informação nas unidades de fita do UNIVAC.

Grace Hopper ficou abismada com o Gerador de Classificação e Mesclagem de Betty. De acordo com ela, aquela era a primeira vez que um computador era usado para *criar um programa criador de programas.* Isso teria uma grande influência em Grace, e na verdade em toda a história da computação. Mas nem todo mundo percebeu isso de imediato. "Na época, os especialistas[16] logo nos diziam — ou pelo menos me disseram muitas vezes — que um computador nunca poderia escrever um programa", lembrava Grace. "Era impossível. Tudo que computadores eram capazes de fazer era aritmética, não poderiam criar programas. Não tinham a imaginação e a habilidade de um ser humano. Eu ficava tentando explicar que estávamos usando a habilidade humana no programa."

E realmente, graças à habilidade de programadoras como Betty e Grace, o UNIVAC era o computador mais poderoso do mundo. Seus programas em fitas magnéticas permitiam que a velocidade de entrada e saída de dados finalmente se igualasse à rapidez dos componentes eletrônicos. O UNIVAC venceu toda a concorrência, tornando-se sinônimo do próprio objeto: assim como a Xerox significa fotocópias e Cotonete significa hastes flexíveis de algodão, nos anos 1950 o UNIVAC significava computadores. Até um jovem Walter Cronkite o consultava como se fosse um oráculo. Na noite da eleição de 1952, um UNIVAC com um programa de estatísticas previu ao vivo na CBS a vitória de lavada de Dwight Eisenhower sobre Adlai Stevenson, o que todas as pesquisas-padrão diziam ser impossível. A façanha ficou tão popular que o computador se transformou em uma presença constante na emissora.

Apesar dos sucessos públicos, Mauchly e Eckert estavam em apuros nos bastidores. Eram acadêmicos, com boas intenções inversamente proporcionais à expertise comercial. Seus computadores eletrônicos eram uma tecnologia cara e não testada, que exigia técnicas mais agressivas de venda e sem pessoal para dar suporte aos clientes. A maior injeção de capital da EMCC — vinda de uma companhia de Baltimore, a American Totalisator, que fazia calculadoras de chances para apostas em corridas de cavalo — caiu por terra quando o vice-presidente da empresa morreu em um estranho acidente de avião. Sem dinheiro, Mauchly e Eckert tentaram vender a EMCC para a IBM, mas a Big Blue não queria nada com eles — o antiquado diretor da empresa, Thomas Watson Jr., não acreditava em fitas magnéticas e decidiu continuar com os confiáveis sistemas de cartões perfurados. Eles se viram forçados a vender a EMCC para uma empresa de máquinas comerciais, a Remington Rand, orgulhosa produtora do que já tinham sido as duas mais importantes armas do mundo: pistolas e máquinas de escrever.

Vender a empresa para a Remington Rand não foi uma decisão inspiradora, mas de uma praticidade drástica. A empresa trabalhava com cartões perfurados havia anos e previa crescimento no setor da computação. Eles compraram as dívidas da EMCC, salvando a companhia da falência, e prometeram que suas experientes equipes de venda conseguiriam vender o UNIVAC de olhos vendados. Infelizmente, os gerentes seniores da Remington Rand não entendiam nada de álgebra booleana, sub-rotinas ou programação. O pior era que não tinham ideia do que fazer com todas aquelas mulheres em cargos altos na EMCC.

"Quando a Remington Rand comprou o UNIVAC",[17] lembrou Betty Snyder alguns anos depois, "Na minha opinião pelo menos, aquilo foi o fim da linha, porque a ideia deles sobre mulheres era que deveríamos voltar à datilografia". Ninguém na Remington Rand havia trabalhado com mulheres com formação técnica, e resistia-se à ideia de que uma mulher fosse capaz de fazer uma apresentação, encontrar clientes ou mesmo compreender as instalações do UNIVAC que tinham criado. "Quero dizer, era como se não achassem[18] que alguém ouviria o que tínhamos a dizer, ou que nos levariam a sério", reclamou Betty Jean Jennings. Seria o fim dos verdes anos da mocidade.

A Remington Rand teve a inteligência de comprar a Eckert-Mauchly Computer Corporation, mas não sabiam o que fazer com o grupo de livres-pensadores que a acompanharam. Era uma crise de valores que se repetiria *ad infinitum* no campo da tecnologia. A Eckert-Mauchly era um lugar em que mulheres brilhantes transformavam símbolos em código e novas ideias surgiam a cada rolo de fita magnética. Mas aquela visão, e o ambiente pouco ortodoxo que a fortalecia, teve dificuldade de se sustentar em um mundo de tabuladores de cartões perfurados. Os sonhadores foram comprados por uma empresa que "pensava que aqueles idiotas da Filadélfia[19] estavam doidos", que "ninguém compraria aquelas máquinas milionárias, e que havia pouca utilidade para elas".

A estrutura empresarial aberta e transparente da EMCC foi engolida pela hierarquia antiquada da Remington Rand. O escritório principal da empresa em Nova York poderia ser até em Marte, e a dificuldade de a equipe da EMCC se comunicar com ele seria a mesma. Betty Snyder, que nunca tivera um cargo ou um departamento, de repente tinha um chefe. "Isso foi um desastre",[20] dizia ela, "porque eu ia até ele com as decisões e ele fazia tudo errado, e eu é que tinha que viver com as consequências". Na EMCC, todos serviam à máquina. Mas na Remington Rand havia outros mestres, cujos interesses muitas vezes eram contraproducentes.

Em 1990, muito depois que todos já tinham se aposentado, um grupo de antigos funcionários da Eckert-Mauchly se reuniu no Smithsonian Institution para partilhar suas histórias. Quarenta anos depois, ninguém tinha nada de bom a dizer sobre a Remington Rand. Um trecho daquela história oral:[21]

> CERUZZI (moderador): Gostaria de saber se tem alguém aqui interessado em defender a chefia na Remington Rand, porque... [risadas] Temos voluntários?

> TONIK (antigo programador do UNIVAC): Não, não exatamente.

> CERUZZI: Não? Ninguém mesmo.

O UNIVAC era uma máquina milionária, mas os vendedores da Remington Rand não eram treinados para entender o seu potencial. Estavam acostumados a usar máquinas de tabular, alimentadas por cartões perfurados — algo fácil de vender para escritórios, diferentemente da fita magnética preta do UNIVAC, ainda desconhecida, literalmente opaca. "Não sabiam o que era o UNIVAC",[22] lembrava Betty, "só sabiam que tinham que se livrar daquilo". O melhor que os vendedores faziam era usar o computador como isca: eles levavam Betty Jean Jennings às reuniões com agências governamentais, durante as quais ela diligentemente descrevia tudo que o computador era capaz de fazer, e então eles a tiravam da sala para que os rapazes pudessem vender máquinas de datilografar.

Talvez fosse melhor que a alternativa. Quando os vendedores da Remington Rand de fato *tentavam* vender o UNIVAC, a falta de conhecimento deles horrorizava os programadores da antiga Eckert-Mauchly. Em dado momento, a Rem-Rand contratou um desconhecido da EMCC para escrever todo o material de marketing do UNIVAC e depois treinar os vendedores sobre o funcionamento da máquina. Ele não consultou ninguém familiarizado com o computador. Mauchly ficou furioso. "Nós

74 A HISTÓRIA DESCONHECIDA DAS MULHERES QUE CRIARAM A INTERNET

ficamos sem entender[23] como alguém que aceitou uma posição que exige conhecimento que não tem", reclamou ele em um memorando, "deixa de procurar toda a ajuda possível para dar conta de suas responsabilidades".

Grace Hopper e seu time de programação se viram forçados a trabalhar em dobro. Em 1950, eles operavam em múltiplas funções: vendendo e fazendo propaganda do UNIVAC, já que a Remington Rand não conseguia fazer tal coisa, e lidando com o suporte técnico quando as instalações nos clientes inevitavelmente apresentavam problemas. Estavam fadados ao fracasso, mesmo se tivessem sucesso: a gerência da Remington Rand reduziu a produção dos UNIVAC a seis por ano, mas depois de dois anos com os programadores à frente das vendas, tinham vendido 42 computadores. "O resultado era que eles não conseguiam entregar a porcaria das máquinas", relembrou Lou Wilson, um engenheiro do UNIVAC, na reunião no Smithsonian.

Grace se viu em uma posição insustentável. Estava fazendo o trabalho de três em um campo que a maioria das pessoas não sabia sequer definir. Na Eckert-Mauchly, ela era matemática sênior — "um título impressionante o bastante para combinar com o salário"[24] —, mas, na Remington Rand, ser sênior só significava mais trabalho. Além de gerenciar uma equipe de programadores e supervisionar projetos de softwares específicos para cada cliente, ela ainda ajudava no suporte técnico. Era uma batalha constante. Isso sem falar de suas dificuldades paralelas: estava sempre tentando desenvolver sua arte, trabalhando nos poucos momentos livres em avanços nas técnicas de programação. Mas era bom para ela estar ocupada. Grace passara maus bocados nos anos entre a queda da Eckert-Mauchly e a compra pela Remington Rand, o alcoolismo voltando — ela até foi presa por conduta desordeira, em novembro de 1949. Mas o laboratório de Howard Aiken na Harvard também não tinha sido moleza, e as circunstâncias adversas fizeram florescer suas melhores ideias. O mesmo aconteceria naqueles anos árduos na Remington Rand.

Capítulo quatro
TORRE DE BABEL

No início dos anos 1950, a programação não era muito bem compreendida fora do seu campo — nem mesmo dentro dele, considerando a dificuldade que Grace tinha de se comunicar com o departamento de vendas da própria empresa. Como não tinham vindo de um campo preexistente,[1] os programadores começavam suas carreiras em outras áreas: alguns, como Grace, eram matemáticos, enquanto outros eram descobertos através de testes de habilidade ou ganhavam uma chance por conta da afinidade com palavras cruzadas ou geometria euclidiana. Tinham que conhecer muito bem o hardware e lidar com os erros constantes. Isso criava um sentimento de privilégio merecido, de sucesso conquistado a duras penas. John Backus, um cientista da computação da IBM e contemporâneo de Grace Hopper, ficou famoso por caracterizar programadores dos anos 1950 como monges, "guardando habilidades e mistérios[2] complexos demais para os meros mortais". Por mais que os magos apreciassem facilidades na sua labuta diária, "eles viam com desdém e hostilidade quaisquer planos mais ambiciosos de tornar a programação acessível à população geral".

Grace queria escapar daquele monastério. Ela acreditava com todo o fervor que a programação de computadores deveria ser popular e disponível a todos. Se computadores fossem mais fáceis de programar, talvez fossem mais fáceis de vender; se os clientes fossem capazes de escrever e reescrever seus próprios códigos, talvez a equipe não precisasse criar programas específicos para cada instalação do UNIVAC. Isso seria o ideal, porque só existiam alguns programadores realmente bons no mundo, e seus talentos estavam sendo desperdiçados. Quando o mundo despertou para as possibilidades da computação, a indústria explodiu, mas não havia programadores treinados o bastante para satisfazer a demanda. Grace e suas colegas envelheciam a cada dia — o campo precisava de sangue fresco e ainda se tornar mais acessível. Grace sabia que isso só aconteceria quando duas condições fossem atendidas:

1. Que os usuários pudessem comandar seus computadores com uma linguagem direta;
2. Que essa linguagem não dependesse da máquina.

Isso significa dizer que, quando um software fosse compreendido tanto pelo programador quanto pelo usuário, e esse mesmo software funcionasse em um UNIVAC e em uma máquina da IBM, a programação poderia atender a todas as vontades do mundo. Grace chamava esse conceito de "programação automática", o qual, para qualquer um que a conhecesse, era o desdobramento lógico do seu trabalho na Harvard com sub-rotinas e documentação de códigos. Ela sempre gostou de encontrar maneiras de tornar a programação mais fácil e mais eficiente. Durante a guerra, seus atalhos economizavam tempo e salvavam vidas. Depois da guerra, eles poupavam dinheiro e evitavam dores de cabeça.

Para o alto escalão da Remington Rand, porém, investir em programação automática parecia uma distração do verdadeiro negócio, que era vender computadores. Por que facilitar as coisas quando o que estavam vendendo era expertise? Seus colegas programadores também tinham seus receios: a proposta de Grace poderia acabar com o trabalho deles. Nos anos seguintes, conforme a discussão sobre a programação automática se tornou cada vez mais acirrada, cada lado ganhou um apelido. Aqueles que resistiam à programação automática eram chamados de "neandertais". Eles poderiam se chamar até mesmo de ludistas, se quisessem, como lorde Byron mais de um século antes.

Os "cadetes espaciais", por outro lado, acreditavam em um futuro livre de bugs, em que os programas escreviam a si mesmos ou pelo menos não precisavam de intervenção humana constante. Por mais utópico que isso parecesse para os "neandertais", que acreditavam que a programação era uma habilidade especializada inimitável por máquinas, a necessidade industrial da programação automática só fazia aumentar. A Remington Rand não havia previsto o quanto o UNIVAC precisava de suporte técnico, e penava para manter os computadores dos clientes funcionando. Grace, que era ótima em convencer os burocratas, demonstrou que os custos de programação ameaçavam se aproximar dos custos de produção do hardware. A empresa cedeu. Eles criaram o Departamento de Programação Automática e a colocaram no comando. Sua primeira tarefa era escrever um compilador, um tipo de programa de mediação que simplifica o ato de escrever códigos no nível da máquina. Assim como os computadores mecânicos substituíram uma geração de computadores humanos, transformando matemáticos como Grace em programadores, seu compilador — o primeiro de muitos intermediários entre as pessoas e as máquinas — mais uma vez redefiniria a natureza daquele trabalho. A matemática transformada em programadora logo se tornaria uma linguista.

Uma lição rápida: computadores não entendem inglês, francês, mandarim ou qualquer outro idioma humano. Só código, em geral binário, é capaz de comandar um computador no seu nível mais elementar, pulsando eletricidade por seus veios interconectados. Visto de perto, qualquer programa não passa de uma lista de instruções insanamente explícita, nesse código elétrico, sobre como e para onde a eletricidade deve se mover. Os programas mais básicos especificam[3] a operação no nível do hardware — só um passo acima de fisicamente conectar um computador como o ENIAC — e programas mais complexos são aglutinações dessas operações básicas. Na época de Grace, resolver um problema exigia pensar como uma máquina, um passo de formiga de cada vez. Se o monastério guardava um segredo acima de qualquer outro, esse segredo era como ter uma paciência infinita.

78 A HISTÓRIA DESCONHECIDA DAS MULHERES QUE CRIARAM A INTERNET

Compiladores são fundamentais para a computação moderna. Eles tornam a linguagem de programação, com seus níveis mais elevados de notação simbólica, compreensível ao cérebro reptiliano e binário do computador. Hoje é óbvio que usar um computador — e até programar — não exige conhecimento específico do hardware. Eu não leio código binário, mas, por meio de dezenas de softwares intérpretes funcionando em conjunto sempre que utilizo meu computador, nós nos entendemos. O código hoje é tão distante da experiência da maior parte dos usuários que o cientista da computação e escritor Douglas Hofstadter comparou examiná-lo a "ler uma molécula de DNA[4] átomo por átomo".

Grace Hopper terminou seu primeiro compilador, o A-0, no inverno de 1951, durante o auge da crise de pessoal na Remington Rand. Em maio, ela apresentou um artigo sobre o assunto, "A educação de um computador", em um simpósio da Association for Computing Machinery [Associação de Maquinaria Computacional], em Pittsburgh. No artigo, ela explicava algo contraintuitivo: que adicionar um passo extra, uma camada entre o programador e o computador, aumentaria a eficiência. Ela usou um caso pessoal para ilustrar. No passado, matemáticos como ela ficavam presos à tarefa maçante da aritmética — todos aqueles pequenos passos tediosos atrapalhavam a chegada a conclusões interessantes. Teoricamente, um computador como o UNIVAC[5] lidava com essas tarefas aritméticas, liberando o matemático para pensar em coisas mais importantes. A realidade, porém, era que o matemático havia se transformado em programador, e novamente se via preso a pequenos passos tediosos. Grace adorava programar, mas ela admitia que "a novidade de inventar programas[6] cansava e se transformava em um trabalho maçante de escrever e verificar programas. Esse trabalho agora pesa, impositivo, sobre o cérebro humano".

Sua solução era inserir um terceiro nível de operação, dando poder ao computador para escrever os próprios programas. Ele faria isso *compilando* determinadas sub-rotinas — pedaços reutilizáveis de códigos guardados na memória do computador — de um catálogo previamente montado. O compilador então poderia automaticamente rearrumar sub-rotinas e traduzi-las para o código básico da máquina. Dessa forma, "o programador poderia voltar a ser um matemático", e o computador, "com base na informação fornecida pelo matemático [...] usando sub-rotinas e seus próprios códigos de instrução, produziria um programa" por conta própria. Grace propôs que uma máquina mais esperta poderia dar apoio a um programador menos experiente, e até ao usuário sem experiência em programação, conforme se tornasse cada vez mais inteligente. "No momento, o UNIVAC tem uma boa base[7] em matemática, equivalente à de um graduando no segundo ano de faculdade, e não esquece nem comete erros", escreveu ela, sempre uma professora. "Espera-se que seu curso seja concluído em breve e que seja aceito em sua pós-graduação."

Compilar sub-rotinas em vez de escrever códigos do zero evitava uma imensa margem de erro humano no dia a dia da programação. Sub-rotinas já haviam sido testadas, corrigidas e estavam prontas para uso. Combinadas pelo compilador, programas poderiam ser escritos em horas em vez de semanas. A ideia de Grace, que seria refinada sucessivas vezes por inúmeras pessoas nos anos seguintes, tornou automática grande parte da labuta associada à programação, permitindo que os programadores se concentrassem no lado criativo do trabalho e em reflexões de alto nível que fariam a ciência da computação avançar enquanto disciplina. E o mais importante: representava um conceito inédito — programas escrevendo programas, um caminho que Betty Holberton havia apontado com seu brilhante Gerador de Classificação e Mesclagem. A ideia era tão atraente para publicitários quanto para os fabricantes de computadores. Em 1955, a Remington Rand já imprimia propagandas[8] com a seguinte chamada: AGORA... O UNIVAC DIZ A SI MESMO O QUE FAZER!

O artigo de Grace animou a comunidade da computação, mas havia muito a ser feito. Seu primeiro compilador, o A-0, era muito básico. "Era bem idiota",[9] explicou ela. "O que eu fazia era me observar criando um programa e depois fazer o computador repetir o que eu fazia." Embora ainda ganhasse de técnicas de computação tradicionais em uma velocidade 18:1, o código que ele criava — o conjunto de instruções binárias que o computador realmente executava — permanecia ineficiente. Hoje em dia, a elegância de um código é algo basicamente estético, mas, no início dos anos 1950, ainda era mais barato pagar programadores para verificar manualmente os erros em programas do que gastar uma hora extra de trabalho do computador com um código incorreto. Em um ano, Grace e sua equipe de programação escreveram um compilador ligeiramente menos atrapalhado, o A-1; na primavera de 1953, veio o A-2. A cada atualização, os compiladores ficavam mais sofisticados e mais acessíveis, ou seja, mais intuitivos — o A-2 introduziu o que Grace chamava de "pseudocódigo", um tipo de linguagem mais humana que a máquina. Não pareceria muito amigável para um programador moderno, mas esse atalho foi o primeiro passo na direção das linguagens de programação que usuários comuns usam. Esse seria o legado de Grace Hopper.

A programação automática foi uma grande realização, mas ela criou todo um novo mundo de problemas. Criar compiladores e pseudocódigos estava começando a parecer mais com a invenção de novas línguas, mais arte que ciência. A nova sintaxe tinha que manter o compilador funcionando e, ao mesmo tempo, ser coerente para os usuários — uma linguagem só é útil quando o falante é fluente, afinal. Grace viu a proliferação[10] de novos compiladores e pseudocódigos como uma potencial situação do tipo Torre de Babel, com linguagens concorrentes e mutuamente incompreensíveis calando umas às outras. Ela propôs outras soluções. Seu influente compilador empresarial, o Math-Matic, usava a universalmente compreendida linguagem da matemática como língua franca. Seu descendente, o Flow-Matic, atribuía variáveis matemáticas a palavras e expressões comuns. Esses comandos naturais de linguagem serviam como documentação, e sua relativamente fácil compreensão possibilitava que gerentes de projeto sem conhecimento técnico avaliassem o trabalho que era feito. Mas a questão principal permanecia no ar: poderia uma única linguagem ser compreendida por *todos* os computadores do planeta?

TORRE DE BABEL 81

A primeira reunião para discutir essa questão foi iniciada por Mary Hawes — uma das antigas colegas de Grace Hopper, com quem ela havia desenvolvido o Flow-Matic na Remington Rand — quando encontrou o famoso cientista da computação Dr. Saul Gorn em uma conferência em São Francisco, "perguntando se ele não achava que estava na hora de uma linguagem de programação universal".[11] Em abril de 1959, Grace convocou uma reunião na Universidade da Pensilvânia, onde era professora adjunta. Todos os presentes concordavam com Mary: já passara da hora de uma linguagem de programação universal, centrada em negócios, independente do hardware. A Remington Rand não era a única empresa atolada em instalações de dados caras; o comitê informal de Grace estava cheio de empresas concorrentes, como a IBM e a Radio Corporation of America (RCA), que sofriam das mesmas dores de crescimento. Mas o empreendimento precisava de um apoiador neutro — e influente. Grace mexeu uns pauzinhos com seus contatos na Marinha e falou com o Departamento de Defesa, que na época tinha 225 instalações de computadores, com planos para criar muitas outras.

Apenas um mês após a reunião na universidade, o Departamento de Defesa organizou a primeira reunião organizacional da Conferência sobre Sistemas e Linguagem de Informação (Codasly, em inglês), no Pentágono. Todos os grandes fabricantes de computadores[12] enviaram diplomatas para impressionar as figuras importantes do governo e os representantes da indústria. A causa em comum era uma linguagem duradoura e fácil de usar, de preferência em inglês simples, independente de máquinas específicas. Três comitês foram formados: curto prazo, médio prazo e longo prazo. O primeiro examinaria compiladores existentes,[13] como o Flow-Matic de Grace Hopper, o Fortran e a linguagem Aimaco desenvolvida pela Força Aérea, para decidir o que funcionava ou não. Depois dessa análise, eles escreveriam as especificações para uma linguagem intermediária. O grupo do médio prazo estudaria tendências em sintaxes linguística e comercial para ajudar os esforços do primeiro grupo. Por fim, o grupo responsável pelos objetivos em longo prazo reuniria toda a pesquisa do primeiro e do segundo grupo e a usaria para criar uma linguagem comercial universal. Um processo com passos bem-estabelecidos e objetivos em camadas — algo que só poderia ter sido criado por programadores.

Os comitês de imediato entraram em curto. Não existia algo como uma linguagem intermediária; demandaria tempo e dinheiro demais para mudar as linguagens apenas uma vez. Grace estimava que custaria 945 mil dólares e 45,5 homem-anos — o conceito de kilogirl-hora já havia desaparecido dos dicionários àquela altura — para implementar um novo compilador na Remington Rand. Qualquer linguagem paliativa que o comitê de curto prazo criasse teria que ser definitiva.

"De forma alguma essa linguagem será uma solução provisória", concluiu a antiga colega de Grace na Eckert-Mauchly, Betty Holberton, participante do comitê de curto prazo que, àquela altura, supervisionava a programação avançada no Laboratório de Matemática Aplicada da Marinha. "Na minha opinião, essa linguagem terá que ser final."[14] Isso deixou nas mãos do grupo de curto prazo, que incluía três mulheres (além de Holberton e Mary Hawes,[15] também havia Jean E. Sammet da Sylvania Electric Products, outra *protégé* de Hopper), a criação de uma nova linguagem comercial em menos de três meses. Como programadores adoram acrônimos,[16] o grupo ficou conhecido como o Comitê PDQ — eles teriam que trabalhar com imensas montanhas de código bem depressa (*pretty damn quick*, em inglês). O PDQ fez jus ao nome e entregou suas descobertas sobre a nova linguagem universal comercial, a COBOL, em dezembro de 1959. No janeiro seguinte, as especificações foram impressas. O comitê de longo prazo nem mesmo chegou a ser formado.

A COBOL mudou o mundo. O Departamento de Defesa usava a linguagem em todas as suas instalações e insistia que seus fornecedores oferecessem máquinas que a compreendessem, ditando a direção da indústria da computação por uma década. Dez anos após sua implementação, a COBOL era a linguagem de programação mais usada da indústria e, na virada do milênio, oitenta por cento de todos os códigos escritos *no planeta* eram em COBOL, representando algo em torno de setenta bilhões de linhas de código. No fim, isso se provou ser um grande problema: presa às limitações dos computadores de 1950, a Codasly decidiu usar dois dígitos para indicar anos, então na mudança de "99" para "00" na virada do ano 2000, temia-se que mergulharia o mundo no caos, no tão temido "bug do milênio". Grupos de programadores da COBOL tiveram que sair de suas aposentadorias para resolver esse complicado e derradeiro problema na máquina. Isso mostra o quão efetivo foi o esforço de Grace Hopper. A indústria de software, necessitando desesperadamente de um padrão, se jogou na COBOL. Mas, mesmo tendo sido criada para salvar o futuro da programação, seus criadores não previram sua longevidade.

A COBOL foi criada para atender os interesses de um grupo diversificado de pessoas. Ela sacrificava elegância pela facilidade, e eficiência pela independência técnica. Também desenvolveu a reputação de ser difícil, verborrágica e confusa. A maioria dos programadores a detesta.[17] Vários livros didáticos a ignoram por completo. A comunidade acadêmica da ciência da computação, que não foi consultada, se recusava a lidar com ela. O cientista da computação holandês Edsger W. Dijkstra ficou famoso ao dizer que a COBOL "aleija a mente",[18] completando que "ensiná-la, portanto, deveria ser tratado como crime". O Jargon File, um dicionário de hackers que reunia termos de computação desde a metade dos anos 1970 através de várias redes de computador compartilhadas antes de ser publicado pela primeira vez como *The Hacker's Dictionary* em 1983, inclui o que facilmente é a mais humilhante definição da COBOL:

COBOL, substantivo.[19]
[Common Business-Oriented Language] (Sinônimo de horror.)
Uma linguagem fraca, verborrágica e frouxa usada por programadores pouco criativos para fazer tarefas tediosas e idiotas em mainframes pré-históricos. Hackers acreditam que todos os programadores de COBOL são ou corporativos ou sem imaginação,

e nenhum hacker de respeito admitiria sequer ter aprendido essa linguagem. Seu próprio nome raramente é mencionado sem expressões rituais de horror e nojo.

Os criadores da COBOL desconsideraram isso como sendo uma "reação esnobe".[20] Jean Sammet, uma das diretoras do comitê da Codasly e grande admiradora de Grace Hopper, comentou que "utilidade e elegância não são necessariamente a mesma coisa". Ela lembrou a natureza monumental daquela tarefa: a COBOL representa uma tentativa de um grupo de concorrentes de colocar de lado seus interesses e criar algo que beneficiaria a todos os presentes, muitos dos quais sacrificaram projetos existentes de linguagens de software comercial ou industrial. A COBOL foi criada por um comitê, mas era um armistício tecnológico, um cessar-fogo pelo bem da arte.

Nas palavras de Sammet, Grace Hopper fez "mais que qualquer outra pessoa[21] para vender muitos desses conceitos de pontos de vistas administrativos e gerenciais, além de técnicos". Por isso, Grace é lembrada como a avó da COBOL. Como uma avó, ela era responsável pela criança, mas não a pariu. Suas habilidades diplomáticas uniram concorrentes, programadores, sindicatos profissionais, militares e clientes. Sua insistência de que tal marco deveria ser alcançado de forma colaborativa e não competitiva estava trinta anos à frente de seu tempo: a próxima geração de programadores a surgir pode ter rido da sintaxe rígida da COBOL, mas muitos implementaram um modelo similar de inovação compartilhada. Como sua biografia aponta, a ênfase de Grace em um desenvolvimento colaborativo e a rede de programadores voluntários que ela mobilizou antecederam em quatro décadas o movimento do software de código aberto. Além disso, construir linguagens universais que permanecessem consistentes mesmo com a evolução do hardware se tornaria essencial para a evolução da computação. Se os programadores tivessem que começar do zero toda vez que um novo computador surgisse, teriam passado a eternidade correndo atrás do próprio rabo. Mas a programação automática — e a base de eficiência, acessibilidade e independência da máquina sobre a qual ela foi construída — cimentou a possibilidade de a programação prosperar enquanto forma de arte funcional.

Além de Grace, muitas mulheres estavam envolvidas no desenvolvimento da programação automática — uma quantidade desproporcional, na verdade, até em relação à demografia da indústria. Como Betty Holberton e seu Gerador de Classificação e Mesclagem, elas criaram compiladores e geradores. Na Remington Rand, Adele Mildred Koss, uma antiga programadora da UNIVAC da época da Eckert-Mauchly, criou um Gerador de Edição, que lia as especificações de um arquivo e produzia automaticamente um programa para transformá-lo em diferentes formatos — a ideia foi refinada por Nora Moser, uma programadora no Serviço de Mapeamento do Exército, uma das primeiras pessoas a implementar o compilador A-2 de Grace. Moser também ajudou[22] no Comitê PDQ, juntamente com outras três mulheres: Deborah Davidson, da Sylvania; Sue Knapp, da Honeywell; e Gertrude Tierney, da IBM. O grupo final de seis pessoas para desenvolver as especificações da COBOL incluía duas mulheres, Gertrude Tierney e Jean Sammet, uma das primeiras a ensinar programação computadorizada em faculdades nos Estados Unidos.

É verdade que o trabalho burocrático de comitês de padrões de programação e o trabalho altamente técnico de criação de compiladores são difíceis de dramatizar, mas para muitas dessas mulheres os avanços na programação automática representavam uma oportunidade de demonstrar sua importância, sobretudo em relação aos engenheiros de hardware. Um compilador, comentou Nora Moser, era como um "pseudocomputador", uma máquina feita inteiramente de código,[23] e Grace Hopper observou que constituía um "segundo nível" de operação além do funcionamento da máquina em si, reproduzível e leve o bastante para ser enviado pelo correio. Isso colocava programadores no mesmo nível de engenheiros — criando conexões com símbolos em vez de ferros de soldar.

Assim como Grace, essas mulheres trabalhavam demais. Seus empregadores muitas vezes esperavam que elas oferecessem suporte técnico a clientes além de escrever, testar e corrigir códigos de computador. Em uma indústria borbulhante, isso era quase impossível e, em muitos casos, contraproducente. Mas, com "tanto a habilidade para desenvolver soluções[24] como o incentivo para deixar a programação mais fácil para especialistas e principiantes", elas estavam em uma posição única para criar mudanças verdadeiras, e foi o que fizeram. Grace Hopper não foi a primeira mulher a acreditar na programação, fosse ela automática ou não. Muitas de suas colegas trabalhavam incansavelmente para desenvolver e padronizar estratégias de programação que transformariam a nascente indústria da computação, assim como Ada Lovelace deu o passo mental do hardware para o software um século antes. E, embora a máquina diferencial nunca tenha sido terminada e o engenho analítico tenha ficado somente na imaginação, ela sabia, assim como Grace, que um computador que só faz uma coisa não é um computador de verdade.

É só uma máquina.

Capítulo cinco
AS GAROTAS DOS COMPUTADORES

Em 1967, a edição de abril da *Cosmopolitan* trazia um artigo chamado "As garotas dos computadores", falando sobre programação. "As garotas dos computadores", dizia a revista,[1] estavam fazendo "um trabalho inteiramente novo para mulheres" na era dos "imensos e surpreendentes computadores", ensinando às "milagrosas máquinas o que e como fazer". Assim como uma mulher vinte anos antes poderia escolher uma carreira como professora, enfermeira ou secretária, hoje, dava a entender a autora, ela poderia considerar também a programação de computadores. Nas fotografias que acompanham o artigo, uma engenheira da IBM Systems chamada Ann Richardson é retratada organizando cartões perfurados, ligando e desligando interruptores e "alimentando" o computador com dados. Muito chique com sua blusa listrada sem mangas e um penteado alto perfeito, ela está cercada de homens anônimos em ternos idênticos, que a observam enquanto ela abre um sorriso brilhante, uma minissaia entre os mainframes.

Grace Hopper, àquela altura com 60 e poucos anos, estava de volta ao serviço na Marinha, liderando um grupo de linguagens de programação no Escritório de Planejamento de Sistemas de Informação. Citada no artigo da *Cosmopolitan*, ela usou uma das suas analogias favoritas para falar sobre mulheres e programação, comparando a criação de programas ao planejamento de um jantar: "Você precisa se planejar[2] e organizar tudo de modo que esteja pronto quando for necessário." Pode parecer uma frase reducionista vinda de alguém que viria a desenvolver um sistema tático naval para submarinos nucleares, mas esse era o estilo de Grace. Aplicações práticas eram o mais importante, e ela sempre relacionava os computadores à vida diária. Mas a última palavra no artigo da *Cosmopolitan* veio de um programador homem. "É lógico que gostamos de ter garotas por perto",[3] declara ele, "elas são mais bonitas que nós".

Algo aconteceu à geração de programadoras depois de Grace Hopper e suas colegas. Embora o artigo da *Cosmopolitan* sugerisse que mulheres estivessem sendo encorajadas a seguir na carreira de programação enquanto alternativa para a vida de secretária, o campo estava rapidamente se tornando menos receptivo às mulheres do que uma década antes. Algumas estimativas diziam que as programadoras[4] formavam entre trinta e cinquenta por cento da força de trabalho nos anos 1960, mas, em vez de seguir para posições de liderança e avançar, elas estavam começando a se aglomerar "nos cargos mais baixos da hierarquia", como operadoras de perfuração, o equivalente dos anos 1960 a um operador de entrada de dados, fazendo buraquinhos em cartões de papel o dia todo.

Ao mesmo tempo, comentaristas de tecnologia escreviam o tempo todo sobre a "crise de software" que afligia a indústria da computação. Devido a uma imensa escassez de programadores experientes, projetos de software estavam saindo atrasados, malfeitos e cheios de erros. Muitos desses erros eram dramáticos[5] e públicos: no início de 1960, a IBM entregou o sistema operacional OS/360 com um ano de atraso e quatro vezes acima do orçamento, e a NASA se viu forçada a destruir a nave *Mariner I*, feita para mergulhar nos mistérios de Vênus, por conta de um erro simples de programação.

Escrever programas pode até se parecer com o planejamento de um jantar, mas também exige uma perfeição nos mínimos detalhes, diferentemente de tudo já feito pela humanidade — uma única vírgula fora do lugar pode mandar um foguete pelos ares. "Se um caractere, uma pausa[6] do encantamento não estiver no seu lugar exato, a mágica não

AS GAROTAS DOS COMPUTADORES 89

funciona", escreveu Fredericks Brooks, que supervisionava o desastroso OS/360 na IBM. Isso pode fazer da programação algo difícil de aprender. Nas primeiras décadas do campo, também era o que dificultava o seu uso pela produção industrial que impulsionaria o negócio do hardware para computadores: criar softwares é como escrever poesia com a precisão implacável das equações, e tem a capacidade de impactar vidas humanas em uma escala sem precedentes.

Alguns historiadores atribuíram a "crise do software" ao desenvolvimento desproporcional entre hardware e software nessa época: conforme computadores mais rápidos e robustos começavam a ser usados, os programadores não conseguiam acompanhar o ritmo. Outros citaram um conflito de personalidade[7] entre programadores — quando não mulheres, eram homens com uma criatividade única, difíceis e por vezes arrogantes — e seus gerentes exageradamente rigorosos nas indústrias e nos governos. Mas existe um terceiro ponto de vista, que reflete como a "crise do software" coincide com a lenta e longa queda no número de mulheres em posições sênior na indústria da programação.

No final da década de 1960, enquanto a *Cosmopolitan* indicava a programação como uma boa alternativa a atender telefones num escritório, as mulheres na computação recebiam bem menos que seus colegas homens. Seguindo uma tradição que datava desde aqueles escritórios de computação humana do século XIX que contratavam mulheres para economizar, programadoras recebiam em torno de 7.763 dólares por ano, comparado ao salário médio anual de 11.193 dólares de um homem no mesmo cargo. Essa discriminação salarial,[8] combinada à resistência estrutural das empresas de tecnologia a lidar com necessidades maternas, afastou as mulheres da indústria. Enquanto isso, a "crise do software" ficou tão preocupante que a OTAN organizou uma conferência internacional em 1968 para lidar com o problema. Nenhuma mulher foi convidada.

A conferência se deu em um resort de ski na cidade bávara de Garmisch. Entre descidas na montanha Zugzpitze, os homens ali presentes definiram uma nova estratégia de programação, que eles torciam para que resolvesse alguns dos problemas afligindo a indústria da computação. A mudança mais significativa que eles fizeram, discute-se, foi semântica: *programação*, decidiram eles, a partir daquele momento seria chamada de *engenharia de software*. Dessa forma, o campo seria tratado como um ramo da engenharia em vez de uma área perdida e selvagem, tomada por desajustados independentes e insubordinados e mulheres. A engenharia é uma profissão com credenciais explícitas, não um monastério misterioso. Essa mudança assinalou uma renegociação maior do status do profissional da computação, o que se desdobraria em publicações profissionais e sindicatos, relações contratuais e programas de certificação durante os anos 1960 e 1970. Quanto mais a disciplina se profissionalizava, mais implicitamente masculina se tornava. A introdução de pré-requisitos de educação formal[9] para vagas de programação, por exemplo, dificultava que programadores autodidatas encontrassem emprego — uma mudança que penalizou candidatas mulheres, sobretudo aquelas que tinham saído do meio acadêmico para criar os filhos. Se a programação "começou como trabalho de mulher",[10] escreve o historiador Nathan Ensmenger, "ela precisava ser *tornada* masculina".

A mudança de *programador* para *engenheiro de software* foi um sinal bem óbvio para as programadoras. O novo paradigma, por mais sutil que parecesse, "trazia consigo ideias implícitas[11] sobre que gênero seria capaz de elevar a prática e o status da programação", escreve Janet Abbate. Ela argumenta que essa exclusão simbólica, adicionada a fatores mais concretos em jogo — discriminação salarial, falta de cuidados infantis e de um sistema adequado de apoio e tutoria —, indicou às mulheres que deveriam evitar a computação, justo quando o campo sofria com uma escassez de talentos. Sal na ferida: as habilidades que as programadoras ofereciam eram precisamente do que essa "engenharia de software" tão desesperadamente precisava.

A "crise do software", no fim, era uma crise de expectativas. O motivo pelo qual os projetos rotineiramente eram entregues atrasados e acima do orçamento era porque foram baseados em expectativas dúbias.

As GAROTAS DOS COMPUTADORES 91

Conseguir os requisitos iniciais corretos para um software exige que se saiba ouvir o cliente, analisar problemas de um mundo real e confuso em relação a um programa executável e prever as necessidades de usuários leigos. Apesar da reputação de ser uma disciplina para perfeccionistas introvertidos, ter boas relações interpessoais é útil em programação — e até necessário. Grace Hopper compreendia isso, e sua educação autodidata em uma variedade de campos não técnicos no início da carreira a tornava uma programadora profundamente competente. Como disse a um historiador em 1968,[12] para conectar "as pessoas de computador" com o mundo exterior de clientes, problemas e possíveis usos, "eram necessárias pessoas com vocabulários mais extensos".

Esses vocabulários não são inerentemente femininos, mas as habilidades de comunicação certamente são socializadas como valores femininos. Durante a "crise do software", aspectos do design de software que dependiam de "habilidades estereotipicamente femininas como comunicação[13] e interação pessoal" eram "desvalorizados e negligenciados", ignorados por programadores homens e tratados como superficiais no currículo da engenharia de software. O resultado foi que a indústria sofreu, e talvez ainda sofra.

Os primeiros computadores ficaram obsoletos antes mesmo de se tornarem operacionais. O Mark I levou ao Mark II, depois ao III; assim que o design do ENIAC estava definido e a construção começara, John Mauchly e J. Presper Eckert começaram a inventar seu sucessor. Esses primeiros computadores tinham uma vida útil de apenas poucos anos antes que algo menor, mais rápido e mais esperto surgisse, um padrão que continua, perigosamente, até hoje. O mesmo pode ser dito sobre programação, que saltou de uma ideia tardia para uma forma de arte em menos de uma década. Em 1950, quando as mais competentes máquinas de somar do planeta exigiam andares inteiros de espaço, a IBM previu um mercado global para computadores que teria cinco máquinas — no total. Mas, em 1960, já havia dois mil computadores em uso em todo o mundo. Nos anos 1990, quando finalmente[14] entrei na internet, a IBM

92 A HISTÓRIA DESCONHECIDA DAS MULHERES QUE CRIARAM A INTERNET

estava vendendo quarenta mil sistemas por semana. Cartões perfurados se transformaram em fitas magnéticas e código se tornou linguagem, enquanto transistores deram vez a circuitos integrados e depois a microprocessadores, miniaturizando-se em saltos exponenciais conforme as caixas que os guardavam ganhavam telas e teclados, tornando-se objetos domésticos e portais para trabalho, diversão e conexão.

Quando penso nas primeiras computadoras, debruçadas sobre tabelas de números em grupos organizados, sinto um catalisador oculto, algo que parece ter iniciado uma sequência de eventos que levou à nossa condição atual inexoravelmente tecnológica. As mulheres que inventaram a programação, trabalhando como mediadoras entre mentes e metal, transformaram-se nas mulheres que escreveram elegantes abstrações de linguagem — que nos permitiram falar com computadores como fazemos com pessoas. Suas inovações são um pouco mais difíceis de imaginar do que as de quem miniaturizou e refinou o hardware dos computadores. O ENIAC está em pedaços, quarenta partes separadas em museus pelos Estados Unidos, mas ainda é uma *coisa*, ainda é uma prova da própria existência. Os programas do ENIAC, porém, eram operações conduzidas no tempo. Existiam somente naqueles breves momentos quando a eletricidade pulsava pelas correntes de cabos conectados para aquela tarefa, antes que fossem desligados e rearrumados dia após dia.

As arquitetas desses arranjos fugazes — as kilogirls, as garotas dos computadores, operadoras, programadoras, o que quisermos chamá-las — mudaram o mundo. Como a teórica social Sadie Plant escreve tão elegantemente: "Quando os computadores eram vastos sistemas[15] de transistores e válvulas que precisavam ser forçados à ação, as mulheres os ligavam. Quando os computadores se tornaram circuitos miniaturizados de chips de silício, as mulheres os montaram [...] Quando os computadores viravam basicamente máquinas de verdade, mulheres escreveram o software que os fazia funcionar. E quando *computador* era um termo aplicado a trabalhadores de carne e osso, os corpos que o compuseram eram femininos."

Com nossos cérebros do século XXI, todos temos chance de sermos tão espertos quanto Ada Lovelace, as computadoras de Harvard ou uma calculadora balística da Universidade da Pensilvânia. Mas temos um limite que podemos alcançar antes de nos vermos frente à barreira final — o teto de vidro sobre toda a humanidade. Minha máquina atual, um minúsculo MacBook Pro de última geração, vai estar obsoleto quando estas palavras forem impressas. O código com que Grace Hopper sonhou que um dia escreveria a si mesmo agora é a força motriz que faz o mundo girar. Ele permitiu que eu encontrasse as mulheres que conheceremos neste livro, que eu enviasse e-mails para elas sem aviso prévio, que acenasse olhando seus rostos cada vez menos pixelados, e que fizesse planos que culminaram na minha presença em suas salas, olhando manuais, fotos e bebendo chá. É assim que funcionam essas tecnologias em constante transformação.

Nunca é fácil prever o que elas se tornarão, ou aonde serão capazes de nos levar.

PARTE DOIS
Viagem de conexão

Capítulo seis

A CAVERNA MAIS LONGA

A caverna mais longa do mundo fica na região central do Kentucky. Suas passagens de calcário se estendem por mais de 600 quilômetros sob a terra, em caminhos tão intrincados quanto os das raízes da floresta milenar de nogueiras na superfície. Lá embaixo, espeleólogos contornam poços sem fundo, passando por fontes de pedra alaranjada, e descobrem rios subterrâneos profundos e gelados. Entre o mundo ensolarado e as profundezas, uma névoa branca gira na altura dos calcanhares, como uma espécie de respiração das almas.

O povo do Kentucky lutou bravamente para controlar o acesso aos segredos da caverna Mammoth. No início do século XX, trabalhadores locais atraíam turistas para os buracos nas suas propriedades, criando "guerras de cavernas" que só cessaram quando o Departamento de Parques Nacionais tomou as rédeas, expulsando os donos de terra e instalando escadas, banheiros subterrâneos e até um grande salão de refeições a 80 metros de profundidade, o teto incrustado de cristais de gipsita. Espeleólogos sérios agora entram na Mammoth por caminhos fechados com portões de metal, usando chaves providenciadas pelo Departamento de Parques. Eles levam lampiões de carbureto para se aquecer e iluminar a escuridão.

As primeiras a mapear a Mammoth foram pessoas escravizadas, deixadas no subterrâneo pelos donos de terra para guiar os passeios. O

98 A HISTÓRIA DESCONHECIDA DAS MULHERES QUE CRIARAM A INTERNET

primeiro desses guias,[1] Stephen Bishop, batizou os marcos da caverna — o rio Styx, o salão Snowball, a avenida Little Bat — e descobriu os peixes cegos e brancos que nadam em suas águas profundas. Quando Bishop foi vendido, junto com as cavernas, para um médico de Louisville, recebeu a ordem de desenhar um mapa de memória. Como geralmente acontece com qualquer mapa de caverna, o seu desenho parecia "um prato de macarrão[2] que caiu no chão", mas detalhava os quase 16 quilômetros de passagens que Bishop havia descoberto e foi considerado o mapa mais detalhado da Mammoth por mais de cinquenta anos. Um fiozinho sem nome,[3] uma passagem que saía do rio subterrâneo Echo, ganhou importância um século depois que Bishop foi enterrado perto da entrada principal da caverna, seu túmulo demarcado apenas por um cedro.

Durante a vida de Bishop, todo dono de terras no centro do Kentucky dizia ter uma entrada para as cavernas — se não fosse uma passagem natural, era uma aberta à força com dinamite. Bishop acreditava que todos esses fragmentos estavam conectados a um sistema maior, e seu instinto era partilhado por gerações de espeleólogos do Kentucky. No fim até mesmo das passagens mais remotas, as cavernas *respiram*: o ar frio sussurra a quilômetros da superfície, e a água mergulha cada vez mais fundo na Terra.

Comprovar a teoria de Bishop se tornou a causa defendida pela Cave Research Foundation, um grupo heterogêneo de entusiastas que passaram quase vinte anos conectando as diversas cavernas em torno da Mammoth em um único sistema chamado Flint Ridge. Era uma iniciativa familiar — quando atingiam certa idade, as crianças que cresceram brincando nas florestas em torno do chalé de madeira da fundação se aventuravam ainda mais longe do que seus pais e mães haviam ido. Em 1972, os membros da Cave Research Foundation já tinham explorado quase todas as entradas da Flint Ridge até o final, às vezes se arrastando de quatro em túneis apertados por mais de dez horas seguidas. A conexão final, como eles chamavam, era iminente.

Os exploradores acreditavam que a Flint Ridge encontrava a Mammoth após uma passagem apertada entre penedos de arenito no ponto de pesquisa Q-87, um espigão remoto a quilômetros da superfície, mas mover as rochas com canos de metal era um trabalho árduo. Uma expedição tentou seguir uma rota alternativa passando por uma fenda vertical batizada de "Tight Spot" (lugar apertado). O senso de humor espeleólogo é um pouco sombrio: o Tight Spot é uma passagem escura tão pequena que somente uma pessoa no grupo se arriscou a entrar. Ela era uma programadora de computadores mirrada, pesando pouco mais de 50 kg, chamada Patricia Crowther.

Pat se enfiou no Tight Spot e saiu do outro lado, em uma grande poça de lama. Sob a luz fria do carbureto, ela percebeu a marca de um visitante anterior: as iniciais "P.H.", marcadas no paredão de pedra. De volta à superfície, seu grupo manteve a descoberta em segredo. Qualquer um com conhecimento da área relembraria a lenda do velho Pete Hanson, que explorou a Mammoth antes da Guerra Civil. Deviam ser suas iniciais lá embaixo, o que só poderia significar uma coisa: que a Flint Ridge e a Mammoth eram conectadas, em uma única caverna contígua que abrangia mais de 500 quilômetros. Essa descoberta monumental viria a ser considerada o Everest da espeleologia.

Pat voltou para avaliar a junção dez dias depois. "A propósito, Pat, você vai liderar essa pesquisa", avisaram os outros exploradores. Logo após o Tight Spot, eles entraram na água lamacenta até a altura do peito, com 30 cm de ar separando o rio subterrâneo do teto úmido da caverna. Encharcados e sujos de uma lama que mais parecia "cobertura de chocolate",[4] eles lutaram para manter as lanternas de cabeça secas. Lagostins cegos nadavam naquelas águas. Quando a passagem se expandiu, revelando um salão amplo, eles viram a ponta de um corrimão: uma trilha para turistas no coração da caverna Mammoth. A conexão estava completa. Eles tinham ido mais longe que qualquer outro explorador na história, e estavam chorando e se abraçando na água, a poucos passos de um banheiro público.

100   A HISTÓRIA DESCONHECIDA DAS MULHERES QUE CRIARAM A INTERNET

Voltando para o acampamento-base na caçamba da picape de um guarda florestal, eles ergueram os olhos para as estrelas, brilhantes no céu de verão. Deitados "na caçamba aberta,[5] com o topo das árvores tomando o céu e desaparecendo na escuridão", ponderaram sobre seu feito em silêncio. O longo caminho só reforçava a magnitude daquilo: eles realmente tinham viajado aqueles 27 quilômetros por baixo da terra? A passagem final, indo do Tight Spot e pelo que viria a ser conhecido como Hanson's Lost River, inaugurou uma linha no mapa de 1839 desenhado a mão por Stephen Bishop. Depois de hambúrgueres e champanhe ao nascer do sol, eles dormiram.

"É uma sensação incrível",[6] escreveu Patricia no diário da viagem, "participar do primeiro grupo a entrar na Mammoth Cave pela Flint Ridge. É como ter um bebê. Você precisa lembrar constantemente a si mesmo que é de verdade, essa nova criatura que você trouxe ao mundo e que ontem não existia. Tudo o mais também parece novo. Depois que acordamos na quinta-feira, ouvi um disco de Gordon Lightfoot. A música é tão linda que me fez chorar".

A nova criatura que Patricia sentia que havia trazido ao mundo sempre estivera ali, adormecida na escuridão das eras geológicas. O que ela dera à luz naquele dia não foi a *caverna* e sim o *mapa* — não a coisa, mas sua descrição. Ao se espremer pelo Tight Spot e iluminar a escuridão com sua lanterna, ela moveu um lugar terreno ao plano cartesiano simbólico. Ou pelo menos é assim que ela talvez tenha entendido o que houve, sendo a cartógrafa do grupo.

De volta em casa, em Massachusetts, Pat e o marido Will cuidavam de uma "fábrica de mapas",[7] registrando os dados cartográficos que cada expedição da Cave Research Foundation descobria. Os dois eram programadores e traziam uma considerável sofisticação técnica à cartografia. Como Pat descrevia, o casal digitava os dados brutos anotados em "caderninhos enlameados" em um terminal de teletipo na sala de estar deles, conectado ao mainframe de um computador PDP-1 no trabalho de Will. A partir desse material digitado, eles geravam "comandos de impressão em imensos rolos de papel",[8] usando um programa que Will criara — Pat contribuíra com uma sub-rotina para acrescentar números e letras ao mapa final —, que eles "carregavam e imprimiam usando uma plotter rotativa Calcomp remodelada ligada a um Honeywell 316, destinada a se tornar uma IMP da ARPANET".

Os mapas dos Crowther eram gráficos lineares simples, mas representavam alguns dos primeiros esforços para computadorizar cavernas, um salto de sofisticação técnica possibilitado pelo hardware a que eles tinham acesso: um mainframe PDP-1 e um Honeywell 316, um minicomputador 16-bit, muito acima de qualquer coisa disponível para consumidores comuns. Will Crowther era empregado da Bolt, Beranek & Newman (BBN), uma empresa de Massachusetts especializada em pesquisa avançada. Em 1969, a BBN foi contratada[9] pelo governo dos Estados Unidos para ajudar a construir a ARPANET, a rede militar e acadêmica de comutação de pacotes que gerou nossa internet atual. Alguns anos depois que eles o usaram para criar seus mapas de cavernas, o minicomputador Honeywell 316 foi reaproveitado e aprimorado para se tornar um processador de mensagem de interface, ou IMP em inglês — o que hoje chamamos de roteador. Esses roteadores formavam uma sub-rede de computadores menores dentro da ARPANET, enviando dados de um lado para outro e traduzindo-os entre nódulos primários, um componente vital da internet tanto da época como de hoje.

Will era um dos melhores programadores da BBN, e seus códigos enxutos e simples refletiam sua personalidade meticulosa. Um alpinista de longa data,[10] ele ensinou Patricia a escalar os paredões verticais das montanhas Shawangunk em Nova York, e era famoso por se pendurar na porta do escritório pelas pontas dos dedos enquanto pensava. Will também era um explorador de cavernas, e o casal passava todas as férias no subterrâneo. "Sinto frio quando ele não está me fazendo companhia",[11] escreveu ela em um dos diários. "Tem uma corrente de vento forte aqui; a caverna está respirando."

102 A HISTÓRIA DESCONHECIDA DAS MULHERES QUE CRIARAM A INTERNET

Will não participara da viagem da última conexão descoberta. Ele estava ao lado de Patricia nas pesquisas anteriores, desafiando os próprios limites na selva subterrânea. Mas a última viagem caiu no início de setembro, bem quando as filhas, Sandy e Laura — respectivamente com 8 e 6 anos —, estavam voltando às aulas. Um dos pais tinha que ficar em casa, comprar o material escolar das meninas, levá-las ao dentista e inscrevê-las nas aulas. Will sabia o que a expedição significava para a esposa; ela havia, afinal, encontrado a passagem e estava louca para concluir o percurso. Ele disse para ela ir; ele cuidaria das meninas.

Quanto Pat voltou para casa, profundamente impactada pela experiência, Will estava à sua espera. Eles ficaram acordados até tarde,[12] abraçados e falando sobre a conexão. Quando Will caiu no sono, Pat foi pé ante pé até o terminal do teletipo na sala e digitou os dados da expedição, tomando cuidado para não fazer barulho. Ela iniciou um programa de coordenadas e os dados escorreram pelas suas mãos na forma de uma longa fita de papel. De manhã, Pat e Will levaram a fita para o escritório, e ela observou o computador da BBN imprimir o mapa da conexão que ela descobrira, debaixo da terra, entre dois lugares vastos e solitários. "*Agora* sim eu posso dormir",[13] escreveu ela.

A exploração de cavernas é um passatempo árduo. Até o final dos anos 1960, qualquer pessoa que entrasse na Mammoth passaria pelo caixão de vidro de Floyd Collins, um explorador que morrera imprensado por uma rocha. Espeleólogos vivem circundados pela terra, cada movimento restringido por paredes e tetos de pedra. Eles comem muito pouco — barras de cereal e carne enlatada — e levam todo o lixo de volta para a superfície. Conforme os amigos dos Crowther, Roger Brucker e Richard Watson, escreveram em *The Longest Cave*, suas memórias da viagem da conexão subterrânea: "A rota nunca está à vista[14] exceto pelo que você é capaz de ver na sua mente. Nada se revela. Não há progresso; somente uma sucessão de lugares que mudam conforme você avança."

Fazer a rota visível é o objetivo principal de qualquer espeleólogo sério. A Cave Research Foundation tem um princípio básico: *não há exploração sem pesquisa.*[15] Um mapa é a única forma de ver a caverna por completo, e fazer mapas é o equivalente na espeleologia a escalar montanhas. Também é um mecanismo de sobrevivência. Para permanecer em segurança, os exploradores mapeiam o caminho conforme avançam, "trabalhando de forma racional e sistemática[16] para localizar passagens conhecidas". Não surpreende que o hobby atraia programadores de computador. Código é o lar dos meticulosos. Como programadores, os exploradores podem trabalhar em grupos, mas sempre enfrentam seus desafios sozinhos.

Não muito tempo depois da viagem da conexão subterrânea, o casamento de Patricia e Will se deteriorou. Eles se divorciaram em 1976, depois de uma separação que deixou Will "desestruturado de muitas maneiras".[17] Explorar cavernas sem Patricia ou com os amigos em comum do pequeno grupo de membros da fundação "se tornou estranho". Sozinho e cercado pelos mapas feitos com a antiga dupla, incluindo uma pesquisa imensa da seção Bedquilt da Mammoth que realizaram juntos no verão de 1974, ele se consolou com longas sessões de *Dungeons & Dragons* e solitárias noites programando em casa. Quando Sandy e Laura visitavam o pai, em geral o encontravam trabalhando até tarde em um conjunto de códigos Fortran extenso e elegante. Ele disse a elas que era um jogo de computador, e que quando ele terminasse as duas poderiam brincar com ele.

O escritor Richard Powers uma vez escreveu que "software é a vitória definitiva[18] da descrição sobre o objeto". A dolorosa especificidade com que softwares descrevem a realidade se aproxima, e às vezes até toca, uma ordem mais profunda. Talvez fosse por isso que Will Crowther se sentiu compelido a criar um último mapa. Aquele não vinha dos caderninhos enlameados da ex-esposa e sim das próprias lembranças. Traduzidas em setecentas linhas de Fortran, elas se tornaram o *Colossal Cave Adventure*, um dos primeiros jogos de computador, modelado seguindo fielmente partes da caverna Mammoth que ele havia explorado e mapeado com Patricia, em um computador que formaria a espinha dorsal da internet.

O *Colossal Cave Adventure* — agora mais comumente conhecido somente como *Adventure* — não parece um jogo no sentido moderno. Não há imagens ou animações, joysticks ou controles. Em vez disso, blocos de texto descrevem partes de uma caverna, por exemplo:

Você está em uma câmara esplêndida de 10 m de altura. As paredes são rios congelados de pedra alaranjada. Um vale estranho e uma passagem tranquila saem de leste e oeste da câmara. Um passarinho animado está pousado ali perto, cantando.

Para interagir com a caverna, o jogador digita comandos sucintos e imperativos como VÁ PARA OESTE ou PEGUE O PASSARINHO, que geram novos parágrafos descritivos. Os quebra-cabeças do *Adventure* são um ir e vir infinito de inventário mágico: para passar pela cobra enroscada no Hall do Rei da Montanha, você tem que soltar o pássaro da gaiola, mas você não pode pegar o pássaro se estiver com o cajado preto, porque o pássaro tem medo dele. Por sua vez, a ponte de cristal não aparece sem um movimento do cajado, e durante tudo isso você se vê em um labirinto de passagens apertadas e confusas, todas diferentes — ou pior, todas iguais.

Isso tudo pareceria familiar aos colegas de Will com quem ele jogava campanhas de *Dungeons & Dragons* depois do trabalho. No *D&D*, um jogo sem um objetivo específico, um "mestre" todo-poderoso descreve cenas detalhadas, incentivando os jogadores em momentos de ação e decisão. Mas Will escreveu aquele jogo para suas filhas, ainda crianças. Depois do divórcio, Sandy e Laura passaram a esperar por jogos de computador durante as visitas ao pai. De acordo com um pesquisador que entrevistou membros da Cave Research Foundation, "outro explorador que estava com[19] os Crowther em uma expedição no verão de 1975 declarou que assim que deu a primeira olhada no *Adventure* identificou o jogo como um exercício de catarse, uma tentativa de Will de registrar uma experiência perdida".

A CAVERNA MAIS LONGA 105

Depois que terminou de escrever os códigos, Will salvou uma versão compilada do jogo em um computador da BBN e saiu para seu mês de férias. O jogo poderia ter permanecido ali, intocado e esquecido por todos (com exceção das meninas Crowther), se seu computador não estivesse conectado à nova rede de computadores que sua empresa tinha ajudado a construir. Quando Will voltou de férias, o *Adventure* havia sido descoberto por pessoas espalhadas pela ARPANET. Enquanto Patricia conectava cavernas, Will conectava nódulos, e o *Adventure*, um mapa mental das longas expedições que eles realizaram juntos, viajou por onde todas essas conexões existiam.

Adventure foi um sucesso. O jogo era tão difícil quanto a exploração de cavernas de verdade. Era enlouquecedor de se localizar — "uma angústia dos infernos",[20] como descreveu um escritor que o experimentou — e viciante de jogar. A produtividade nos laboratórios de informática cessava toda vez que o *Adventure* chegava a um terminal. Um fã de *Adventure* em Stanford, Don Woods, modificou o código do jogo adicionando elementos de fantasia — um vulcão subterrâneo, uma máquina de armazenamento de pilhas — às descrições austeras de Crowther. A jornada planeta adentro em *Adventure* é hoje considerada um marco fundamental da cultura da computação. Centenas de jogadores tentaram a sorte, depois milhares, cada um rabiscando a mão os próprios mapas do mundo subterrâneo que Will descreveu.

Deve ter sido estranho para Pat. Quando ela encontrou[21] o *Adventure* pela primeira vez, em uma reunião da fundação em Boston, em 1976 ou 1977, ela atendia pelo sobrenome Wilcox, tendo se casado com o líder da expedição de 1972. O jogo para computador de Will se provou uma extravagância divertidíssima para os exploradores experientes em seu grupo e, na verdade, para qualquer um que conhecesse bem a Mammoth. Em Boston, a fundação passou grande parte da reunião entretida com o *Adventure*. Como eles jogaram a versão mais popular, apimentada por Don Woods, que havia modificado partes do jogo, Patricia não reconheceu de

106   A HISTÓRIA DESCONHECIDA DAS MULHERES QUE CRIARAM A INTERNET

imediato a caverna que era ali descrita. Ela disse a um pesquisador em 2002 que o jogo era "completamente diferente da caverna de verdade".[22]

Mas isso não procedia: exploradores da Mammoth que jogavam *Adventure* se deram conta de que não precisavam de mapas. O jogo era tão realista que conseguiam navegar por ele de cor. Conforme o jogo se popularizou, jogadores de *Adventure* que faziam peregrinações para a *verdadeira* caverna Mammoth podiam explorar as passagens apertadas seguros do seu conhecimento do mapa virtual do jogo. Um ex-colega de Will Crowther, lembrando-se dos dados topográficos armazenados nos computadores da Bolt, Beranek & Newman, observou em 1985 que "a caverna do *Adventure*, pelo menos[23] até certo ponto, é igual à do Kentucky, e a descrição e geologia das primeiras fases são consistentes e precisas". Isso foi comprovado. Em 2005, um grupo de pesquisadores visitando a "caverna original", a seção Bedquilt da Mammoth, foi capaz de documentar paralelos evidentes entre a geologia da caverna e as descrições de Crowther.

Tal como a tinta fluorescente que os espeleologistas usam para traçar o curso de rios subterrâneos, a versão do *Adventure* da exploração amadora marcou toda a rede. Os exploradores buscam conexões, obtidas por meio de pesquisa sistemática, esforço coletivo e determinação para seguir em meio à escuridão, sabendo muito bem que, quando o fim surge, seja um espaço apertado, ou uma passagem na rocha tão pequena que só o vento consegue atravessar, é preciso forçar a barra. O *Adventure* só pode ser vencido com um mapa, assim como só se sobrevive nas cavernas aquele que sabe fazer o caminho de volta. Steven Levy, na sua história da cultura da computação, compara o jogo com o próprio trabalho de programação, escrevendo que "as profundezas que você explorava[24] no mundo do *Adventure* eram parecidas com os níveis mais básicos e obscuros da máquina em que você mergulharia quando estava criando códigos. Dava para ficar tonto tentando lembrar onde você está em ambas atividades".

Estou contando a história da caverna Mammoth, de Stephen Bishop e Patricia Crowther e seu então marido Will, e do coração partido e do esforço deste para guardar suas aventuras em código, como forma de lembrar a você que *todo* objeto tecnológico, seja um mapa ou um jogo de computador, também é um artefato humano. Sua arqueologia sempre é sua antropologia. Na verdade, a arqueóloga mais famosa a estudar a Mammoth, Patty Jo Watson, inferiu toda uma cultura agrícola a partir dos grãos digeridos pelos cadáveres preservados pela temperatura e pela umidade constantes da caverna. Para compreender um povo, precisamos saber como ele comia. Para entender um programa, precisamos conhecer seus criadores — não só como eles trabalhavam, mas por quem e por quê.

Depois de meia dúzia de voltas no *Adventure*, uma palavra mágica aparece na parede da caverna. A caverna Mammoth de verdade contém algumas mensagens gravadas — Patricia descobriu a mais importante de todas —, mas a "palavra" que aparece em *Adventure*, "XYZZY", era invenção de Will. Ele acrescentou esse detalhe para sua irmã, Betty Bloom, que foi passar um tempo com ele depois do divórcio. Bloom foi uma das primeiras a testar o *Adventure* e era sabidamente impaciente. Quando digitada, a palavra mágica transportava o jogador para outro lugar do jogo em um salto imediato, pulando os passos tediosos no caminho. De acordo com Bloom, XYZZY, que Will pronunciava como "zizzy", era uma senha da família. Ele aconselhou as filhas a usarem-na[25] caso se perdessem ou precisassem se identificar. Foi o primeiro *cheat code* ou "macete".

A primeira investigação acadêmica séria sobre o *Adventure* foi feita por uma mulher, Mary Ann Buckles, que comparou o jogo a contos folclóricos, literatura de cavalaria e os primeiros usos do filme, argumentando que a crescente importância da tecnologia da computação que o *Adventure* representava levaria a uma democratização do uso do computador "análoga à democratização da leitura[26] advinda da difusão da prensa gráfica". O crítico literário Espen Aarseth, escrevendo sobre o gênero da literatura digital que o *Adventure* gerou, considerou-o "um manuscrito mitológico,[27] presente em todos os lugares e em lugar nenhum". O *Adventure* criou um gênero de games de aventura que se transformou de interface de texto em interfaces visuais, mantendo as descrições estranhas e atraentes em narrador-observador de Crowther (*Há um lampião de latão brilhante por perto*) e o comando no imperativo (PEGUE O LAMPIÃO). Isso se transformou em uma física textual usada em espaços virtuais por toda a internet dos primórdios. Com o tempo, até pessoas sem nenhum conhecimento de aventuras em cavernas começaram a falar desse jeito.

O jogo já foi relembrado, celebrado, canonizado e satirizado. Crowther, que nunca lançou outro jogo, hoje é considerado o J.D. Salinger da ficção interativa. Mas o contexto doméstico de onde *Adventure* surgiu também merece ser explorado: Will Crowther escreveu o programa depois de se divorciar da mulher com que ele mapeou a caverna que *Adventure* simula. O jogo foi testado por sua irmã, para quem ele inventou a "palavra mágica" do jogo. Ele foi criado para as filhas que ele só via nos fins de semana e nas férias e porque ele sentia falta de Patricia, ou pelo menos porque ela havia instilado nele a paixão pela escuridão.

Patricia Crowther era programadora de Fortran no Haystack Radio Observatory quando se formou no MIT (Massachussets Institute of Technology). Assim como muitas mulheres de formação técnica na época, ela saiu da indústria da computação para criar as filhas — e explorar cavernas, naturalmente. Quando voltou ao trabalho no fim da década de 1970, tudo tinha mudado. Ela voltou a estudar, se inscrevendo em todos os cursos de ciência da computação que a Indiana University of Pennsylvania oferecia, e mais tarde aceitou um emprego como instrutora. Nas suas aulas, que muitas vezes tinham centenas de alunos, ela se lembra de ver muitas estudantes, mas essa seria a última geração de mulheres a entrar na computação de forma substancial. Na geração após Grace Hopper e suas contemporâneas, a profissionalização da "engenharia de software" marcou uma mudança demográfica decisiva na computação. Em 1984, a quantidade de mulheres[28] formadas em ciência da computação nos Estados Unidos começou a diminuir, e continua caindo até hoje, uma queda sem igual em qualquer outro campo profissional.

O Honeywell 316, o microcomputador do trabalho de Will que se tornaria um roteador dos primórdios da internet, tem mais um motivo para a fama que conquistou. Honeywell fez um modelo para mulheres, com um pedestal embutido e uma tábua de corte, vendido no catálogo de Natal da Neiman Marcus de 1969 como o "Computador da Cozinha" da Honeywell. Ele custava dez mil dólares, vinha com um avental e precisava de duas semanas de aulas de programação para que alguém aprendesse a usá-lo, mas a foto do catálogo mostrava uma mulher com um longo vestido floral desempacotando suas compras em cima do computador como se fosse uma extensão do balcão da cozinha. "Se ao menos ela soubesse cozinhar[29] tão bem quando o Honeywell sabe computar", diz o texto, dando a entender que o computador tem "mais autoridade, poder e inteligência[30] *que sua usuária*". E bem debaixo do teto dela!

Enquanto o jogo do ex-marido de Patricia ia ficando mais popular, eram homens que se reuniam em torno de terminais conectados para jogá-lo tarde da noite. Eram homens que anotavam mapas de cavernas em cadernos iluminados pelo brilho elétrico da tela. Eram homens que emergiam, desnorteados, para a luz do sol depois de caminhadas sôfregas. E, apesar de tudo que Patricia conquistou, ela permaneceu como uma figura ao fundo nas muitas recontagens da história do *Adventure*. Embora tenha mapeado o mundo subterrâneo que Will popularizou com seu jogo e feito a conexão física com o desconhecido que poucos ousariam fazer, sua presença é uma silhueta espectral do que poderia ter sido. Ela foi escondida a olhos vistos. O mesmo pode ser dito sobre muitas mulheres do início da era da rede.

É interessante que a experiência coletiva inaugural do século da conectividade tenha sido o *Adventure*. É uma história sobre quão intimamente as pessoas influenciam o software, e sobre como esse impacto pode ser profundo. E que cavernas sempre foram mundos virtuais, os primeiros lugares onde seres humanos experimentaram o afastamento ontológico que associamos tão fortemente hoje em dia às nossas projeções na tela.

Seja pelas chamas trêmulas ou pelo piscar do monitor de tubo, nós vemos além da realidade. Símbolos aplicados ao granito cru, ao tecido, ao código: são todos luzes acendendo na escuridão.

Há um lampião na caverna. Você sabe o que fazer?

PEGUE O LAMPIÃO

Muito bem. Agora segure-o firmemente, pois vamos precisar levá-lo conosco. Vamos atravessar essas passagens labirínticas até que elas se abram do outro lado e finalmente possamos ver os escritos na parede — um rabisco centenário. É nosso mundo mágico, nosso *cheat code*, nosso salto para dentro da noite. O que você mal consegue ler à luz do carbureto: *Mesmo quando as mulheres eram invisíveis, não significa que não estivessem ali.*

Capítulo sete

RESOURCE ONE

stá chovendo na Califórnia. Chuva de estourar represas, água jorrando para o chão a cântaros. Nas Marin Headlands, a norte de São Francisco, as planícies cobertas pela maré estão latejando, as garças reviram a grama aos gritos, e eu estou esperando em uma parada de ônibus inundada, gotas de chuva nos óculos. Ao volante de um Camry antigo, Sherry Reson abre a porta do motorista só o suficiente para mostrar a face de cabelos cacheados e acena.

Ela me leva até sua casa, um bangalô em cinza-ardósia fustigado pelo vento. No caminho, me explica animada sobre o grupo de pessoas que reunira, o qual encontramos à mesa de jantar, comendo queijo feta, vagens e salada de espinafre em cumbucas de madeira. Enquanto me dispo das camadas de roupas encharcadas, todos olham para mim em meio à divertida conversa. Estavam contando as novidades. Só recentemente se reencontraram, mas, quarenta anos atrás, junto com uma centena de sonhadores, hippies e iconoclastas, aquelas pessoas viveram juntas em uma comuna científica em São Francisco chamada Project One.

Elas me explicam que Project One era um armazém amarelo-mostarda em South of Market. Nos seus 2.500 metros quadrados de habitações interligadas, dormiam em baias de 30 metros de largura e faziam reuniões comunitárias no quinto andar, que muitas vezes acabavam em gritos e lágrimas, ou em música e risadas, dependendo do dia. As

A HISTÓRIA DESCONHECIDA DAS MULHERES QUE CRIARAM A INTERNET

portas de estuque eram cobertas de mosaicos de azulejos, havia uma jacuzzi comunal, e alguns residentes viviam em estruturas minúsculas de compensado e gesso presos com pregos. As crianças da comuna eram pastoreadas por um antigo fuzileiro naval com uma barba de 30 cm que as carregava pela cidade apresentando-as a abades budistas, rinpoches, gurus sikh e padres taoistas.

O escritor Charles Raisch chamou o Project One de "um pueblo na cidade",[1] uma vila arrancada da terra e mergulhada em si mesma até quase virar do avesso. "Somos cinquenta tomando sol e fazendo churrasco no telhado", escreveu ele. "São sete perus e quatro bandas e uma mesa do tamanho de uma pista de boliche cheia de flores do lixão."

Na casa de Sherry, conheci quatro antigas residentes do Project One que vinham de todos os cantos da Bay Area: além de Sherry, havia Pam Hardt-English, Mya Shone e Chris Macie. A baia de Pam no Project One era uma cama loft cercada por paredes ventiladas de plástico vermelho translúcido. Mya dormia em um pallet de madeira quando veio de Nova York com as roupas do corpo e o sonho de ser uma revolucionária em tempo integral. Sherry herdou uma casinha com degraus brancos e uma porta da frente. Eles cozinhavam em fogareiros de acampamento, dividiam os banheiros e trabalhavam no mesmo prédio que chamavam de lar, que era cheio de organizações políticas, estúdios artísticos e produtoras. Mas mesmo naquele armazém cheio de cineastas documentaristas e ex-atores de *Hair*, o escritório delas era mais estranho que a maioria. Bem no meio, dentro de uma caixa transparente de placas de acrílico, havia um mainframe do tamanho de dez geladeiras.

O computador, um Scientific Data Systems 940, era um dos apenas 57 do seu tipo existentes no mundo inteiro. Era de longe a coisa mais valiosa do prédio, um incrível tesouro para aquele grupo de hippies. Pam, Sherry, Chris e Mya eram algumas do elenco rotativo que lidava com ele, todos clientes do centro de computadores comunitário que chamavam de Resource One.

RESOURCE ONE 113

Como o Honeywell 316, o SDS-940 era uma máquina robusta e também contribuiu com a essência da internet em seus primórdios: em 1969, quando ele era o melhor computador que o dinheiro poderia comprar, um SDS-940 em Stanford foi um dos primeiros hosts da ARPANET. Em 1972, quando o Project One adquiriu o próprio modelo, aquilo já estava mais para um calhambeque, mas ainda era um mainframe de 150 mil dólares — muito além do alcance de jovens de 20 e poucos anos pagando cinco centavos de aluguel por metro quadrado para morar em uma fábrica de doces abandonada. E ainda assim, ali estava ele, conectado por eletricistas autodidatas que carregavam "grandes macarrões" de cabos elétricos industriais[2] para sua sala limpa. E tudo graças a Pam.

Pam Hardt-English é uma mulher de cabelos castanhos, voz suave e gestos firmes, com o ar astuto de alguém que sabe guardar segredos. Ela se descobriu na UC Berkeley, um ponto de encontro dos movimentos antiguerra e a favor da liberdade de expressão. "A faculdade estava em greve[3] na maior parte do tempo", lembra ela. Até o departamento de ciência da computação estava se organizando e, quando os Estados Unidos bombardearam o Camboja, "todo mundo da computação se uniu", contou ela a um documentarista em 1972. "Era a primeira vez que muitas daquelas pessoas[4] se envolviam em alguma coisa. Era empolgante. Começamos a falar em construir redes de comunicação." No verão de 1970, ela e dois colegas de ciência da computação em Berkeley, Chris Macie e Chris Neustrup, largaram a faculdade e se mudaram para o Project One. Eles decidiram que sua missão seria conectar a contracultura.

De certa forma, a contracultura já estava conectada. A Bay Area estava cheia de jornais underground e casas com quadros de aviso e caixas de doação no jardim. O *Berkeley Barb* publicava na contracapa anúncios de organizações de resistência, e um grupo chamado Haight-Ashbury Switchboard havia até construído uma sofisticada árvore telefônica no final dos anos 1960, conectando "switchboards" humanas para ajudar famílias tentando encontrar seus filhos hippies desaparecidos pelo mundo

Isso se transformou em uma rede informal de switchboards de interesse específico na Bay Area; uma delas, a San Francisco Switchboard, tinha um escritório no Project One. Com alguns telefones e caixas de cartões, esse grupo coordenava ações em grande escala em incidentes urgentes, como o derramamento de óleo de 1971 na baía de São Francisco — um protótipo do tipo de mobilização que hoje em dia se vê tão facilmente nas mídias sociais.

O Resource One deu continuidade a esses esforços e até herdou o escritório da San Francisco Switchboard. Quando Pam e os dois Chris se mudaram para o armazém, o plano era criar um sistema de recuperação de informações comum para todas as switchboards existentes na cidade, interligando-as em um banco de dados hospedado em tempo computacional emprestado. "Nossa visão era tornar a tecnologia acessível[5] às pessoas", explica Pam. "Era uma época de muita impetuosidade. E a gente pensava que tudo era possível." Mas usar tempo computacional emprestado para um banco de dados assim era limitador demais; se iam imbuir suas visões políticas em um sistema computacional para as pessoas, teriam que construí-lo do zero. Precisavam de uma máquina própria.

Isso foi muito antes do computador pessoal como nós o conhecemos, e muito antes até do microcomputador. O Resource One estava de olho em um sistema de mainframe, do tipo que era gerenciado por especialistas em grandes instalações e que evoluíram dos esforços de programadoras pioneiras como Grace Hopper e Betty Holberton. Pam fez uma lista de instituições e empresas que ela supunha terem um mainframe sobrando. Depois de uma série de exaustivos telefonemas e encontros, ela conseguiu fazer um acordo com a TransAmerica Leasing Corporation, que tinha alguns SDS-940 pegando pó em um armazém, um deles vindo de três anos de bastante uso em Stanford. Ela os convenceu usando seus interesses em comum: o computador valia mais como uma doação dedutível de impostos do que perdendo valor no armazém. Foi assim que, em abril de 1972, na caçamba de um caminhão articulado, o People's Computer foi entregue ao Project One.

RESOURCE ONE 115

Naquele verão, enquanto os membros da comunidade construíam a jacuzzi de 6 metros quadrados, o grupo do Resource One instalava prateleiras e armários para tambores magnéticos. Ninguém no grupo havia feito nada remotamente similar àquilo — até o eletricista principal estava meio que improvisando, e o software foi escrito do zero, entremeando os valores da contracultura no próprio sistema operacional da máquina. O Sistema de Recuperação de Informação Geral do Resource One, ou Rogirs no inglês, foi criado por um hacker, Efrem Lipkin, para as switchboards clandestinas, como forma de lidar com as negociações de uma economia alternativa. Quando começou a funcionar, a máquina se tornou o coração da rede livre clandestina do norte da Califórnia, um vislumbre da importância vital da cultura da internet anos antes que a maioria das pessoas sequer imaginasse.

"Em momentos diferentes da sua vida, você se importa com coisas diferentes", diz Pam. A vida no Project One era alegre, dinâmica e delirantemente ideológica, mas não era confortável. Para pagar o aluguel, ela trabalhava lavando béqueres em um laboratório médico à noite e, quando voltava, o lugar estava sempre frio, o chão de concreto e tetos altos impossíveis de aquecer. Em um colchão de água geladíssima, ela raramente dormia mais do que algumas horas por noite. O asceticismo fazia parte da cultura da comunidade, um sacrifício em nome dos objetivos em comum do edifício. "Meu irmão veio morar comigo[6] porque não conseguia arrumar emprego", lembra ela, "e voltou na hora para os alojamentos da faculdade, dizendo: 'Não consigo viver assim, limpando o banheiro dos outros e congelando de noite até a morte.' Mas eu não me importava, porque estava muito envolvida no que estava fazendo."

Essa Pam que conseguiu um SDS-940 da TransAmerica ainda é surpreendente. Um perfil na *Rolling Stone* em 1972 a chamou de "uma das maiores trapaças dos tempos modernos",[7] citando um membro do Resource One que dizia que Pam, por mais delicada que parecesse, era capaz de tirar leite de pedra. Na fotografia que acompanhava a matéria, tirada por Annie Liebowitz, Pam está apoiada na parte de trás aberta

116   A HISTÓRIA DESCONHECIDA DAS MULHERES QUE CRIARAM A INTERNET

do SDS-940 com fios expostos, óculos tortos, sorriso de orelha a orelha. Nenhum outro grupo, nem em São Francisco nem em qualquer outro lugar, conseguiu pôr as mãos em uma máquina tão poderosa, quanto mais ser dono dela. "Pam era muito decidida", lembra Lee Felsenstein, outro pária que seguiu o computador até o Resource One. "Ela tinha um jeito de franzir a testa[8] e morder o lábio que demonstrava uma tensão interna."

"Pamela era a única pessoa[9] que já conheci", escreveu Jane Speiser, uma residente de longa data do Project One, "capaz de fazer uma lista de 53 pessoas a serem contatadas para um projeto e procurá-las, uma a uma, seja por telefone, por correio ou pessoalmente, até chegar ao final da lista, mesmo que levasse três meses fazendo apenas isso. Ela era de uma determinação estupenda. Não havia outra maneira de obter um computador (e conseguir arcar com os custos de instalação e manutenção) para um grupo de malucos da contracultura."

Além de conseguir o computador, Pam passou grande parte dos três anos seguintes levantando fundos para manter a máquina funcionando. A conta de luz era altíssima por conta dos aparelhos de ar-condicionado de vinte toneladas que evitavam que o computador superaquecesse. A equipe precisava ganhar dinheiro, e sempre havia peças a comprar ou substituir. Ironicamente, muito dos fundos do Resource One veio de fontes tradicionais: o Bank of America apoiava o projeto, esperando ganhar a simpatia dos jovens que tanto lutavam para mudar o status quo — ou monitorá-los, dependendo da versão que você escutasse. A visão de Pam de tornar a contracultura analógica de São Francisco em digital não era barata. Ela imaginava terminais de teletipo em todas as telefonistas de switchboards, em livrarias e bibliotecas pela cidade, e até no Project One, todos conectados em uma rede descentralizada de recursos compartilhados e informações vernaculizares. "Se as pessoas quisessem algo",[10] diz ela, "poderiam digitar e conseguir. Se precisassem de ajuda, partilhar um carro ou de recursos, poderiam tê-los".

Basicamente, ela imaginou a internet.

DEIXEM ELA FALAR

Existe uma expressão na ciência da computação: lixo entra, lixo sai. Se você encher a máquina com bobagens, ela vai cozinhá-las para você sem qualquer juízo de valor, executando os comandos exatamente como lhe foi ordenado. Se você lhe fornecer a verdade, é isso que receberá. A máquina não se importa com a natureza do código. O significado é trabalho *nosso*; o computador é um espelho que reflete nossa imagem, e, quem quer que o controle, molda o mundo à sua imagem. Pode ser por isso que a revista mais famosa da contracultura, a *Whole Earth Catalog*, sempre mantinha a mesma frase nas capas de suas edições: *Acesso às ferramentas*.

No ano em que o Resource One instalou seu computador, o editor da revista, Stewart Brand, declarou que "metade ou mais da ciência da computação é de cabeças".[11] Brand foi inspirado na constelação de laboratórios de pesquisa inovadores na Bay Area, nos grupos de hackers se reunindo para jogar depois do expediente nos porões das faculdades e no que estava sendo feito no Resource One, e escreveu sobre a ciência da computação como o reino de místicos, sábios e esquisitões, ou, nas suas palavras, "incríveis homens com suas máquinas voadoras,[12] seguindo na vanguarda da tecnologia". Com palavras assim, uma nova imagem arquetípica do usuário de computadores foi apresentada ao mundo. Não a estudiosa programadora, como Grace, nem o engenheiro de software engravatado, mas o descabelado e enlouquecido hacker, que sempre era um homem.

Quando o Resource One finalmente conseguiu colocar seu computador para funcionar — a unidade de armazenamento substituída pelo valor de vinte mil dólares, graças à arrecadação de fundos de Pam —, eles participaram de uma reunião aberta de operadores das switchboards da Bay Area. Explicaram seu grande plano: conectar as switchboards, indexar todas as informações e torná-las acessíveis a qualquer um com um terminal de teletipo. A ideia não agradou. Não fazia sentido na prática: o aluguel mensal de terminais de teletipo custava 150 dólares

118   A HISTÓRIA DESCONHECIDA DAS MULHERES QUE CRIARAM A INTERNET

e eles faziam *muito* barulho. As switchboards eram sistemas humanos, organizados especificamente para atender às necessidades das pessoas que as gerenciavam. Operadores hippies guardavam suas informações em caixas, prendiam anotações nas paredes, cada um do seu jeito. A ideia de um sistema hierárquico maior não agradou ninguém, nem na prática nem ideologicamente.

O Resource One tinha construído uma biblioteca sem livros. Efrem Lipkin sugeriu que esquecessem as switchboards e instalassem um terminal de teletipo eles mesmos. Se as pessoas começassem a usá-lo, talvez gostassem. Em agosto de 1973, o Resource One estabeleceu um posto avançado em uma loja de discos de Berkeley chamada Leopold's, um ponto de encontro de artistas, músicos e revolucionários. Efrem e Lee Felsenstein conseguiram um teletipo modelo 33 ASR quase pifado depois de tanto ser utilizado na companhia telefônica local. Para integrar o terminal ao novo ambiente, Lee o escondeu em uma caixa de papelão recheada de poliuretano para abafar o som e pintou as palavras "Memória Comunitária" na lateral da caixa.

Eles esperavam que a maioria dos *peaceniks* de Berkeley, assim como os operadores das switchboards, olhassem com desconfiança aquela máquina nova e optassem pelo quadro de avisos analógico pendurado na parede que usavam havia anos. Computadores eram coisas que ficavam em cômodos especiais, operados por técnicos de jaleco, símbolos da "ordem regimental"[13] representados com "medo e ódio pelos membros da contracultura". O trabalho cultural de tornar o Memória Comunitária acessível às pessoas coube basicamente a Jude Milhon, uma hacker e escritora famosa que mais tarde ficaria conhecida como Santa Jude, patrona dos *cypherpunks*, uma subcultura dos computadores dedicada à criptografia e copyright. Nos anos 1980 e 1990, ela coeditava a influente revista de tecnologia *Mondo 2000*. Jude era namorada de Efrem e conhecera Lee depois de colocar um anúncio pornográfico no *Berkeley Barb* (eram os anos 1970, afinal de contas). O trio se dava muitíssimo bem.

RESOURCE ONE 119

Jude alimentava a base de dados do Memória Comunitária com provocações pensadas para atrair usuários à tela. Ela postava perguntas com um quê de proto-*crowdsourcing*, do tipo: *onde encontro bagels bons na bay area (principalmente berkeley) / se souber, deixe a informação aqui no computador.* Sob a mesa, um modem ligado a um aparelho telefônico conectava o terminal ao computador no Resource One, do outro lado da cidade. Não levou muito tempo para que o quadro de avisos de papel e cortiça ficasse obsoleto. Uma pessoa respondeu à pergunta de Jude sobre bagels — *tem bagels frescos na house of bagels na geary* —, depois outra. Uma terceira postou o telefone de um morador local que poderia ensiná-la a fazer os próprios bagels. O Memória Comunitária se tornou uma central livre de classificados, onde poetas e místicos vendiam sua arte junto com anúncios de carona, ofertas de apartamento e anúncios em busca de parceiros de xadrez.

O Memória Comunitária floresceu com usos inesperados: textões assinados com pseudônimos, cantadas meio malucas, citações do Grateful Dead. A comunidade tinha suas personalidades: um cara chamando-se de Doc Benway, um personagem do romance *Almoço nu*, de William Burrough, usava o serviço como seu palanque pessoal de uma realidade paralela. Doc — *um maluco perdido nas areias dessa fecunda base de dados* — atraiu um culto de seguidores. Jude e outros começaram a se juntar a ele. O Memória Comunitária demonstrou, muito antes da internet, como a computação em rede pode fortalecer laços locais e criar uma cultura própria. Conectando pessoas, bagels e piadas, ele foi um presságio das peculiaridades da comunidade on-line, mais de uma década antes. "Nós abrimos a porta para o ciberespaço[14] e vimos que era um território acolhedor", proclamou Lee. Por isso, o Memória Comunitária é muito celebrado. Um terminal permanece no Museu da História da Computação, que também guarda as anotações de Lee Felsenstein, e várias histórias da época citam o Memória Comunitária elogiosamente, como uma "metáfora viva",[15] "um testamento de como a tecnologia da computação pode ser usada como ferramenta de guerrilha por pessoas *contra* a burocracia". A isso eu respondo com duas verdades: isso tudo não seria possível de executar se Pam Hardt-English não tivesse lançado o SDS-940, contra todas as probabilidades, nos braços da contracultura.

E não foi por isso que vim a Mill Valley debaixo desse temporal.

O DIRETÓRIO DE REFERÊNCIAS DE SERVIÇOS SOCIAIS

De volta à casa de Sherry, seguimos para a sala de estar, um cantinho bege aconchegante ancorado por sofás baixos. Sento-me no banquinho de uma poltrona em que Sherry diz que eu ficaria confortável, por ser alta. O chá esfria um pouco enquanto todas se acomodam. Sherry me serve um prato. Parece pouco profissional comer enquanto trabalho, mas ela insiste, e reuniu esse grupo para mim, então pego pequenas porções de pimentões recheados e biscoitos de arroz sem glúten entre uma pergunta e outra. As memórias, ela me prometeu, serão mais confiáveis em conjunto.

No Project One, a área de Sherry muitas vezes servia como ponto de encontro não oficial do grupo de mulheres que ela considerava suas amigas mais próximas na comuna do armazém. Ela cozinhava para todas, e elas ficavam deitadas em torno do colchão de água, conversando sobre os dramas românticos incessantes do prédio, as lutas por poder nas reuniões da comunidade e revolução. Todas deram parte de si para o prédio, para o belo caos que era aquele sonho coletivo que elas me descreveram enquanto bebiam chá. "Quando estava no Project One,[16] eu nunca tinha medo", diz Pam para o grupo e para mim. "Eu andava sozinha. Nada me incomodava. Quando saí, senti como se qualquer um pudesse me ferir. Eu não tinha proteção. Nunca tive medo antes de sair do Project One."

Pam deixou o armazém em 1975. Ela sentia que já tinha feito tudo que podia. O SDS-940 já estava bem instalado e estabelecido. O terminal do Memória Comunitária tinha sido realocado para uma loja no centro de Berkeley, e a unidade de Mission Branch da biblioteca pública de São Francisco tinha um terminal também. Mas talvez fosse mais que uma sensação de completude que fez Pam se mudar. Como a única mulher no grupo original do Resource One, "Pam se viu sem querer[17] presa no papel de 'abelha-rainha', enquanto os outros tentavam forçá-la a cumprir uma função emocional", conta Lee Felsenstein em um e-mail. "Esse pode ter sido o maior fator na sua saída abrupta do grupo — o fardo dos desejos acumulados de tantos de nós de tratá-la como nossa mãe."

As outras mulheres aceitaram seu legado. Mya, Sherry e Mary Janowitz, uma amiga delas que trabalhava para outra organização do Project One chamada Ecos ("O mais perto que havia de uma agência governamental[18] dentro do prédio", explicou Sherry), juntaram seus recursos para trabalhar em um novo projeto, que levaria o computador do Resource One para além de experimentos comunitários em direção a uma benfeitoria social. Nenhuma delas se considerava "da tecnologia". Mary tinha trabalhado perfurando cartões quando era estudante de sociologia na Barnard, mas achava o trabalho chatíssimo, e as paixões tecnológicas de Mya se resumiam à videoarte. Diferentemente de Pam, que tinha vindo do departamento de ciência da computação em Berkeley, nenhuma delas tinha estudado programação. Mas reconheciam o valor do computador e sabiam que ele poderia suprir algumas das necessidades da comunidade. Elas só precisavam de um problema para resolver.

Mais tarde, enquanto todos batiam papo na entrada, Chris se virou para mim. "No início, eram só os caras", diria, alegre, fechando o zíper do casaco. "Hippies com suas velhinhas,[19] com garotas de flor no cabelo. Aí, dois anos depois, as mulheres dominaram tudo." Essa mudança se deu em parte por conta dos esforços das mulheres do Resource One — da angariação de fundos e do gerenciamento de projeto de Pam, e do problema que outras mulheres resolveram depois que ela foi embora.

Elas descobriram uma aplicação perfeita para o computador do Resource One por meio de um organizador que passava o tempo no prédio, Charlie Bolton. Bolton contou a elas sobre como agências de serviços sociais na Bay Area não estavam dividindo uma base de dados municipal para informações de referência — ele pessoalmente testemunhara como assistentes sociais em diferentes agências dependiam dos próprios contatos. A qualidade das referências variava de acordo com o local, e as pessoas nem sempre conseguiam ter acesso aos serviços de que precisavam, mesmo quando eles existiam. Chris Macie, que fundou o Resource One com Pam e permaneceu no projeto depois que ela saiu, programou um novo sistema de recuperação de informação para o projeto, e as mulheres começaram a ligar para assistentes sociais por toda a cidade de São Francisco. Se eles mantivessem um banco de dados atualizado com informações de referência, perguntaram, será que as agências se interessariam em fazer uma assinatura? A resposta foi um retumbante sim. As mulheres do Resource One encontraram sua causa: usar o computador para ajudar pessoas desfavorecidas na cidade a ter acesso aos serviços de que precisavam.

O Diretório de Referências de Serviços Sociais por elas criado foi bem-sucedido no que os esforços para conectar as switchboards da Bay Area falharam, e por um motivo simples: ele levou em conta a necessidade dos usuários. Assistentes sociais não tinham maior facilidade de acesso a terminais de computadores ou teletipos do que os hippies no comando das switchboards, então o banco de dados era simplesmente distribuído em papel. Por uma taxa mensal, as agências participantes recebiam pelo correio envelopes de papel kraft contendo folhas perfuradas com listagens organizadas alfabeticamente para adicionar aos seus fichários vermelhos do Diretório de Referências de Serviços Sociais. O banco de dados central era mantido no SDS-940 por Mya, depois Mary, que o alimentava com as informações que Sherry recolhia ligando para as agências locais. Cada listagem incluía informações essenciais: idiomas falados, área de atuação, serviços oferecidos. "Queríamos que os assistentes sociais[20] conseguissem fazer seu trabalho ainda melhor", explicou Sherry.

Joan Lefkowitz, uma adolescente hippie de 17 anos com cabelo de Janis Joplin e um macacão com rasgos nos joelhos, juntou-se ao grupo quando Mya saiu, completando o time só de mulheres. Joan acabou no Project One depois que um estranho em um restaurante de comida saudável em Santa Barbara lhe instruiu para bater na janela do armazém quando chegasse em São Francisco e dizer: "Jeremiah Skye me mandou vir aqui." Ela aceitou o trabalho no diretório porque combinava seu amor por eletrônicos com ações progressistas. Como Sherry, ela passava os dias no telefone: verificando os assistentes sociais de São Francisco, centrais telefônicas de prevenção de suicídios, abrigos para sem-teto, centros para terceira idade, grupos comunitários e switchboards. "Para mim, parecia que usávamos as ferramentas para o que eram feitas para fazer: servir às necessidades das pessoas", diz ela, com um gato encarapitado no ombro, quando entro em contato com ela por Skype. "Elas descobriram uma maneira de usar a tecnologia[21] de forma que realmente mudava a vida das pessoas, e isso parecia muito certo e legal."

Para manter o diretório atualizado, as mulheres faziam dezenas de ligações diariamente e reuniam as páginas à mão, arrumando-as em pilhas por ordem alfabética no chão. Todas odiavam o trabalho mensal de ir aos correios com centenas de envelopes de papel kraft, cada um endereçado também à mão. Segundo Joan, as "mulheres não faziam a programação,[22] mas a gente fazia todo o resto do trabalho". O diretório era o recurso mais útil que as agências de serviços sociais de São Francisco já tinham visto. Todo mês, o pacote de listagens atualizado crescia, até que o diretório chegou a abranger toda a Bay Area, sendo composto de dois fichários de quase 10 cm de espessura. Cada biblioteca da cidade tinha uma cópia, assim como todos os escritórios do Departamento de Serviços Sociais. Quando Sherry, May e Mya saíram do Project One e seguiram suas vidas, elas entregaram o diretório para a ONG United Way. Os dados recolhidos acabaram sob a responsabilidade da Biblioteca Pública de São Francisco, que colocou o banco de dados no seu catálogo e o manteve até 2009.

124 A HISTÓRIA DESCONHECIDA DAS MULHERES QUE CRIARAM A INTERNET

Embora o Diretório de Referências de Serviços Sociais não tenha sido incluído nas mitologias dominantes sobre São Francisco como um lugar em que hackers e hippies se reuniam para criar o futuro, ele foi importante de maneiras mais práticas. O diretório conectava um segmento invisível e especialmente descolado de tecnologias emergentes da população — assistentes sociais e famílias necessitadas — até o início do século XXI. Não podemos dizer se os hackers, desajustados e "incríveis homens" sobre os quais Stewart Brand tão entusiasticamente escreveu teriam inventado ou preservado algo como o Diretório de Referências de Serviços Sociais, um serviço comunitário trabalhoso e nem um pouco glamoroso. Como sua interface era um bloco encadernado e não um terminal de teletipo, sua verdadeira natureza como um objeto digital permaneceu invisível a todos, exceto àqueles que o conservavam, embora o banco de dados fosse impresso apenas para o benefício daqueles *sem* "acesso a ferramentas".

Hoje, no antigo bairro de armazéns South of Market, os prédios continuam cheios de jovens trabalhando duro nas suas visões do amanhã. Eles chamam o lugar de SoMa. Ninguém está pedindo carona — hoje em dia, os carros andam sozinhos. Em vez de um computador, seu peso rivalizando com o boiler cuja instalação no topo do prédio foi um evento de que a maioria dos graduados do Project One se lembra, existem computadores em todas as mesas e todos os bolsos. Há lâmpadas em South of Market mais espertas que o computador do Resource One. As mentes mais brilhantes da ciência da computação continuam ali — ou as mais privilegiadas, talvez —, mas agora elas refinam algoritmos para vender produtos e serviços que seus antepassados hippies poderiam mal imaginar, de cabelos longos e apontando para a caixa (é um quadro de avisos eletrônico, disseram; vai nos ajudar na revolução, disseram). Talvez se os mitos fundadores da cultura da tecnologia da cidade, que tanto influencia o restante do mundo, incluíssem coisas como o Diretório de Referências de Serviços Sociais, essa revolução tivesse um sabor diferente.

RESOURCE ONE 125

Nas reuniões de consenso semanais do prédio, as mulheres do Resource One estavam acostumadas a que falassem por cima delas. Sherry e Mary se lembram de um cara que queria manter uma arma no prédio, e dos longos debates que iam e vinham com vetos. "Tomar decisões com cem por cento de consenso entre mais de cem pessoas — algumas delas bem malucas — era cansativo", diz Joan. Elas chegaram a uma solução. Toda vez que uma delas era interrompida, as outras reclamavam. Elas criavam uma estratégia com antecedência, sem dúvida durante alguma longa conversa na cama de Sherry. "A gente dizia: 'Ei, espera, não ouvi o que a Fulana disse.' Ou então: 'Espera, deixa ela terminar.' A gente fazia isso umas pelas outras", lembra Sherry. "A gente ia contra esses comportamentos de dominância.[23] E às vezes para fazer isso você só precisava conscientizar alguém."

O Diretório de Referências de Serviços Sociais representa um dos primeiros esforços de aplicar a computação para o bem comum e demonstra o que acontece quando o processo de criação e implementação da tecnologia é aberto para grupos mais diversos de pessoas. Quando as mulheres do Resource One — radicais, feministas e organizadoras, todas elas — trouxeram seus valores em comum para a máquina, o resultado foi um produto mais útil para a comunidade. Elas pegaram as ferramentas que eram ditas revolucionárias por hackers homens e as aplicaram localmente, moldando-as para fazer o bem no aqui e no agora. Essa permanece sendo uma ideia radical, e não foi a primeira vez que as mulheres levantaram esse tipo forte de preocupação sobre o uso da tecnologia: pioneiras como Grace Hopper e Betty Holberton, esforçando-se para refinar e sistematizar linguagens de programação, tornaram sua arte acessível para um público maior, abrindo as portas para que até pessoas sem conhecimento de programação compreendessem o que os computadores podiam fazer. E isso aconteceria de novo — e de novo, e de novo, e de novo —, conforme a conexão entre computadores desse a mulheres novas chances de desbravar campos emergentes. Nesse processo, elas nos ajudaram a entender a era da informação.

Capítulo oito

REDES

Estou esperando o ônibus do aeroporto em Marin e não vai parar de chover tão cedo. Não consigo parar de pensar no Resource One e no SDS-940 deles. Tento imaginar como seria ter um computador daqueles na minha casa. Ele só tinha 64k de memória — muito menos que o celular no meu bolso, que já deixei cair tantas vezes e até mesmo esqueci na máquina de lavar em certa ocasião —, mas me dou conta de que morro de inveja do Resource One. Eles possuíam um computador numa época em que essas coisas ainda não tinham se complicado tanto. O SDS-940 era independente, conectado somente a alguns terminais espalhados pela cidade: mais parte da mobília que um acessório. De São Francisco, volto para casa em Los Angeles feliz por colocar meus aparelhos em modo avião por uma hora e descansar das constantes notificações.

Computadores passaram a ser conectados no final dos anos 1960, mas não foi até o início da década seguinte — enquanto as mulheres do Resource One estavam distribuindo seu diretório de referências pela Bay Area e o terminal do Memória Comunitária apresentava aos intelectuais as alegrias de quadros de aviso virtuais — que uma versão inicial da internet como a conhecemos começou a tomar forma. Em mais de uma dezena de locais nos Estados Unidos, metade deles na Califórnia, mainframes do tamanho de geladeiras como o SDS-940 estavam sendo conectados por linhas telefônicas e roteadores para dividir recursos, tempo e comunicação. Essa proto-internet, a ARPANET, foi fundada pela Agência de Projetos de Pesquisa Avançada do Departamento de Defesa. O objetivo não era social — pelo menos não antes que o e-mail surgisse —, e sim de compartilhamento de recursos. Antes da ARPANET, se alguém desejasse transferir dados de um computador para o outro tinha que fazer isso com uma pilha de cartões perfurados ou um rolo de fita magnética, e as pessoas ainda se moviam com mais agilidade que os dados. Como um historiador apontou, antes que os computadores ficassem acessíveis remotamente, "um cientista que precisasse[1] acessar um computador distante talvez considerasse mais fácil simplesmente entrar em um avião e usar a máquina no seu lugar de origem". A ARPANET, ao conectar um grupo de "computadores distantes" úteis, mudou tudo isso. Com acesso à rede, um cientista no MIT poderia usar um programa de uma máquina na Califórnia tão facilmente quanto se estivesse digitando lá mesmo.

A ARPANET era uma rede de troca de pacotes, assim como a internet continua sendo: ao partir a informação em "pacotes" pequenos e enviá-los pela rede em saltos controlados, a ARPANET se assegurava contra falhas de sistema. Se qualquer nódulo pela rede caísse, os pacotes facilmente refaziam a rota antes de se reagruparem no destino final. Os primeiros usuários da ARPANET foram seus criadores: matemáticos, cientistas da computação e engenheiros em lugares como Bolt, Beranek & Newman, onde Pat Crowther imprimia seus mapas de caverna e Will Crowther escreveu os códigos de roteamento; MIT; Carnegie Mellon; UCLA (University of California, Los Angeles); e, no norte da Califórnia, Berkeley, Stanford e o Stanford Research Institute em Menlo Park. Todas essas pessoas contribuíram para criar a primeira internet, sugerindo protocolos, consertando bugs e adicionando ferramentas conforme aquilo se desenvolvia. Como os altos escalões militares e acadêmicos da computação eram dominados por homens, é de se esperar que todas essas pessoas, os primeiros usuários da internet, fossem homens universitários.

Só que é lógico que não eram.

UMA MENINA CHAMADA JAKE

Ela usava o cabelo penteado para trás, repartido à esquerda, e escolheu um terninho elegante para seu primeiro dia no emprego. Até usou sapatos de salto. Mas, quando pisou no laboratório do Centro de Pesquisa em Evolução do Instituto de Pesquisa de Stanford, ela destoou como se fosse um farol na neblina. Era 1972, e aqueles eram os tais homens extraordinários: cabelos tão longos e esvoaçantes quanto as barbas desgrenhadas, sentados em pufes, "lembrando um pouco camas desfeitas".[2] Os que tinham cadeiras de escritório as empurravam pelo chão no gigantesco escritório aberto que chamavam de *bullpen*, barulhentos como máquinas de pinball, conversando entre si sem nenhuma hierarquia discernível. O nome dela era Elizabeth Feinler, mas todo mundo na sua West Virginia natal a chamava de Jake.

Jake se perguntou onde diabos havia se metido.

Ela era a primeira da família a se formar na faculdade. Durante a graduação[3] na Purdue, era tão pobre que comia esquilos que o namorado caçava, e comprava galinhas descartadas pelos departamentos de experimentos culinários por cinco centavos cada. Ela chegou a Stanford por um caminho tortuoso: depois de estudar química, tinha aceitado um emprego como técnica em um serviço de indexação em Columbus, reunindo artigos científicos e patentes em um imenso repositório de informações sobre química, um dos maiores bancos de dados do mundo. Sentia-se perplexa com o incrível volume de informações, e pela tarefa aparentemente sisifista de organizá-las em um banco de dados útil. Percebendo que estava mais interessada[4] na informação em si do que na química, Jake aceitou um trabalho em Stanford ajudando acadêmicos com pesquisas técnicas — reunindo reimpressões e correndo para diferentes bibliotecas antes de resumir suas descobertas em fichas, basicamente como os mecanismos de busca funcionam hoje em dia.

Em Stanford, Jake trabalhava em um laboratório subterrâneo. Não demorou para que um vizinho de cima, Douglas Engelbart, começasse a aparecer no seu escritório em busca de conselhos sobre organização. Engelbart tinha inventado um sistema de computadores chamado NLS (*oNLine System*) no final dos anos 1960, um predecessor do computador pessoal moderno tanto em forma quanto em filosofia, e o primeiro sistema a incorporar um mouse e um teclado no design do produto. O NLS era tão visionário que a primeira vez que Engelbart o apresentou em público ficou conhecida na história da tecnologia como "a mãe de todas as demonstrações".[5] No Centro de Pesquisa de Evolução, o laboratório acima do escritório de Jake em Stanford, a equipe de engenheiros e pesquisadores de ciência da computação de Engelbart estava ocupada imaginando o futuro. "Ele descia e perguntava:[6] 'O que você está fazendo?'", lembra Jake. "E eu devolvia a pergunta: 'O que todos estão fazendo lá em cima, encarando um bando de telas?'"

Não importava o que fosse, aquilo fazia suas pesquisas técnicas parecerem chatas. Um dia, quando Engelbart veio visitá-la no seu escritório, Jake lhe pediu um emprego. Ele respondeu que não havia vagas, mas ficou com aquilo na cabeça e, seis meses depois, voltou. "Temos uma vaga agora", anunciou ele. Não tinha nada a ver com fichamentos; em vez disso, Douglas Engelbart apresentou Jake Feinler ao incrível mundo novo da computação em rede. A vida dela nunca mais seria a mesma.

No outono de 1969, uma das máquinas de Engelbart recebeu a primeira transmissão entre dois computadores hospedeiros na ARPANET. A conexão caiu na metade do caminho,[7] truncando a primeira mensagem de internet de LOGIN para o de certa forma profético LO. Em 1972, quando Jake entrou na equipe de Engelbart, Stanford era um dos trinta e poucos nódulos da cada vez mais nacional ARPANET; também era o lar do Centro de Informação de Rede, o NIC na sigla em inglês, um escritório central de dúvidas sobre a ARPANET (todo mundo envolvido com a rede na época o chamava de "Nick", como se fosse um velho amigo com reputação duvidosa). Engelbart ofereceu o Nick para Jake e disse que o escritório precisava produzir um Manual de Recursos para a ARPANET antes de uma importante apresentação para o Departamento de Defesa. "Perguntei: 'O que é um Manual de Recursos?'[8] Ele respondeu: 'Sinceramente, eu não sei, mas precisamos de um em seis semanas.'"

Jake deu um jeito. Como a ARPANET foi inicialmente construída como uma rede de compartilhamento de recursos para cientistas, o manual deveria listar quais máquinas, programas e técnicos estavam disponíveis em cada local da rede. "Ficou bem óbvio[9] o que eu tinha que fazer", lembra Jake. Para reunir as informações, ela entrou em contato com cada site hospedeiro na nascente internet — ligando para representantes técnicos e administradores por todo o país — e documentou exatamente o que cada um tinha à disposição. Cada local era diferente. Universidades usavam seus computadores hospedeiros para uma variedade de coisas. Para algumas, o fato de sua máquina estar "on-line" era secundário. Para outras, era o único motivo de existir. Os computadores hospedeiros nem sempre eram estáveis. No MIT, "os garotos mandavam na máquina",[10] lembra Jake, e estudantes, sabendo do "melhor jogo da cidade", muitas vezes entravam na rede à noite para se divertir. Apesar dos desafios, o Manual de Recursos[11] que o escritório de Jake produziu se tornou o primeiro documento sobre a infraestrutura técnica da internet; com mais de mil páginas, ele registrava cada nódulo, cada instituição e cada pessoa que mantinha a ARPANET funcionando.

Criar o Manual de Recursos tornou Jake uma autoridade instantânea na ARPANET, e mais tarde ela acabou transformando o Centro de Informação de Rede de uma operação de duas pessoas em um projeto de 11 milhões de dólares, lidando com todas as grandes responsabilidades organizacionais da rede, que ficava cada vez maior. Trabalhando com uma equipe em grande parte feminina, ela criou o ARPANET Directory, contendo, junto com o Manual de Recursos, as "páginas amarelas" dos primórdios da internet. Além disso, ela gerenciava o registro de todos os novos hospedeiros, indexava as conversas mais importantes na rede, cuidava da NIC's Reference Desk — uma linha direta para a internet que funcionava dia e noite — e sugeriu protocolos considerados essenciais para a internet até hoje.

Isso tudo não aconteceu de repente. Afinal, quando Jake começou em Stanford, a ARPANET ainda era relativamente pequena. "No início, a gente participava, mas ficava no fundo, fazendo figuração", explicou Jake, "até que de repente a rede começou a se expandir loucamente". Conforme a ARPANET crescia, a equipe de Jake ficou responsável por mantê-la organizada. Em 1974, o NIC assumiu a manutenção dos regis-

132 A HISTÓRIA DESCONHECIDA DAS MULHERES QUE CRIARAM A INTERNET

tros da rede, a "Host Table". Toda vez que uma nova instituição queria participar, primeiro era preciso entrar em contato com o escritório de Jake para saber se o nome do domínio estava livre e se seu hardware cumpria os requisitos da rede. A Host Table do NIC mantinha a internet funcionando, e muito antes de empresas como GoDaddy e Network Solutions controlarem a administração dos endereços de internet, Jake, uma mulher elegante de West Virginia com formação em química — deslocada, mas se divertindo entre os hippies e os hackers —, era controle de tráfego aéreo, bibliotecária-chefe e gerente da internet, tudo ao mesmo tempo.

Jake era uma das poucas mulheres envolvidas na ARPANET. Como a rede havia sido financiada pelos militares e construída por engenheiros do alto escalão da pesquisa acadêmica, a parte técnica da rede era dominada pelos homens. As mulheres chegaram à cena "pelas beiradas": antes de Jake; algumas haviam entrado no campo da computação em rede pelas ciências da informação (Ellen Westheimer, que trabalhava na Bolt,[12] Beranek & Newman, a firma de Massachusetts que criara os primeiros roteadores da ARPANET, publicou uma versão inicial da Host Table, e Peggy Karp, da Mitre Corporation em Bedford, Massachusetts, foi a primeira a sugerir uma padronização), e as colegas de Jake no NIC vinham das mais diversas áreas. Mary Stahl, outra nativa da West Virginia casada com o meio-irmão de Jake, havia entrado na equipe como assistente de pesquisa — ela era formada em belas-artes e até então dava aulas para crianças. Um dos programadores do NIC, Ken Harrenstein, era surdo, e os intérpretes de linguagem de sinais, quase exclusivamente mulheres, também trabalhavam alimentando os bancos de dados do NIC. Nenhuma delas tinha histórico técnico, e todas aprenderam fazendo. Suas contribuições à rede não foram tanto tecnológicas quanto organizacionais. "Não havia muitas mulheres programadoras[13] naquela época, e muitos que trabalhavam em sistemas de rede eram formados em engenharia, vindos da engenharia elétrica ou da física", diz Jake, "mas mulheres são muito boas com informação, porque são mais detalhistas".

Ainda assim, elas eram exceção. Jake se lembra de lhe pedirem para passar o café em uma reunião com o alto escalão militar, e de que, na primeira vez que ela se sentou para trabalhar em um dos terminais do NLS no laboratório, "alguém veio e gritou comigo[14] que secretárias não deveriam usar as máquinas". Esse tipo de experiência afetava sua autoestima. "Eu tinha certeza de que se havia alguém capaz de estragar um aparelho, esse alguém era eu", preocupava-se ela. Com o tempo, ela desenvolveu estratégias. Quando lhe pediam para fazer café, ela sem hesitar respondia: "Ah, não tem problema, eu faço dessa vez, mas você faz da próxima?" Em relação aos seus medos de estragar as máquinas, mais tarde ela percebeu que o complexo sistema de Engelbart era bem mais assustador para os militares do Departamento de Defesa do que seria para uma secretária ou para qualquer mulher acostumada a trabalhar com teclados. "Era mais difícil para os chefes[15] encostarem nas máquinas", descobriu ela, "porque eles tinham medo de fazer papel de ridículo".

Assim como gerações anteriores de computadores humanos trabalhando juntos simbolizavam a rede que surgiria mais tarde, as primeiras cientistas da informação da internet representavam outra função que, com o tempo, seria absorvida pelo próprio sistema: a busca. Muito antes dos mecanismos de busca atuais, o NIC era o Google da época, e Jake era o algoritmo humano, a única pessoa que sabia exatamente onde tudo estava. Sem os serviços do NIC, era praticamente impossível navegar na ARPANET — os sites hospedeiros não faziam propaganda dos seus serviços, que muitas vezes eram alterados para acompanhar novas máquinas e configurações. Isso dificultava o uso da rede por novos usuários e sobrecarregava o escritório de Jake por conta das demandas de gerenciamento. "Se você não soubesse aonde mais ir",[16] diz ela, "você ia ao NIC". Seus telefones tocaram sem parar por vinte anos, e assim que o e-mail se tornou uma ferramenta do sistema, Jake foi soterrada por mensagens — tinha pesadelos em que perdia algo importante no meio da confusão. "Não acabava nunca.[17] O e-mail era minha cruz."

Jake pegava tudo que não parecia ter dono — seus amigos brincavam que ela nunca viu uma folha de papel de que não gostasse — e levava para o NIC para armazenamento e referência. O resultado era que seu escritório era cheio de livros e papéis, e sua mesa um ninho de pilhas de folhas soltas, tão bagunçada que um funcionário chegou a contratar alguém só para limpar e arrumar tudo. "Essa foi a única vez que fiquei chateada com um funcionário meu. Eu disse: 'Podem limpar suas salas o quanto quiserem, mas não toquem na minha'",[18] lembra ela. As pilhas de Jake, por mais desordenadas que parecessem, eram um índice mental do que acontecia na internet inteira — e ela era sua curadora e guardiã.

O papel do NIC no gerenciamento do fluxo de informações da ARPANET é mais fácil de ignorar do que o de seus criadores. Quando não há problemas na transmissão da informação, esta parece tão natural quanto o próprio ar. Mas foi preciso uma quantidade absurda de trabalho para manter o NIC (e a rede) operacional. Jake relembra uma piada que eles contavam no escritório, sobre um cara comum chamado Joe Smith. Todo mundo conhece Joe Smith: essa pessoa conhece o Joe, aquela outra também. Até o presidente o conhece. Certo dia, Joe Smith está no Vaticano e alguém na multidão pergunta: "Quem é aquele cara ali em cima?" E outra pessoa responde: *"O de chapelão vermelho eu não sei, mas o outro é o Joe Smith."* Jake era o Joe Smith da internet, explica ela: totalmente anônima e ao mesmo tempo onipresente. Em certo momento, ela começou a tirar o próprio nome[19] da correspondência, porque parecia "ridículo". Perguntei a Jake quando ela primeiro percebeu que a internet tinha ficado grande demais para ela conseguir fazer o próprio trabalho, e ela nem hesitou. "Desde quase o início",[20] pensava, "'Por que estou fazendo isso?'"

O laboratório do Centro de Pesquisa em Evolução funcionava a noite toda. A capacidade dos computadores era inversamente proporcional ao tamanho deles, e demorava horas para compilar um programa, ainda mais quando a rede estava cheia de usuários dividindo os recursos. Para adiantar as coisas, pesquisadores trabalhavam em turnos o dia inteiro, fazendo grandes atualizações nos bancos de dados no meio da noite, virando copos de café e Coca-Cola para aguentar até da manhã. "A gente só estava tentando criar coisas,[21] fazer as coisas", diz Jake, "e as máquinas acabavam tão cheias que era impossível durante o dia, então tinha todo um grupo que ficava na rede à noite tentando trabalhar". Às vezes, eles apagavam sobre as mesas, dormindo em cima dos terminais, mas Jake

REDES   135

e as mulheres do NIC se recolhiam ao sofá do banheiro feminino para descansar. "Era lei na época: obrigatório ter um sofá para as mulheres."[22]

Assim como Grace Hopper prosperou sob a pressão de Howard Aiken em seu laboratório na Harvard durante a Segunda Guerra Mundial, Jake virava noites com os melhores funcionários. "Às vezes, eu trabalhava a noite toda, então voltava e trabalhava o dia todo também. Era bem complicado às 5 da manhã", diz ela. As linhas telefônicas do NIC começavam a funcionar às 5 horas da manhã, para atender a Costa Leste, e ficavam abertas até meia-noite — e, embora só houvesse um telefone quando Jake chegou, na sua partida, em 1989, o NIC já contava com seis aparelhos, que tocavam sem parar com perguntas de todos os cantos do país. Era uma central de atendimento da internet: a equipe de referências de Jake redirecionava os requerentes para quem estivesse mais preparado para responder suas dúvidas, ou então buscavam as informações na crescente biblioteca de documentos do NIC. Ainda assim, nunca davam conta da demanda.

Jake usava a própria ARPANET para se manter atualizada sobre a rede. Usando seu terminal conectado, ela entrava em contato com colegas do laboratório — através de um chat em tela que chamavam de "linking" — e com sites do país inteiro, muitas vezes falando com pessoas que nunca havia conhecido ao vivo. Ela participava de conversas técnicas no Request for Comments (RFC), um memorando contínuo interescritório, escrito coletivamente por pesquisadores de toda a ARPANET. Embora os primeiros RFCs fossem impressos, assim que o NIC os subiu para a rede eles se tornaram um ponto de encontro compartilhado, como um quadro de avisos virtual. Quando a importância do RFC ficou evidente, Jake, sua colega Joyce Reynolds e um grupo de pesquisadores da ARPANET batizado de Network Working Group os editou nas anotações técnicas oficiais da internet, definindo convenções que usamos até os dias de hoje. Os RFCs são relíquias de uma época em que a internet ainda era pequena o bastante para quase todo mundo on-line conseguir participar de uma mesma conversa. Isso, é lógico, rapidamente ficou impossível, mas foi para essa imensidão — essa explosão refratária e rebelde de informações, conexões e pessoas — que Jake fez suas mais significativas contribuições.

Nada disso deixava espaço para qualquer outra coisa. Jake tinha dificuldade em manter contato com amigos fora do trabalho, sobretudo conforme as operações do NIC aumentaram e ela começou a viajar sem parar, coordenando as atividades da ARPANET entre Washington e os sites hospedeiros mais importantes do país. Como muitas mulheres da computação na época, não houve possibilidade de equilibrar vida pessoal e carreira. "Eu sempre quis me casar",[23] diz ela, "mas nunca encontrei o momento certo". Ainda assim, nada era melhor do que sair para comer panquecas às 5 da manhã depois de uma longa noite no laboratório, ou encher o prato em um bufê de comida chinesa com um grupo de hackers para discutir quem servia as melhores guiozas, a Costa Leste ou Oeste. Quando ela entrou no Hall da Fama da Internet em 2012, Jake reconheceu como sua sorte e sua determinação a colocaram em um lugar especial, em um momento verdadeiramente crucial da história. "A internet era mais divertida que uma briga de bar",[24] disse ela. "Estando na internet desde o começo, eu me diverti muito além do que poderia imaginar." Para celebrar marcos da internet — os primeiros cem hosts, a troca bem-sucedida de um protocolo para outro —, eles davam festas na sala de reuniões. Certa vez, no auge da primavera, Jake comprou caranguejos e aspargos frescos para todos do NIC. "Ela queria dar uma festa do caranguejo",[25] explica Mary Stahl com uma risada.

"Eles eram como a minha família",[26] lembra Jake.

WHOIS JAKE FEINLER?

Os projetos de Jake no NIC, de uma forma ou de outra, acabavam sendo essenciais. Como a ARPANET inicial era só um grupo de endereços de sites hospedeiros gerenciados por pessoas diferentes espalhadas pelo país, o Manual de Recursos do NIC era basicamente a única ferramenta de navegação. Mesmo impresso, ele foi o primeiro navegador da internet. E o Diretório da ARPANET, as "páginas amarelas" da internet feitas por Jake, predisseram em décadas a nossa era de conexões sociais pesquisáveis e compartilháveis. Essas duas ferramentas simples e inovadoras com o tempo se tornariam parte da ARPANET, a rede absorvendo o papel do NIC em si mesma. Como Grace Hopper com sua programação automática, Jake se substituiu por uma máquina.

Conforme o Diretório da ARPANET — as páginas amarelas da internet — crescia junto com a rede, Jake tomou decisões importantes sobre como as coisas deveriam ser feitas. Uma era filosófica: como a comunidade dos primórdios da internet era uma estranha mistura de militares, cientistas da computação e um ou outro estudante, ela insistiu para que apenas nomes, sem títulos formais, fossem incluídos no diretório. Acompanhar a hierarquia militar era um pesadelo, e, mais importante, os anos 1970 foram turbulentos — é a mesma época em que a comuna do Project One estava iniciando seu People's Computer. Na ARPANET, "um moleque hacker poderia trocar ideias[27] com um ganhador do Nobel, e alguém que protestava contra a Guerra do Vietnã poderia conversar com soldados recém-chegados de lá." Manter essas afiliações fora das páginas amarelas criava um ponto de partida comum, estabelecendo na internet um espírito festivo e igualitário que permaneceu por décadas e permitiu o desenvolvimento de uma comunidade sem fronteiras.

Quando o diretório de papel ficou grande demais para ser atualizado, Jake decidiu criar uma ferramenta para encontrar pessoas dentro da própria rede. Ela estabeleceu um novo servidor no NIC chamado WHOIS. "O WHOIS era provavelmente um dos nossos maiores servidores",[28] explicou ela. "Paramos de atualizar o diretório, que basicamente era uma lista telefônica da rede, e colocamos toda aquela informação no WHOIS. Então você podia dizer 'WHOIS Jake Feinler' e o servidor retornaria com meu nome, endereço, filiação na rede, esse tipo de coisa." Era o protótipo do perfil de usuário. A equipe do NIC mantinha o banco de dados do WHOIS atualizado, permitindo que as pessoas se encontrassem on-line. O WHOIS ainda existe: ele evoluiu nos últimos quarenta anos, mas permanece um programa central na internet, acompanhando "quem é" o responsável por qualquer domínio, site ou serviço. Isso nos ajuda a identificar quem controla quais recursos on-line, um serviço que se torna cada vez mais importante conforme as fontes de informação parecem retroceder em uma deliberada obscuridade. O WHOIS

138 A HISTÓRIA DESCONHECIDA DAS MULHERES QUE CRIARAM A INTERNET

simplesmente[29] mantém a internet democrática, como já comentou um especialista político.

A mesma coisa aconteceu com a Host Table. Quando a equipe de Jake no NIC ficou responsável por administrar o registro central da ARPANET, em 1974, era só um arquivo de texto: um documento em ASCII listando nomes e endereços numéricos de cada máquina na ARPANET, que os sites hospedeiros (hosts) baixavam diretamente do NIC. Mas, conforme a rede cresceu, o número de servidores ameaçava exceder o espaço disponível na Host Table, e o arquivo ficou tão pesado que alguns dos hosts menores não conseguiam acessá-lo. Além disso, nem todos os sites ofereciam informações atualizadas para o NIC, e a colega de Jake, Mary Stahl, que havia sido promovida de assistente de pesquisa a mestre dos servidores, descreve a tarefa bissemanal de edição e revisão manual das centenas de endereços da Host Table como um "trabalho muito pesado"[30] e sem reconhecimento. "Ninguém comentava: 'Ah, bom trabalho você está fazendo com a Host Table'", conta ela, e ri. "Era sempre o que havia de errado." No início dos anos 1980, era óbvio que aquele sistema "complicado e ineficiente"[31] de manutenção de uma Host Table centralizada nunca melhoraria.

Os RFCs explodiram com comentários sobre sistemas alternativos para acompanhar todos os hosts da rede. A maioria concordava que o novo sistema deveria ser hierárquico — embora parecesse estar na natureza da internet crescer de forma descentralizada, era óbvio para a maioria que um sistema razoável de nomeação e endereçamento seria essencial para evitar que a rede se transformasse em um caos completo. A comunidade decidiu por um sistema de estados-nação: dividiriam hosts em diferentes reinos ou "domínios". Como os hosts se organizariam dentro de cada domínio seria algo definido por eles, contanto que seguissem um formato-padrão de endereçamento, que é reconhecível por qualquer pessoa hoje: os endereços dos hosts ficariam como host.domínio, e os usuários em cada host se identificariam como usuário@host.domínio, o equivalente digital a um endereço com CEP. Mas como esses domínios se chamariam? Jake sugeriu dividi-los em categorias genéricas,[32] baseadas em onde ficavam seus computadores: hosts militares seriam .mil, hosts educacionais seriam .edu, hosts governamentais .gov, organizações .org, e por aí vai. Entidades comerciais ainda não faziam parte da internet, mas para preencher aquele campo, Jake e seus colegas debateram as opções .bus para *business* e .com para *commercial*. Jake preferia .bus, mas já havia alguns componentes de hardware que usavam essa extensão, então ficou decidido que se usaria .com — este é o domínio que mais utilizamos hoje e diz muito sobre o que a rede se tornou.

Jake não era uma cientista da computação, mas ela sabia dar sentido a sistemas complexos, e suas contribuições para a internet têm a ver com a construção de uma estrutura organizacional que desse ao sistema a maior chance possível de permanecer coerente, mesmo com um crescimento rápido e desestruturado. Ela contratou e treinou um círculo de mulheres que trabalhavam horas extras para garantir que as ferramentas básicas de navegação da rede — o manual, os endereços e o mapa — estivessem atualizadas e corretas. Naqueles dias iniciais, era muito empolgante dividir recursos computacionais em uma rede, mas — com a relação mútua entre interesses acadêmicos e militares, o interesse natural das pessoas em usar a internet para propósitos sociais e a incrível complexidade de manter o novo sistema funcionando — essa empolgação poderia ter se tornado um desastre. Jake passou a carreira inteira garantindo que a jovem internet estivesse sempre arrumada, rotulada e confirmada; sem o NIC, provavelmente ela não teria funcionado.

A internet é uma coisa curiosa. Tanto hoje quanto no passado, sempre foi uma *coisa*: um pilar infraestrutural de complexidade imensurável, um tapume em torno da vida moderna que se tornou mais forte que o próprio prédio, que parece ter desmoronado sob seu peso. E ainda assim, apesar de sua inerente fisicalidade — os roteadores, as trocas, os postes telefônicos, os cabos de fibra óptica atravessando o oceano —, insistimos na crença de que a internet é rudimentar, uma nuvem. Esse fenômeno pode ser rastreado até sua origem, na época de Jake. O hardware era construído com um propósito: dividir recursos computacionais entre universidades e laboratórios. Mas a internet enquanto meio de comunicação praticamente surgiu por vontade própria, transformando o computador de calculadora em uma caixa repleta de vozes. Jake, tentando

140   A HISTÓRIA DESCONHECIDA DAS MULHERES QUE CRIARAM A INTERNET

acompanhar seus e-mails desde o início, só conseguia ver o futuro como ele é: uma era de informação. E informação, como dizem por aí, é poder.

Em alguns lugares, a influência do NIC era vista como ameaçadora, e até contestada. "Acho que havia muito mal-estar",[33] conta Mary Stahl, "quanto ao fato de o NIC ter tanto poder. Nós éramos a fonte dos dados". Alguns na comunidade técnica da ARPANET resistiam ao papel que o NIC tinha de repositório central de todos os documentos mais importantes da rede. "Eles não queriam que o NIC fosse tão poderoso, porque a gente não tinha histórico técnico."

O surgimento de tal poder está começando a parecer familiar. O trabalho que o NIC fazia a princípio era, ostensivamente, administrativo: a ideia consequente de colocar os recursos disponíveis na ARPANET no papel para agradar os fundadores, e depois manter um registro dos contatos e das coordenadas de cada recurso. Que a informação em si ganharia tal importância, tornando-se a moeda de troca real do século das redes, foi tão imprevisível quanto a arte revolucionária da programação havia sido na geração anterior. Aqui, mais uma vez, estavam as mulheres, elevando o mundano, identificando o componente humano que faltava em uma tarefa tecnológica complexa. É um pouco como a revelação de Jake sobre os militares que nunca tinham tocado em um teclado: ninguém conhece o sistema melhor que seus operadores, os bibliotecários e as secretárias. "O propósito principal da internet[34] era empurrar informações de um lado para outro", diz Jake. "Então tinha que haver alguém que organizasse essas informações." Quem mais faria isso se não as mulheres que já estavam ali, atendendo ao telefone cujo número todos sabiam de cor?

RADIA

Existem diferentes tipos de informação, ou, melhor, diferentes níveis de especificidade em relação à informação. Jake lidava com a granular: pessoas, lugares e coisa da ARPANET. Perto do fim da nossa conversa, ela me conta sobre as pessoas que, na sua opinião, tiveram mais influência sobre a jovem rede. Eram os engenheiros, é lógico, e depois pessoas como ela, com históricos diferentes, que lidavam com a parte da informação. E depois vieram as pessoas que, logo de início, deram ênfase à importância de "descobrir o melhor conjunto de protocolos[35] para lidar com o tráfego. Em outras palavras, a criação da rede em si". Quando ela menciona isso, pergunto-me se está pensando em uma conhecida — uma mulher que encontrou no início dos dias no NIC, em uma visita a outro host da ARPANET. Pergunto-me se está pensando em Radia Perlman.

Bem quando Jake Feinler cogitava se aposentar, Radia Perlman vinha se preparando para aumentar a capacidade da rede para alcançar o mundo inteiro. Assim como Jake, ela passaria sua carreira criando respostas simples para problemas funcionais complexos, soluções que se tornariam cada vez mais importantes conforme a rede crescia. Radia, que usa o longo cabelo grisalho dividido ao meio e fala com uma voz beatificamente calma, odeia quando as pessoas a chamam de "a mãe da internet". Ainda assim, ela parece não conseguir se livrar do título. Radia, feminino de rádio.

No início dos anos 1970, Radia era uma de apenas cinquenta mulheres numa turma de quase mil alunos no MIT. No dormitório misto, era a única garota residente. Ela nunca via outras alunas nas aulas de matemática. Quando cruzava os olhos com outra garota no campus, seu pensamento era "Nossa, ela parece deslocada aqui",[36] antes de lembrar de que provavelmente também pareceria deslocada se pudesse ver a si mesma. No seu primeiro emprego na área de programação, os colegas com quem trabalhava "faziam coisas com a intenção de ser amigáveis ou impressionar", como sentar ao seu lado enquanto ela trabalhava, apontando tudo que ela fazia de errado. A dinâmica a deixava tão envergonhada que Radia modificou sua carreira: na graduação, criou um sistema de ensino de programação para crianças usando controles táteis e botões, sem querer inventando o campo da computação tangível, mas ela desistiu porque temia que, passando tanto tempo com "criancinhas fofas", nunca seria levada a sério como cientista.

142 A HISTÓRIA DESCONHECIDA DAS MULHERES QUE CRIARAM A INTERNET

Jake Feinler viu Radia pela primeira vez quando visitou o MIT, o host da ARPANET no qual garotos dominavam os computadores. Embora Radia fosse só uma aluna da graduação, ficou guardada na memória de Jake por organizar um ato feminista no laboratório de inteligência artificial, onde trabalhava junto com os colegas programadores intrometidos. "Ela estava ocupada libertando os banheiros",[37] lembra Jake. "As mulheres tinham que descer alguns andares para usar o banheiro, enquanto o masculino era no mesmo andar dos computadores. Achei aquele um conceito interessante: libertar os banheiros." Radia conta que não era nada assim tão revolucionário. Ela só colocava cartazes dizendo: "Este banheiro não discrimina por gênero, altura ou quaisquer outras características irrelevantes." Ela era a única mulher no laboratório, mas ainda assim eles a fizeram tirar os cartazes. Muitos anos depois, quando era uma funcionária de alto escalão na Intel, ela dizia aos visitantes que tinha um banheiro particular. Eles ficavam impressionados até vê-la entrar no banheiro feminino comum. "Quanto mais sênior é seu cargo,[38] menos mulheres", explica ela.

A mãe de Radia era uma programadora de computadores na época das máquinas de cartões perfurados e escreveu um dos primeiros assemblers (montadores) enquanto trabalhava para o governo. Quando Radia era criança, era sua mãe quem a ajudava com o dever de casa de matemática e ciências, mas ela não herdou seu amor pelo hardware. "Eu não tinha nenhum interesse por computadores", diz Radia. Ela preferia desafios de lógica e música, e, embora fosse muito bem na escola, fantasiava em segredo que um menino a superaria em matemática e ciências um dia. "Meu plano era me apaixonar e casar com ele", conta ela. Mas isso nunca aconteceu. Ela sempre foi a primeira da turma.

O primeiro contato de Radia com computadores, no ensino médio, foi em uma aula extracurricular de programação que uma professora dedicada encontrara para ela. Radia descobriu que todos os colegas da turma desmontavam rádios desde os 7 anos e, de quebra, conheciam vocabulário específico de computação, tipo "input". Ela achava que nunca conseguiria chegar aos pés deles. "Jamais desmontei nada",[39] conta ela. "Partia do princípio de que ia quebrar a coisa ou ser eletrocutada." Na sua aula de introdução à ciência da computação no MIT, o laboratório devolveu seu primeiro programa com um recado raivoso. Havia alguma coisa terrivelmente errada no seu código, algo que fez o computador entrar em parafuso e desperdiçar resmas e resmas de papel. Até hoje, Radia diz que é uma "última adepta" e, embora tenha conseguido se entender com a programação, acabou desistindo nos anos 1970. Ela ouviu os mesmos mitos incessantes que todas ouvimos sobre o que é necessário para ser um bom engenheiro: desmontar eletrônicos desde a infância e ter uma personalidade focada, com uma atenção quase obsessiva aos detalhes técnicos. "Sem dúvida, pessoas assim[40] são muito valiosas", diz ela, "mas não são capazes de fazer o que pessoas como eu conseguem".

Radia cria algoritmos de roteamento: as regras matemáticas que determinam o fluxo de informação por uma rede. Ela começou nesse ramo quando largou o mestrado para aceitar uma vaga na Bolt, Beranek & Newman, onde se apaixonou por redes, mas era ignorada por seus colegas com tanta frequência que certa vez fez uma apresentação inteira sobre a solução de um problema existente de roteamento complexo só para, ao final, o homem que liderava a reunião anunciar a existência de um complexo problema de roteamento que precisava ser resolvido — exatamente o mesmo para o qual Radia acabara de apresentar uma solução. Ela ficou magoada, mas não surpresa. Felizmente, um representante da Digital Equipment Corporation, a DEC, aproximou-se após a reunião. "Ele perguntou: 'Você está satisfeita profissionalmente?'[41] E respondi: 'Acho que sim.' E ele falou: 'Você foi completamente ignorada na reunião, isso não a incomoda?' E eu disse: 'Não, estou acostumada. Todo mundo me ignora.'"

Ele lhe ofereceu uma vaga na hora.

Quando ela trabalhou na DEC durante os anos 1980, ainda era normal que os programadores fumassem sem parar em seus cubículos, o que fez com que Radia levasse três anos para se dar conta de que era alérgica à fumaça do cigarro. "Eu estava sempre com a pior gripe do mundo",[42] conta ela. "Aonde quer que eu fosse, tinha que levar um cesto de lixo e uma caixa com lenços de papel, e assuava o nariz sem parar, *nojento demais...* Eram espirros tão altos que dava para ouvir no prédio inteiro. Certa vez, entrei na sala e espirrei, e alguém comentou: 'Ah, Radia chegou.'" Quando ela foi ao médico e se deu conta de que nem mesmo estava doente, ameaçou pedir demissão, mas a empresa fez com que ela em vez disso terminasse o mestrado. Quando acabou, a DEC tinha resolvido o problema "enviando um memorando com a mensagem:[43] 'Não fumem no prédio'", conta Radia, rindo. De volta ao trabalho, ela criou protocolos que teriam um efeito indelével na estabilidade e robustez de todas as redes de computador.

"ALGORRIMA"

Radia pensa de forma conceitual e, quando descreve sua estratégia de trabalho, parece muito com Betty Holberton das Seis do ENIAC, que gostava de lidar com os problemas por partes, como um radar. Radia diz que é como "se afastar da complexidade[44] de uma implementação para enxergar as coisas de outra maneira". Ao remover detalhes irrelevantes e se concentrar em uma coisa de cada vez, Radia consegue encontrar soluções mais simples para problemas complexos. E por conta de suas primeiras experiências com programação, ela valoriza a facilidade de uso acima de tudo. "Eu tento criar coisas [45]que alguém como eu gostaria de usar", explica ela, "o que significa que elas *funcionam*, e você nem precisa esquentar a cabeça."

Em 1985, Radia estava na DEC. Na época, a Ethernet — uma tecnologia para conectar computadores localmente, como em um mesmo prédio, por exemplo — estava se tornando o padrão mundial, ameaçando substituir alguns dos protocolos mais sofisticados que eram a especialidade de Radia. Mas a Ethernet só conseguia suportar em torno de até cem computadores por vez, antes que os pacotes de informação navegando pela rede começassem a colidir e ter a trajetória interrompida, como numa conferência telefônica. Isso significava que a tecnologia nunca conseguiria aumentar em escala. O gerente de Radia na época pediu que ela "inventasse uma caixa mágica"[46] que resolvesse as limitações da Ethernet sem ocupar mais espaço na memória, não importando o tamanho da rede. Ele fez esse pedido em uma sexta-feira, antes de sair de férias por uma semana. "Ele achou que seria difícil",[47] conta Radia. Naquela mesma noite, Ela acordou subitamente com a solução. "Eu me dei conta: nossa... é ridículo,"[48] diz ela. "Sei *exatamente* como resolver e posso provar que vai funcionar."

Como todas as melhores inovações, era simples. Os pacotes de informação não poderiam todos viajar pelas mesmas rotas sem atrapalhar uns aos outros, então era necessário criar rotas únicas entre cada computador e a rede. Esses caminhos não eram circulares — nada de voltar do ponto A ao ponto B. O algoritmo de Radia criava rotas automáticas para cada pacote baseadas em uma árvore de extensão, um tipo de gráfico matemático que conecta pontos sem redundâncias. Não só isso resolvia o problema da Ethernet como também era infinitamente multiplicável e se autocorrigia: se um computador da rede cai, como sempre acontece, o protocolo de árvore de extensão (*spanning tree protocol* em inglês) determina uma nova rota para o pacote. Esse é o toque especial de Radia. Ela cria sistemas que funcionam com mínimas intervenções, através de configurações e estabilizações automáticas. Essa estratégia torna uma grande rede de computadores como a internet possível. Como ela disse em 2014, "sem mim, a internet e cairia com um sopro".[49]

Radia tirou o restante do fim de semana de folga depois de criar o protocolo de árvore de extensão. Ela escreveu as especificações na segunda e na terça-feira. Seu gerente ainda estava de férias, e como isso foi muito antes de todos olharem seus e-mails 24 horas por dia, Radia não tinha como dividir sua vitória com ele. Sem conseguir se concentrar em mais nada, ela decidiu escrever um poema. Foi até a biblioteca para pegar emprestados os primeiros versos   "Parece me que nunca ninguém há de/ ver poema tão belo como a árvore" — de um poema de Joyce Kilmer que sua mãe adorava. "A bibliotecária também se lembrava vagamente do poema", diz ela, mas só conseguiram encontrar uma breve menção a ele na enciclopédia. Então, Radia ligou para a mãe, a programadora aposentada que tinha ajudado a filha na infância com os deveres de matemática e ciência, e lhe pediu para recitar o poema. Sua mãe tinha uma memória de elefante. "Ela respondeu: 'Sem problemas', e declamou[50] o poema pelo telefone para mim." A partir dele, Radia transcreveu em versos o seu algoritmo da árvore de extensão:[51]

```
Algorrima
```

Parece-me que nunca ninguém há de
ver gráfico tão belo como a árvore.
Árvores cuja crucial propriedade
é sua direta conectividade.
Árvores que com extensão articulam
e entregam pacotes em cada LAN.
Primeiro, a raiz é decidida,
por ID é escolhida.
Caminhos ligeiros da raiz são desenhados.
Na árvore, os caminhos são colocados.
Pessoas como eu fazem a conexão
que liga enfim a árvore de extensão.

Quando o chefe de Radia voltou para o trabalho na segunda-feira seguinte, encontrou duas coisas esperando por ele em sua mesa: as especificações do protocolo da árvore de extensão e o poema, que já tinha ganhado proporções épicas nos grupos da engenharia de redes. Muitos anos depois, o filho de Radia musicou o *Algorrima*, e Radia e a filha, que é cantora de ópera e violinista, apresentaram a versão musical do poema no Lincoln Laboratory do MIT. Quanto ao protocolo da árvore de extensão, o STP fez com que a Ethernet passasse de uma tecnologia limitada e localizada para algo que poderia suportar redes muito maiores, e que até hoje é fundamental para a forma como os computadores funcionam em rede. Esse protocolo é a contribuição mais famosa, embora nem de longe seja a única, de Radia para a computação em rede. Seu trabalho pode até ser invisível para o usuário comum, mas é invisível da mesma maneira que leis ou regras de trânsito: ele dirige o fluxo de informações em um nível abaixo da nossa consciência. "Enquanto eu estiver fazendo meu trabalho direito",[52] explica ela, "você nunca vai perceber que ele existe."

Capítulo nove
COMUNIDADES

Eu gosto de olhar pela janela em viagens de avião. É reconfortante ver a ordem do mundo do alto, como até as maiores e mais caóticas cidades se transformam em sistemas compreensíveis, suas regras invisíveis de repente compreensíveis à distância. Mesmo Los Angeles, uma cidade nada organizada ou racional, faz sentido de cima: uma concentração de centros urbanos que crescem radialmente, até que suas bordas se tocam e se misturam em um só ambiente urbano que causa estranheza a quem vem de fora. Como o crítico arquitetônico Reyner Banham percebeu, a espinha dorsal do cidadão angeleno — carros e longas avenidas — revela um crescimento impressionante e quase geológico de comunidades, todas sobrepostas e misturadas. "Aprendi a dirigir[1] para ler Los Angeles na sua forma original", escreveu ele em 1971.

A internet se desenvolveu da mesma maneira, em uma expansão simultânea de muitos pontos. Lê-la no original não é mais possível, embora existam relíquias que sirvam de evidências: os RFCs em que os pioneiros da ARPANET discutiam as regras da internet, arquivados on-line juntamente com centenas de outros documentos que Jake tirou do lixo, e as entranhas do quadro de mensagens do Memória da Comunidade, preservadas em impressões frente e verso em papel contínuo matricial em um arquivo de museu. Mas, assim como as comunidades de Los Angeles alegremente misturadas, muito do que era tão bonito nos primeiros postos avançados da cultura da internet se perdeu em meio a cor, ruído e tempo.

148   A HISTÓRIA DESCONHECIDA DAS MULHERES QUE CRIARAM A INTERNET

O e-mail foi o aplicativo que matou a ARPANET: graças à introdução das mensagens instantâneas, a rede criada para pesquisa acadêmica logo se tornou um meio de comunicação, com bate-papos puramente pessoais predominando e eclipsando o compartilhamento de recursos e aplicações militares, "como pegar um tanque[2] para dar um passeio", observa um historiador. Esse parece ser o caso sempre que computadores estão conectados: ficamos on-line para procurar informações, mas na maioria das vezes nossa intenção é encontrar uns aos outros.

No final dos anos 1970 e início dos anos 1980, a ARPANET mudou de mãos: foi da Agência de Projetos de Pesquisa Avançada de Defesa (Darpa) para a Agência de Comunicações de Defesa, e depois para a National Science Foundation, crescendo à revelia de quem estivesse no comando, até ser aberta para fins comerciais no início dos anos 1990. Ao mesmo tempo, outros polos de comunicação começavam a surgir nos Estados Unidos e no mundo, fomentados pela invenção do computador pessoal. Como o Memória da Comunidade, eles funcionavam como quadros de avisos eletrônicos, mas não eram mais terminais de acesso público à base de moedas. Em vez disso, essa nova geração[3] era acessada de casa pelos primeiros usuários com microcomputadores e modems, usando um software de servidor chamado BBS: *bulletin board system*, ou sistema de quadro de avisos.

Um modem modula e depois desmodula uma onda portadora antes e depois de enviá-la por uma linha telefônica. É uma tecnologia relativamente antiga (a empresa AT&T tornou-a padrão no início dos anos 1960); o próprio modem conectando o terminal da Leopold's Records ao Resource One já era um telefone fixo mais chique. Quando modems mais rápidos surgiram, os primeiros usuários do BBS filtravam suas ondas pela peneira mais fina de seus computadores montados em casa, conectando-se a postos avançados dentro da própria área telefônica. O custo de ligações de longa distância era um limitador natural, mantendo cada BBS enraizado ao seu local de origem, pelo menos durante os horários de maior tráfego, em que as contas telefônicas disparavam. Administradores de rede (ou

COMUNIDADES 149

"sysops") impacientes melhoraram o código original para desenvolver uma matriz impressionante de variáveis para os primeiros hardwares de computadores pessoais primitivos. Tal como seu predecessor de cortiça, o BBS começou como um sistema de troca; tal como o Memória da Comunidade, transformou-se em um universo próprio.

Algumas comunidades, percebendo a utilidade daquilo, investiram em redes comunitárias, ou FreeNets: pontos de acesso para troca de informações locais e diálogo entre vizinhos. Muitas surgiram no Meio-Oeste norte-americano, onde a conectividade era limitada. Entre elas estavam a Big Sky Telegraph, uma rede BBS em escolas rurais em Montana, a Telluride InfoZone, um dos primeiros sistemas de informação baseados em internet, e a Boulder Community Network, que permanece ativa até hoje. Madeline Gonzales Allen, uma engenheira de sistemas que largou o emprego na AT&T para construir redes comunitárias depois que a natureza selvagem do Colorado e de Utah "tocou seu coração",[4] desenvolveu duas dessas, movida por uma visão de "comunidades se unindo e decidindo como queriam usar a então nascente internet pública em benefício dos seus cidadãos", em vez de deixar isso nas mãos de uns poucos.

Tirando as FreeNets, até a adoção popular da World Wide Web no final dos anos 1990, as conexões discadas locais por BBS eram a principal maneira de as pessoas com computadores pessoais ficarem "on-line". Conforme a ARPANET percorria seu longo caminho até as mãos dos civis, o BBS preencheu essa lacuna. Isso representa quase vinte anos de cultura de rede. Durante esse tempo, quase 150 mil BBSs individuais surgiram nos Estados Unidos. Mesmo quando uma metarrede, a FidoNet, surgiu e conectou nacionalmente todas as conexões locais, as características locais de cada uma foram preservadas.

Seria irônico dizer que as mulheres eram bem representadas nessa cultura. Em um documentário em cinco partes[5] sobre BBS, provavelmente o registro mais aprofundado sobre as origens das redes que jamais veremos, a maior parte dos entrevistados era masculina. Os BBS eram como a Radiocidadão: uma utopia tecnológica. Alguns sysops tornaram tradição fechar seus boards para novos usuários nos meses depois do Natal, de tão intolerável que era o influxo anual de guris de 12 anos com modems novinhos em folha postando "Van Halen é o máximo!".[6]

Aliza Sherman, uma desenvolvedora que criou alguns dos primeiros sites para mulheres (cybergrrl.com, webgrrls.com e femina.com), tem uma ótima história sobre estar on-line nessa época. Era 1987 e ela acabara de comprar seu primeiro modem. Estava dando uma olhada no BBS da cidade de Nova York quando uma frase apareceu na sua tela: Quer teclar? Ela deu um pulo na cadeira, imaginando que o computador estava falando diretamente com ela. Depois de se acalmar, percebeu que a mensagem tinha vindo de uma pessoa de verdade, um adolescente de 14 anos do Brooklyn. Isso foi muito revelador: sua "primeira percepção de que eram pessoas,[7] não só computadores, que estavam do outro lado da linha telefônica". Essas pessoas eram garotos adolescentes.

YOWOW

Havia lugares on-line para adultos. Em Sausalito, o mesmo tecnoidealismo que criara o Memória Comunitária e o Resource One uma década antes deu à luz o The WELL, um BBS para intelectuais da Costa Oeste. Era um esforço conjunto de Larry Brilliant, um epidemiologista dono de uma empresa de conferências via computador, e Stewart Brand, editor da *Whole Earth Review*. Brand era conhecido como um conector — a contracultura usou a *Whole Earth Review* para encontrar fornos solares, sanitários compostáveis e livros radicais por quase uma geração — e um escriba sobre tecnologias disruptivas. "Tudo que os softwares fazem é gerenciar símbolos",[8] escreveu ele em 1984.

Os BBS tinham uma reputação de serem um domínio nerd, mas o The WELL era diferente. Fãs das publicações da *Whole Earth Review* se conectavam para conversar com escritores, editores e personagens da sua revista favorita, esperando discussões que Brand e seu grupo ficavam felizes em proporcionar. O The WELL oferecia um serviço de assinatura, e a comunidade entrava com o suporte técnico, uma equipe inteira a postos para responder perguntas e tirar dúvidas sobre sua confusa interface textual, uma plataforma chamada PicoSpan que exigia um tanto de dedicação para se aprender a lidar.

O The WELL era único no mundo dos BBS, e sua equipe também. Stewart Brand "queria fazer um experimento",[9] conta Nancy Rhine, uma funcionária dos primórdios do The WELL. "Ele queria ver o que aconteceria quando pessoas com capacidade de construir comunidades na vida real fizessem a transição para explorar esse talento em mundos virtuais." Nancy era uma dessas pessoas: ela chegou à Bay Area vinda da The Farm, uma comuna no interior do Tennessee fundada por um grupo de hippies que montou uma tenda no final de uma viagem pelo país de ônibus em 1971. A maior parte dos primeiros funcionários do The WELL foi contratada a partir da The Farm: pessoas que juntaram suas coisas e foram para o Oeste depois de uma década de agricultura orgânica, casamentos polígamos, partos naturais e LSD.

Naomi Pearce, uma jornalista especializada em tecnologia que descobriu a comunidade no final dos anos 1980, diz que quando entrou "foi como se eu estivesse presa no meu apartamentinho e alguém tivesse aberto[10] uma porta, e eu pudesse ver o resto do mundo". Naomi é uma deadhead, como muitos dos usuários do The WELL naquela época — fãs do Grateful Dead estavam entre os primeiros adeptos, trocando fitas falsificadas em redes underground muito antes do surgimento da internet. Esse tempero afetou a cultura. Até hoje usuários do The WELL chamam a si de "WELLbeings" e mandam "raios" para apoiar uns aos outros. O The WELL tinha o entusiasmado frescor de uma fronteira em expansão ou de um país escrevendo sua constituição após uma revolução. O mais perto que o grupo tinha de uma lei era um axioma repassado por Stewart Brand: *You Own Your Own Words* (Você é dono de suas palavras, em tradução livre). Ou, como os WELLbeings dizem,[11] Yoyow.

152 A HISTÓRIA DESCONHECIDA DAS MULHERES QUE CRIARAM A INTERNET

Quando a National Science Foundation, que herdou a ARPANET dos militares e a reconstruiu com um backbone mais rápido, começou a retirar as restrições comerciais da internet no início dos anos 1990, o The WELL se tornou um dos primeiros provedores comerciais de serviços de internet. Nancy Rhine fazia um pouco de tudo no negócio emergente: mantinha a contabilidade em dia, cocriou o manual, atendia ao telefone e dava suporte a usuários internacionais. Ela se inscreveu em uma comuna eletrônica, mas percebia uma grande diferença entre o The Well e a The Farm, que ainda é famosa por sua escola de parto natural humanizado. A comunidade do The WELL podia vir do mundo todo, mas ainda era essencialmente masculina. "The WELL significava Whole Earth 'Lectronic Link,[12] mas não representava o planeta todo", diz Nancy. "O grosso era provavelmente de caras brancos de 30 anos."

ECHO

Nem todo mundo é um cara branco de 30 anos, e nem todo mundo é fã do Grateful Dead.

Temos como exemplo Stacy Horn, estudante de pós-graduação em Nova York. Quando entrou no The WELL no início dos anos 1980, ela manteve distância dos deadheads. Havia conversas variadas o bastante para garantir seu interesse: com tantos jornalistas, ex-hippies e programadores[13] de computador amadores, entrar no The WELL era como visitar a Califórnia pelo preço de uma ligação de longa distância. Só um clique separava seu apartamento em Manhattan daquele grupo de estranhos com um brilho nos olhos e seu característico ar da Costa Oeste. Mas, quando a empolgação passou — junto com a chegada da primeira conta telefônica —, Stacy começou a se sentir deslocada. Como qualquer nova-iorquina de férias na Califórnia, o sol lhe fez bem, mas seu coração estava longe dali.

Stacy estava inscrita no Programa de Telecomunicações Interativas da NYU (New York University) — uma pós-graduação em tecnologia criativa que é parte laboratório, parte *think tank* —, então passar algumas tardes em um BBS era quase dever de casa. Embora estudasse computadores, Stacy não queria discutir sobre eles on-line. Ela queria falar sobre literatura, cinema, cultura e sexo. Ela desejava um lugar para flertar, fofocar e debater. Ela queria outras mulheres por perto e amigos que tivesse alguma chance de conhecer na vida real. Acima de tudo, ela ansiava por algo que parecesse Nova York — mais tecno-hipster que tecno-hippie. "Eu não vou mandar raio[14] pra ninguém", reclamou ela no seu livro de 1998, *Cyberville*. "Não faz meu estilo. Mas com baixa autoestima eu consigo me identificar."

Em 1988, uma amiga no The WELL perguntou a Stacy quando ela ia começar o próprio BBS na Costa Leste. A ideia não tinha lhe ocorrido, mas a relativa segurança da universidade estava acabando, e ela não tinha planos para o futuro. No tempo que levou para digitar sua resposta, ela decidiu: começaria o The WELL para nova-iorquinos. Ela criou o nome na hora, East Coast Hang-Out. Echo. Stacy não era — nas suas palavras — uma "nerd". Tampouco uma empresária. Mas era boa lidando com pessoas, e as coisas técnicas podiam ser aprendidas. Seu tempo no The WELL havia lhe ensinado o básico: comunidades on-line se formam espontaneamente quando dois ou mais indivíduos descobrem que gostam das mesmas coisas. As pessoas entram na internet em busca de informação e permanecem nela em busca de companhia. Ninguém posta em um vácuo. Nós partilhamos, para o bem ou para o mal, juntos. Ela se deu conta de que, se conseguisse fazer os nova iorquinos entrarem em um BBS e começarem a conversar, eles ali ficariam. Talvez até pagassem por esse privilégio.

Stacy largou uma aula eletiva e criou seu plano de negócios. "Não é como se eu fosse uma visionária",[15] diz ela. Conferências* por computador obviamente seriam populares, porque todo mundo que entrava ficava viciado. "Você só precisava acessar uma conferência (sala). Era divertido,

---

* Em BBS, as "salas" de bate-papo são chamadas de "conferências". [*N. da R.*]

logo de cara. Dava para *ver*." Mas a certeza de Stacy estava longe de ser universal. Em 1988, tirando os tecno-hippies da Bay Area e adolescentes tiranos nos BBS, poucas pessoas tinham realmente parado e tentado. Sites só viriam a existir dali a três anos, e um navegador decente para visitá-los seria criado somente em 1993. Conexões com a rede principal da internet ainda estavam em grande parte restritas a agências governamentais, a empresas privadas fazendo negócios com o governo e a universidades.

Quando Stacy levou sua proposta ao banco, "as pessoas *literalmente* riram[16] de mim. Me olharam como se eu fosse a maior idiota do mundo por sequer pensar que alguém gostaria de socializar pelo computador". Ela não se deixou desanimar. Em vez disso, pegou cada centavo da sua poupança e seguiu em frente, determinada a construir o Echo do zero. Toda noite, ela saía pela cidade, buscando os lugares em que pessoas interessantes se reuniam: festas, galerias de arte, museus, shows. Ela se enfiou em bares. Um por um, aproximou-se de estranhos para sugerir que entrassem na sua incipiente comunidade on-line. Algumas já tinham computadores pessoais, mas poucas tinham modems, que na época custavam mais de cem dólares. Stacy precisava convencê-las a "fazer algo que, para elas, parecia,[17] assim como para o banco, *insano*".

Além do dinheiro, havia a questão do conhecimento básico de computação: enquanto o The WELL funcionava com o PicoSpan, Stacy desenvolveu o Echo em Unix, um sistema operacional mais conhecido por programadores que pelos artistas e escritores com quem vinha conversando. Ela cuidou desse problema com o mesmo bom senso que inspirou seu recrutamento urbano. Não dá para ensinar alguém a ser descolado, mas dá para aprender a usar Unix. Ela começou a convidar novos usuários ao seu apartamento no Greenwich Village para aulas de computação. Seus alunos aprendiam comandos de Unix e estruturas de arquivo ao lado do próprio Echo, que não passava de um servidor e uma pilha de modems de 2.400 baud na sala de Stacy, entulhados em estantes de alumínio vermelho juntamente com papelada aleatória e bonecos do Godzilla, Gumby e Ed Grimley.

COMUNIDADES 155

Quando suas capacidades técnicas falhavam, seus amigos davam uma ajuda. Um hacker autointitulado Phiber Optik resolvia os bugs do servidor do Echo sem cobrar nada. Quando mais tarde ele foi preso por crimes cibernéticos, usuários do Echo com bótons escrito *Phree Phiber Optik* o visitaram toda semana. Às vezes, o Echo caía; às vezes as coisas ficavam tão ruins que, quando o telefone tocava, Stacy e sua meia dúzia de funcionários de meio expediente perdiam a cabeça. "Não ligue mais pra cá!", gritavam para o telefone.[18] "A gente não presta." Mas sempre foi divertido. Stacy incluía surpresas nos boletos dos assinantes, "como pacotes de pipoca",[19] até um representante dos Correios tocar seu interfone e implorar que ela parasse — as cartas estavam atolando as máquinas de processamento postal.

O Echo por fim ficou grande demais para o apartamento de Stacy e foi para um escritório de verdade em Tribeca, um bairro pelo qual Stacy muitas vezes passeou quando ainda era um "pedaço de Manhattan deserto, vazio, esquecido por Deus".[20] Em 1994, o Echo tinha dois funcionários e 35 linhas telefônicas, e sua base de usuários crescera de algumas centenas de pessoas interessantes que Stacy conquistara nos bares para alguns milhares que tinham lido sobre o Echo no *Village Voice* e no *New York Times*. Stacy estava começando a ficar famosa, e bem a tempo — sua poupança já tinha sido consumida pelos anos das vacas magras.

Ela diz que foi por conta do vice-presidente Al Gore que o Echo foi salvo. "Clinton e Gore estavam[21] gritando aos quatro ventos sobre a supervia expressa da informação", lembra ela. Gore fazia lobby por investimentos em infraestrutura de telecomunicações — seu pai, um senador do Tennessee, tinha apoiado uma legislação para construir o Interstate Highway System uma geração antes — através do seu High Performance Computing Act de 1991. Quando a legislação passou, foi fundamental no desenvolvimento de muitas tecnologias importantes para a internet, mas também teve um efeito cultural profundo: trouxe a internet para a vida de pessoas comuns. De repente, diz Stacy, "as pessoas passaram a achar[22] que havia *algo* ali que *importava*. E que se elas não entrassem no barco, ficariam para trás". O medo nacional de "ficar de fora" fez com que o Echo fosse mais fácil de vender. "Você soube dessa supervia expressa da informação que todo mundo está falando?", dizia ela. Bom, o Echo é uma parada dessa viagem.

O Echo combinava várias funcionalidades em uma plataforma relativamente fácil de usar, algo que hoje chamaríamos de rede social. Os usuários entravam com seus nomes verdadeiros, mas podiam postar mensagens em "conferências" contínuas sobre uma variedade de assuntos usando o pseudônimo que quisessem. O Echo oferecia contas de e-mail; "Yos" (chats em tempo real) surgiam como mensagens instantâneas, com três bipes urgentes.

Os primeiros usuários de Stacy eram roteiristas, atores e escritores. "Quando o pessoal dos computadores entrou[23] e viu que a gente estava falando de ópera e não de jogos", contou Stacy em 2001, "todo mundo foi embora". Marisa Bowe, uma usuária de longa data, lembra as pessoas no Echo como engraçadas, sagazes e inteligentes. "Havia um contingente de pessoas[24] que nunca teriam se dado bem em festas", diz ela, "mas que na internet dava para ver como eram geniais". Havia artistas, liberais, programadores — do tipo que "conseguia engatar uma conversa" —, algumas pessoas da mídia e um grande número de judeus não religiosos: a *intelligentsia* de Nova York. Quando o Echo atingiu o máximo da popularidade, até teve suas próprias celebridades, como os escritores de revista Rob Tannenbaum e James Walcott, o roteirista William Monahan e até John F. Kennedy Jr., que postava como "flash". Stacy o ajudou a criar sua conta do próprio apartamento, enquanto milhares de Yos incrédulos pipocavam na sua tela.

Stacy chamava carinhosamente seus usuários de echoids, baseada em uma frase de efeito do desenho *Zé Colmeia* que ela se lembrava da infância, dita pelo personagem Leão da Montanha: *Heavens to Murgatroid!* O apelido simples e afetado combinava bem com um grupo de sabe--tudo da Costa Leste que consideravam sua comunidade on-line uma *soirée* virtual, mas que ainda assim gostava de discutir sobre programas de TV. Enquanto os fundadores do The WELL, Stewart Brand e Larry Brilliant, eram ambos figuras conhecidas na cena cultural e tecnológica da Costa Oeste, Stacy Horn era uma "garota punk da cidade[25] sem muita bagagem" até começar o Echo. A diferença entre as duas comunidades começou aí. "Costa Oeste/Costa Leste, meninos/meninas, noite e dia mesmo, porra", escreveu ela em 1998.

Jornalistas que fazem matérias sobre o Echo nos anos 1990 tendiam a se concentrar no seu ar distintamente nova-iorquino. "Nem sempre os recém-chegados percebem[26] que, se os Echoids atacam suas ideias e destroem seus argumentos sem nem ao mesmo dizer oi, eles não estão sendo hostis", explicou um perfil da *Wired* em 1993. "Longe disso. É só o jeitinho especial de Nova York de dizer: 'Bem-vindo ao nosso mundo!'" A thread mais famosa do Echo era a *Eu me odeio*. Era onde os echoids entravam sempre, às vezes diariamente, para abastecer a lista sempre crescente de pecados. "Eu me odeio por ser um viciado de merda",[27] postou um usuário em fevereiro de 1992. "Eu me odeio por ter deixado minha planta morrer", comentou outro.

E NENHUMA DELAS VAI OLHAR NA SUA CARA

Stacy Horn tinha um lema para o Echo. Ela o usava em propagandas e, quando a web começou, ela o escreveu na página inicial do Echo: "O Echo tem o maior percentual de mulheres no ciberespaço — e nenhuma delas vai olhar na sua cara."

Hoje, as mulheres dominam plataformas de rede social como Pinterest, Facebook e Instagram, mas quase nenhum serviço on-line nos anos 1980 tinha um percentual significativo de usuárias ou se esforçava para atrair mulheres. Na época em que Stacy criou o Echo, a internet inteira tinha entre dez e quinze por cento de mulheres. Mas a base de usuários do Echo era quase *metade* de mulheres. "Meu sucesso era em parte[28] pelo fato de eu ser a única pessoa tentando fazer isso", explica ela. Assim

158 A HISTÓRIA DESCONHECIDA DAS MULHERES QUE CRIARAM A INTERNET

como quando começou a atrair seus primeiros usuários, ela entrava em contato com mulheres onde quer que fosse e fazia entrevistas informais sobre suas experiências on-line. Se nunca tinham entrado na internet, Stacy perguntava por que não e, quando elas respondiam, Stacy ouvia. Ela enviava solicitações diplomáticas a grupos femininos locais e deu às editoras da revista *Ms.* uma conferência própria no Echo, que explodiu em conversas francas sobre menstruação e pelos corporais. Os homens do Echo se afastaram num silêncio atordoado para então voltarem, pé ante pé, e fazerem as perguntas que sempre quiseram fazer. Stacy começou um programa de aconselhamento e até tornou a assinatura do Echo completamente gratuita para mulheres em 1990.

Seu ativismo era pessoal. Durante a pós-graduação na NYU, ela trabalhava como analista de telecomunicações para a Mobil, uma empresa de petróleo. No trabalho, era responsável por garantir que os escritórios locais da Mobil estivessem conectados aos bancos de dados em Princeton e Dallas. Quando percebeu as possibilidades de redes on-line, Stacy levou sua paixão para a Mobil. Ela estava convencida de que funcionários trabalhando em instalações de redes de dados nacionais cometeriam menos erros — que menos informações se perderiam no caminho — se todos pudessem discutir o que estavam fazendo durante o trabalho em tempo real. "A gente tinha reuniões[29] em uma mesa imensa com todo mundo de telecomunicações da empresa", diz ela, "e era só eu e um milhão de caras. Eu levantava e tentava promover a ideia de redes sociais... e toda vez que fazia isso eles me cortavam. Eu tentava e tentava, e eles me cortavam sempre".

Na época, Hillary Clinton estava fazendo lobby para passar uma reforma do sistema de saúde no Congresso. Stacy a acompanhava no noticiário, entrando e saindo de salas cheias de homens tentando destruir seu projeto. Ela parecia tão forte! "Ela era incrível naquilo,[30] mesmo naquela época, ignorando todos e mantendo a calma", lembra Stacy. A imagem a afetou profundamente: se Clinton conseguia lidar com a indiferença masculina em escala nacional, Stacy conseguiria provar que os chefes da Mobil estavam errados. Quando a empresa mudou os escritórios para Virginia, ela decidiu ficar em Nova York. O dinheiro que recebeu com seu desligamento cobriu os custos iniciais dos primeiros servidores do Echo, e a experiência se tornou um farol para a cultura do grupo. Stacy era a única mulher nas reuniões da Mobil, então cuidaria para não ser a única mulher no Echo.

Ela nem sempre conseguiu. Quando Aliza Sherman — a desenvolvedora que achou que seu computador estava falando com ela na primeira vez que entrou na internet — se cadastrou no Echo, ela não compreendeu a cultura do lugar. Assim como Stacy, cercada de deadheads no The WELL, ela não combinava com aquilo e cancelou sua conta. Stacy ligou diretamente para ela. "Aqui é Stacy Horn",[31] Aliza se lembra de ouvir. "Vi que você estava saindo... A gente precisa de mais mulheres aqui, não vá embora! O que eu posso fazer para facilitar a sua vida?" Mais tarde, Stacy mandou uma carta para ela. Aliza saiu do Echo mesmo assim, mas guardou a carta. É um lembrete físico de uma época em que cada mulher fazia a diferença na internet.

O ex-marido de Stacy costumava descrevê-la como 1,5m de natureza budista, uma força imutável do bem em um mundo sempre em transformação. "Naqueles dias", escreve Stacy,[32] "jornalistas diziam que eu tinha começado o Echo para criar um espaço seguro para as mulheres na internet. Porra nenhuma. Eu queria mais mulheres no Echo para que ele fosse um lugar melhor".

EMBRACEABLE EWE

As maiores conferências do Echo — sobre cultura, mídia e morte — eram como ágoras gregas no ciberespaço: assembleias abertas e públicas em que qualquer um poderia ser ouvido se falasse alto o bastante. Embora essas conferências muitas vezes fossem a primeira parada de novos usuários e echoids de longa data, Stacy sabia que até os espaços públicos mais democráticos têm limitações. "Eu falo de maneira diferente com meus amigos do coral[33] do que quando estou com meus amigos bateristas", explica ela, "e se estou num grupo só de mulheres, existem coisas que vou dizer que não poderia falar num grupo misto". Se o Echo seria uma extensão do mundo real, lidando com uma variedade de necessidades emocionais, ele tinha que ter tanto áreas particulares quanto espaços privados.

Stacy criou a possibilidade de conversas particulares no Echo desde o início, e os echoids desenvolveram a ideia: havia um grupo dos Alcoólatras Anônimos somente para viciados em recuperação, e um para usuários com menos de 30 anos. A conferência sobre sexo era somente para maiores de 21. O Biosphere, batizado em homenagem ao experimento hermeticamente fechado no Arizona, era particular simplesmente porque sim. Outro, Mulheres nas Telecomunicações (WIT, em inglês), só permitia mulheres do Echo. Era o preferido de Stacy, que o moderava de perto, permitindo o acesso de echoids ao grupo somente depois de uma ligação direta para garantir que o usuário era mulher. Um processo imperfeito, mas ainda assim um escrutínio do mundo real difícil de imaginar hoje em dia.

O WIT era o lugar no Echo em que as echoids iam para conversar, alternando entre conselhos sobre sexo e política, namoros e traumas pessoais. Em uma thread chamada "Tem alguém te assediando no Echo?", elas reportavam casos de abuso e assédio e comparavam casos sobre esquisitões na rede. Nem todo mundo gostava do WIT. Algumas echoids o achavam brega, uma antítese ao humor sombrio que as atraíra ao Echo para começo de conversa. Com a permissão de Stacy, algumas delas criaram o Bitch, um hangout fechado para garotas com atitude. Algumas o chamavam de "WIT com jaqueta de couro".[34] Marisa Bowe, que "detestava as merdinhas água com açúcar do WIT", comparou o Bitch a um "bar escuro e sujismundo no pior do East Side". Se o Echo era uma representação digital de Nova York, então cada canto da cidade teria seu análogo em algum lugar, e às vezes uma garota só quer beber um pouco, falar merda e relaxar. Stacy criou uma conferência similar, o MOE — Men on Echo — para os caras que se sentiam excluídos das conversas do WIT e do Bitch. Isso abafou reclamações de tratamento preferencial para mulheres, mas deixou echoids trans meio perdidos.

O problema só se tornou aparente em 1993. Esse foi o ano em que Embraceable Ewe, uma mulher trans, pediu acesso ao WIT. Ninguém sabia muito bem como agir. A questão era nova no ciberespaço, e as echoids foram discutir suas opiniões no WIT. Algumas diziam para deixá-la entrar. Uma concordou, na condição de que ela evitasse discussões sobre TPM; outra questionou por que a mesma condição não se aplicaria a mulheres pós-menopausa. Outras ainda discutiam que o WIT era um espaço para mulheres que foram *criadas como mulheres*, e que uma mulher trans, tendo se beneficiado das vantagens sistêmicas do patriarcado por pelo menos parte da vida, não teria esse histórico em comum. A conversa se transformou em uma discussão extensa sobre gênero no ciberespaço, a primeira de muitas que viriam. Alguém sugeriu começar outra conferência privada para mulheres trans. "Lembrava muito a doutrina do segregados, mas iguais",[35] preocupou-se Stacy.

O Echo era um reduto da esquerda artística nova-iorquina. Havia um grupo LGBT chamado Lambda. É impressionante ler como as echoids discutiram a questão de Embraceable Ewe, porque isso revela como a compreensão sobre a experiência trans mudou nas últimas duas décadas. Mas outro fator importante pode ser invisível para leitores contemporâneos: o contexto em que muitos homens fingiam ser mulheres on-line. Os espaços sociais baseados em texto da internet eram permeados de personas fazendo gender-crossing e, com a falta de mulheres na internet, homens se passavam por mulheres com regularidade. Aliza Sherman discute esse fenômeno em um relato em primeira pessoa gravado para o Projeto História das Mulheres da Internet. "Na época era bem estranho:[36] tantos homens fingindo ser mulheres on-line. Eles tinham sites e você pensava que eram mulheres, mas na verdade eram homens fingindo. Não vou entrar nas possíveis razões para isso, mas era bem difícil encontrar mulheres com sites de verdade."

162 A HISTÓRIA DESCONHECIDA DAS MULHERES QUE CRIARAM A INTERNET

O fenômeno ocorre desde os primeiros espaços sociais na internet, jogos de fantasia baseados em texto chamados Multi-User Dungeons, ou Multi-User Domains. Nos MUDs, os jogadores eram incentivados a brincar com gêneros — a maior parte dos servidores oferecia uma longa lista de opções de gênero[37] para novos personagens. Pavel Curtis, o designer de um dos mais famosos MUDs sociais, o Lambda-MOO, observou que os personagens que se apresentavam de forma mais explicitamente feminina muitas vezes eram interpretados por homens "interessados em ver como a outra metade vive,[38] e como é a sensação de ser percebido como mulher na comunidade". A teórica de mídia Allucquére Rosanne Stone chama isso de "transformista de computador". Em um artigo de 1991, ela cita outro exemplo: Julie, uma querida personalidade de message boards que era, na verdade, um homem de meia-idade. O falso Julie tinha sido erroneamente identificado como mulher na primeira vez que entrou na internet e ficou tão fascinado pela forma como as mulheres falam entre si na suposta ausência de homens que manteve a farsa por vários anos, criando toda uma persona ficcional para seu alter ego feminino. Essa era uma ocorrência comum nos BBSs, Listservs, Multi-User Domains e outras plataformas sociais nos anos 1990.

"Na internet",[39] escreve Stone, onde "prender uma persona em uma forma física não significa nada, homens rotineiramente usam personas femininas sempre que desejam". Isso servia para os dois lados, é lógico. Na relativa obscuridade da internet textual, qualquer um poderia experimentar uma nova identidade, o que tinha suas vantagens criativas e permitia que muitos experimentassem — pela primeira vez, em primeira mão e de forma quase anônima — as dinâmicas de gênero. Mulheres escolhiam apelidos masculinos para evitar atenção indesejada ou assédio, e pessoas trans podiam expressar sua identidade de gênero com segurança e liberdade. Porém, um efeito prático de todo esse transformismo de computador era que as poucas mulheres on-line tinham muita dificuldade em se encontrar.

Para muitos echoids, o subtexto do debate sobre Embraceable Ewe era, inacreditavelmente, o seguinte: se uma mulher trans entrasse no WIT,

COMUNIDADES 163

ela seria imitada por homens "fingindo-se" de mulheres. Não importava quem Embraceable Ewe era ou se ela merecia um lugar seguro ali, porque dali seria ladeira abaixo. "Eu não sabia o que fazer",[40] conta Stacy. "Meu medo era que, se eu a deixasse entrar, vários caras iam começar a dizer 'eu sou mulher, me deixa entrar também', e como eu poderia saber quem era mulher e quem não era?" Stacy queria permitir quantas formas de comunicação fossem possíveis no Echo. No WIT, isso significava um espaço sem homens bisbilhotando.

"Eu me senti o George Wallace do ciberespaço",[41] escreveu ela, lembrando o ex-governador do Alabama e sua polêmica frase "segregação agora, segregação sempre". Sem saber como resolver o problema, Stacy disse a Embraceable Ewe que ela poderia entrar no WIT quando fizesse a cirurgia de redesignação sexual. Ela voltou atrás meses depois (e até hoje se arrepende da decisão), mas Embraceable Ewe saiu do Echo. Nos anos seguintes, outras mulheres trans entraram. A comunidade ficou mais à vontade com as identidades delas. Echoids que não entendiam nada sobre a experiência trans começaram a compreender melhor. "O ciberespaço permite[42] que a gente *escute as pessoas*", escreveu Stacy. Echoids trans partilhavam suas histórias, argumentando: por que uma cirurgia cara e arriscada seria necessária para provar quem você é? Quem autoriza os médicos a determinar o gênero de alguém? O Echo adaptou suas políticas. "Os echoids só conseguiram chegar a determinada compreensão e concordância [...] depois de milhares e milhares de conversas, com o passar de muitos anos", escreveu Stacy.

PERRY STREET

Quando entrei em contato com Stacy pela primeira vez, ela estava ocupada transferindo o Echo, que ainda existe, de um servidor para outro. Mover uma comunidade on-line de trinta anos é como transportar uma massa madre de pão: o Echo é uma cultura inteira, viva, envasada. Suscetível às dificuldades do mundo exterior, ela precisa ser alimentada e protegida de forma a criar uma conexão entre o antigo e o novo.

A grande transferência caiu no mesmo fim de semana em que Stacy e eu iríamos nos encontrar em Nova York. No fim da noite anterior ao nosso café marcado, recebo um e-mail: a mudança de servidor foi um desastre, e ela passou o dia e a noite inteiros consertando tudo. A crise talvez se estenda até o dia seguinte. Uma hora mais tarde, ela me escreve de novo. *Certo*, começa ela,[43] *essa transferência está indo de mal a pior.* Não vamos conseguir nos encontrar, afinal. Chateada, ela me manda alguns endereços: o apartamento original em Greenwich Village, onde os servidores do Echo ficavam nos primórdios, e o Art Bar, na esquina, um ponto de encontro frequente para echoids.

Visito os dois endereços em uma manhã de outono ensolarada. Não sei bem o que espero ver, ou sentir, quando coloco os olhos neles. Embora tenha raízes físicas que a maioria de nós sequer considera, a internet parece flutuar, sem amarras, de um dispositivo a outro. A soma de suas experiências não pode ser revelada por qualquer consideração sobre sua infraestrutura, e um cabo não nos diz nada sobre as conversas que navegam por ele. De pé na Perry Street, forço a vista ao olhar do mapa no meu celular para a entrada do prédio que já foi lar da primeira rede social da cidade e, para ser sincera, não sinto muita coisa.

É um prédio bonito. Como muitos nessa parte de Manhattan, parece caro, com janelas emolduradas por esculturas decorativas de leões e grifos mitológicos. A rua é marcada por árvores magras e sem folhas e postes de ferro. Ao meu redor passam homens atléticos e seus cachorros, turistas que se perderam do grupo, mulheres caminhando com seus *frozen yogurts*, todos sem ideia da importância daquele lugar. Não deveria haver uma placa? Fazemos isso para prédios onde poetas e pintores viveram ou morreram. Por que não para softwares e servidores? De repente me emociono com a ideia: aqui viveu Echo, em que nova-iorquinos amaram e riram e reclamaram e disseram quanto odiavam a si, e por quê.

COMUNIDADES 165

Quando enfim temos a chance de conversar, Stacy conta uma história sobre a Perry Street. Ela tem um sotaque de Long Island bem marcado, consolidado por três décadas vivendo de aluguel em Manhattan. Quando ela fala, eu ouço os itálicos. Ao me contar como seu bairro mudou com as décadas, ela destaca palavras em intervalos regulares. "Tinha *lavanderias*, *delicatéssens*,[44] e tudo isso acabou", diz ela. "Agora tenho que andar *séculos* até a lavanderia, o que é um *saco*."

Em 1990, quando Greenwich Village ainda era um *bairro*, o Echo ainda era um servidor no apartamento de Stacy. Graças à supervia expressa da informação de Al Gore, porém, os negócios explodiram, e como os modems do Echo dependiam do serviço telefônico local, os pedidos de conexão de Stacy estavam ocupando todas as linhas de telefone da área. A companhia telefônica foi forçada a dar uma linha exclusiva para Stacy, mas em Manhattan os cabos correm no subterrâneo — a cidade é densa e confusa demais para cabos suspensos —, então a New York Telephone estendeu um sob a Perry Street, desde o escritório central local até a porta de Stacy. "Era tão estranho[45] ver as ruas de Nova York *rasgadas* por algo que eu estava fazendo. Não só foi um momento de orgulho para mim, como também ver o futuro acontecendo, e saber que eu estava ajudando."

Os vizinhos de Stacy não compartilhavam desse orgulho. O serviço havia sido interrompido, a rua estava cheia de obras. Stacy, porém, sabia que eles agradeceriam depois, quando a Perry Street tivesse a internet mais rápida da cidade de Nova York.

f2f

De acordo com uma pesquisa feita por volta de 1998, 83 por cento dos echoids[46] afirmaram se encontrar cara a cara regularmente. Mensalmente, o Echo fazia reuniões no Art Bar e organizava um jogo de softball no Central Park. Stacy começou um clube de leitura para echoids chamado

Read Only. Ela organizava palestras, exibição de filmes e o Virtual Culture Salon, um evento bimestral coapresentado pelo Whitney Museum. Na metade dos anos 1990, o "Silicon Alley" de Nova York fervilhava de encontros, reuniões, eventos de mídia e hype com as pontocom, mas Stacy foi a primeira pessoa a conectar os pioneiros da tecnologia de Nova York. O Echo foi, como um editor da newsletter on-line @NY escreveu em 1996, "o alicerce do Silicon Alley".[47]

Stacy não pensou dessa forma. Os echoids não faziam networking — eles tocavam instrumentos, faziam expedições, saíam para velejar. Um grupo de echoids se encontrava[48] mensalmente para um churrasco organizado pelo grupo no norte do estado. A banda da casa, a White Courtesy Telephone, tocava regularmente nas boates do Lower East Side. Quando os echoids faziam leituras de poesia ou apresentações de comédia, divulgavam os horários para que os outros aparecessem. E, depois que chegavam em casa, a primeira coisa que faziam era entrar no Echo e trocar histórias. "As comunidades virtuais mais fortes[49] não são somente virtuais", explica Stacy.

As implicações no mundo real mantinham o Echo um ambiente respeitoso: é mais difícil ser cruel com alguém on-line quando você pode encontrar essa pessoa segunda à noite no Art Bar. Os echoids se encontravam cara a cara com regularidade bastante para se identificar como pessoas e não como nomes de usuário. Reconciliações aconteciam com cervejas ou durante jogos de softball. Por bem ou por mal, o Echo era uma comunidade, e eles cuidavam uns dos outros.

Quando isso não funcionava, Stacy se metia. Uma moderadora no verdadeiro sentido da palavra, ela fazia de tudo para se certificar de que todos estavam se dando bem. Se o Echo fosse uma cidadezinha, Stacy seria a prefeita, a delegada e a secretária de turismo ao mesmo tempo. Ela criava as regras e as executava. Se alguém fosse desagradável, ela tinha a autoridade de expulsá-lo. "Stacy era mais autocrata[50] do que uma dessas imensas corporações", conta Howard Mittelmark, um escritor que participa do Echo desde 1989. "Ela podia dizer: 'Você mesmo... Fora já daqui.'"

O banimento era um castigo reservado apenas para os piores infratores. Havia um capítulo inteiro no livro de Stacy dedicado ao que os echoids chamavam de "o Medo": a sensação de horror que uma pessoa verdadeiramente horrível espalha com seu comportamento on-line. Houve um nazista no Echo, e mais de um assediador. Marisa Bowe se lembra de um episódio em que um rapaz, "que se considerava, tipo, muito subversivo",[51] postou sobre incesto em todas as conferências do Echo. Stacy proibia ataques *ad hominem*, e como os posts sobre incesto não eram dirigidos a alguém específico, não violavam as regras. Marisa considerava esses posts tão perturbadores quanto vandalismo. "Quando o mundo em que você está[52] é feito *inteiramente* de discurso", fazer posts ofensivos só por fazer é "como se você estivesse bombardeando prédios".

Tudo isso deve soar familiar hoje em dia. A internet ainda tem seus nazistas, trolls e stalkers. E uma rede social que se mistura naturalmente à vida cotidiana parece uma ideia óbvia. É isso que todas as nossas redes sociais fazem hoje: convidamos nossos amigos para festas pelo Facebook, mostramos o que estão perdendo com fotos e vídeos. Acompanhamos viagens, vidas amorosas e animais de estimação nas mídias sociais, alternando com facilidade entre a vida real e a virtual, apagando as fronteiras entre as duas e muitas vezes confundindo uma com a outra.

Mas Stacy entendeu logo a importância das pessoas para a rede. Enquanto autoridade máxima do Echo, ela incentivava discussões e chamava echoids para liderar as conversas nos seus campos de interesse. Esses "anfitriões" tinham carta branca para determinar a atmosfera cultural das suas conferências. "O Echo é o que é por causa dos anfitriões",[53] escreveu ela em 1998. "As relações que temos foram criadas pelo que partilhamos. Os anfitriões nos fazem contar tudo uns para os outros." Para que o Echo florescesse, Stacy percebeu que ele precisava de uma base firme de usuários participativos e assertivos. Howard Rheingold, em *The Virtual Community: Homesteading on the Electronic Frontier* — um livro sobre comunidades virtuais que por acaso ignora completamente o Echo —, documenta essa estratégia funcionando em toda a rede, desde um BBS na França com *animateurs* pagos selecionados[54] entre os usuários mais ativos até os anfitriões do The WELL no seu quintal. "Anfitriões são aquelas pessoas",[55] escreveu ele, que "recebem recém-chegados, apresentam os outros, resolvem problemas dos usuários, incentivam discussões e apartam brigas quando necessário".

Todos somos anfitriões agora, sendo os campos de comentários nos posts do Instagram e do Facebook nossas conferências pessoais. Mas a convenção mais formal ainda existe: Reddit, a dita "primeira página da internet",[56] é um sistema de quadro de avisos melhorado, e cada subreddit — que os echoids chamariam de conferência — tem seus moderadores, que tomam decisões editoriais e lideram as conversas. Comunidades como Facebook e Twitter também têm moderadores, embora esse papel não seja mais feito por usuários eleitos. Em vez disso, funcionários pagos, trabalhando às escondidas, muitas vezes no exterior, removem manualmente conteúdo ofensivo e respondem a relatos de abuso e assédio. Que esse trabalho de "limpeza pós-festa" tenha se tornado mais importante que a própria festa é inevitável devido à escala. É o que acontece quando todo o mundo é convidado.

A regra era que cada conferência do Echo tinha um anfitrião homem e uma mulher; a dupla, em troca de acesso grátis ao serviço, manteria as coisas tranquilas e interessantes. Que metade dos anfitriões do Echo eram mulheres era mais um esforço consciente. Stacy chamava de "ação ciberafirmativa".[57] Era essencial para ela que, quando as mulheres se conectassem ao Echo, vissem outras mulheres tomando decisões. Saber que não eram minoria e que os administradores não eram só homens incentivava as mulheres a postarem em vez de só observarem, e dessa forma elas se tornaram parte da cultura do Echo. Os homens tinham que escutá-las. "Eu ouvi mulheres falando[58] sobre assuntos que normalmente

COMUNIDADES 169

não ouviria mulheres falando", conta Howard Mitterlmark, "falando sobre homens de formas que em geral não falariam comigo".

No auge, o Echo teve em torno de 46 mil usuários. Mais da metade era só observadores. Até hoje, a maioria das pessoas só observa: em todas as plataformas de mídias sociais uma grande maioria lê, ouve e fica em silêncio. É a matéria escura social da internet, a força que nos mantém juntos. As pessoas que ativamente postavam no Echo — em torno de um décimo dos assinantes de Stacy — eram os fãs de verdade. Eram os anfitriões, os do contra, os antagonistas, o grupo central. Embora o Echo ainda exista, tendo sido transferido com um pouco de confusão mas com sucesso não muito tempo atrás, apenas uma fração desse grupo central permanece.

Como em qualquer família, os echoids restantes passaram por muita coisa juntos. Houve pelo menos uma morte, e os echoids foram alguns dos primeiros a descobrir como é difícil sentir a perda de alguém quando suas palavras permanecem, como fantasmas, na máquina. Duas décadas de conversas representam uma quantidade impressionante de igualdade emocional: tempo gasto discutindo, brincando, fazendo as pazes, criando opiniões e flertando. O Echo teve seus romances, e muitos echoids foram até o fim, fazendo cibersexo nos cantos escondidos do serviço. E, é lógico, temos o drama de casos que deram errado.

Mas os echoids também dividem uma história cultural maior. Durante a infame perseguição de O. J. Simpson no Bronco em 1994, enquanto a maior parte dos Estados Unidos assistia à filmagem de helicóptero pelo noticiário, echoids postavam suas reações em tempo real. Stacy partilha, até certo ponto, essa conversa no seu livro, *Cyberville*, e é exatamente igual a um grupo de pessoas tuitando em tempo real qualquer grande evento cultural uma década antes da invenção do Twitter. Echoids chamavam isso de "simulcasting", e era perfeito para aquele meio de comunicação. Faziam isso durante o Oscar, durante o testemunho de Anita Hill no julgamento de Clarence Thomas, durante o bombardeio do World Trade

170 A HISTÓRIA DESCONHECIDA DAS MULHERES QUE CRIARAM A INTERNET

Center em 1993. Em 11 de setembro de 2001, Stacy correu para o teclado precisamente às 8h47 da manhã e digitou: UM AVIÃO ACABOU DE BATER[59] NO WORLD TRADE CENTER.

No Echo, surgiam discussões sobre todos os assuntos. As pessoas comentavam o que tinham na geladeira, na bolsa e nos bolsos. "Por um tempo, o tópico mais popular[60] era uma discussão sobre xampu", disse Stacy. "Xampu! Quem iria querer conversar sobre xampu? Ainda assim, as conversas eram estranhamente reveladoras." Detalhes assim humanizavam as palavras na tela: ali estavam nova-iorquinos, vivendo seus dias, comendo, reclamando e lavando o cabelo, enquanto a vida seguia ao redor deles, como segue para todos nós.

Stacy recentemente doou todos os arquivos do Echo, os vinte anos de conversas ininterruptas, para a New-York Historical Society. "Alguém no século XXII[61] e além vai olhar para trás e ter esse tesouro histórico", conta ela, com um orgulho genuíno. O legado do Echo pode não ser o que ele previu sobre o futuro das mídias sociais — embora tenha antevisto quase tudo —, mas antes o que vai revelar sobre o passado. Nele persiste um relato de como nova-iorquinos reais viviam, intocado pelo tempo. Tem um motivo pelo qual o livro de Stacy sobre o Echo se chama *Cyberville*: Echo era uma comunidade eletiva descoberta através de teclados e modems. Tinha seus chefes e suas hierarquias, policiais e criminosos. Nem todo mundo se dava bem, mas a maioria permanecia pela camaradagem. Eram cidadãos de uma cidade dentro de uma cidade em que você vale tanto — ou existe tanto — quanto suas palavras.

Stacy Horn originalmente vendeu a ideia do Echo para os nova-iorquinos como uma parada local na supervia expressa da informação, mas a supervia acabou atravessando a cidade. O Echo se transformou em uma daquelas paradas no caminho turístico, cheia de figuras e histórias autopublicadas. As pessoas aparecem de vez em quando, mas na maior parte do tempo está fora do mapa, em algum ponto entre o espaço destruído do passado da internet, uma herança de faroeste, e a internet app-cêntrica atual, que é muitas coisas, mas certamente não uma conversa em que qualquer um escreva de graça ou sem reservas. Os echoids entram na supervia expressa às vezes para visitar cidades grandes como Facebook ou Twitter. Mesmo considerando toda a agitação dessas novas metrópoles brilhantes, tudo parece estranhamente familiar.

Para entrar no Echo hoje em dia, é preciso preencher um formulário no site do Echo e esperar que Stacy envie um pacote de boas-vindas ao novo usuário pelo correio. O meu levou uma semana. Ele contém uma carta de boas-vindas (com o endereço de devolução indicando Echo Communications Group) que começa com uma frase animada — "Obrigada e parabéns! Você está prestes a entrar em uma comunidade eclética, cheia de opiniões e ligeiramente disfuncional chamada Echo!" — antes de seguir com um aviso: "Nós usamos esse software totalmente retrô que não atualizamos faz mil anos, e circular pelo Echo não é como circular pela internet. Mas siga em frente. Vale a pena." As instruções talvez sejam à prova de millennials.

O Echo ainda é um BBS, o que significa que não está na web. Na verdade, é acessado via telnet, um protocolo que me permite me conectar diretamente ao servidor de Stacy. Isso exige que eu abra o Terminal, uma aplicação de linha de comando que serve como um tipo de janela baseada em texto no sistema operacional, e invoque o Echo com um comando de texto:

$ ssh claire@echonyc.com

O pacote de boas-vindas do Echo também inclui uma folha de comandos de Unix, e dominá-los me toma uma tarde inteira. Eu sou experiente nessas coisas, mas usar o Echo parece o que os filmes fingem que é ser um hacker. Com o tempo eu me acostumo: digitando *j mov* para entrar na conferência sobre filmes e TV e *sh 222* para ler o 222º item postado ali; entro na discussão constante no Echo sobre *Star Trek*, que já tem uma década. Quando digito *O* — ou seja, "quem está on-line?" —, descubro a meia dúzia de pessoas ali comigo no servidor de Stacy, onde não há

172 A HISTÓRIA DESCONHECIDA DAS MULHERES QUE CRIARAM A INTERNET

propagandas ou nem *clickbaits*. Usar o Echo é como usar um bisturi, atravessando as metáforas da área de trabalho, as ilusões, a nuvem. É puro canal, a espinha dorsal da mídia social.

Para nós que crescemos com a semântica da World Wide Web, sistemas como o Echo são altamente contraintuitivos, porque a web é nosso único ponto de referência para acessar a informação digital do mundo. Mesmo depois de saber tanto sobre o mundo textual do Echo, meus dedos seguem para o mouse enquanto estou conectada, de tão treinada que estou para interfaces de apontar e clicar. O Echo não está na web — Stacy não tinha dinheiro para fazer a transição em 1993 —, e seu "software totalmente retrô" é muito estranho para nós. Sem links, sem nada para clicar, sem URLs, falta nele algo fundamental à experiência moderna de mídias de comunicação, algo tão intimamente familiar que muitas pessoas nem percebem que existe. Se somos todos peixes nesse oceano virtual, o Echo não tem água. Falta o hipertexto.

Capítulo dez

HIPERTEXTO

Quando dizemos as palavras "internet" e "web", muitas vezes nos referimos à mesma coisa: a força, maior que a natureza, que emana das nossas telas. Mas "internet" e "web" não são intercambiáveis — como aprendemos com o Echo, as pessoas estavam se conectando on-line havia décadas antes de as páginas gráficas da web aparecerem. Elas se conectavam diretamente às máquinas umas das outras e a computadores hospedeiros para trocar arquivos e postar mensagens, como no Echo ou no The WELL, ou utilizavam serviços comerciais on-line como AOL, CompuServe e Prodigy. Antes da web, quando as pessoas falavam sobre a "net" ou "ficar on-line", em geral era disso que estavam falando. Muitas dessas redes *ad hoc* interagiram, e mais tarde se misturaram, com a infraestrutura da internet, que enfim atingiu um ponto crítico quando a sucessora da ARPANET, a NSFNET, da National Science Foundation, abriu caminho para a rede que usamos hoje, com o surgimento de provedores de internet comerciais em 1994.

Foi uma imensa complicação. Os mapas iniciais da ARPANET eram fáceis de ler: poucos nódulos, localizados em capitais acadêmicas e militares dos Estados Unidos, irradiando-se em linhas retas de metal e fibra. Conforme a quantidade de nódulos crescia, os mapas tornavam-se mais complexos e as linhas retas se multiplicavam, suavizando-se em curvas suaves para acomodar multidões. Por fim, o plano de fundo geográfico

174 A HISTÓRIA DESCONHECIDA DAS MULHERES QUE CRIARAM A INTERNET

desapareceu dos mapas da internet, e a rede em si surgiu, magnânima. Hoje, o mapa da internet é algo elástico, insano, fractal: parece um coração batendo, uma teia de sinapses, uma supernova.

Por cima disso tudo está a World Wide Web, uma rede de páginas visuais interconectadas, construídas em uma linguagem compartilhada chamada HTML, ou Hypertext Markup Language. "Hipertexto" não é mais uma palavra que usamos com frequência, mas muito da web é construído a partir desses documentos de hipertexto: páginas estruturadas com texto, imagens e vídeo salpicadas de links clicáveis conectando pontos isolados uns aos outros. Essas conexões não influenciam somente a forma como *navegamos* na web — o Google construiu seu império a partir de uma ferramenta de busca que respondia com as páginas da web com maior número e qualidade de links de hipertexto —, mas como nos comunicamos uns com os outros e basicamente como compreendemos o mundo.

De certa forma, é algo fundamental. O Talmud é um hipertexto, com camadas de comentários dispostas em retângulos concêntricos em torno de um centro teológico. Qualquer texto que faça referência a outro é considerado um hipertexto: continuações, que começam de onde a última página do livro anterior parou; notas de rodapé; notas de fim; anotações nas margens; apartes parentéticos. Romances imensos e autoreferenciais[1] como *Ulysses* e *Finnegan's Wake* são como hipertextos em uma única camada, e estudiosos adoram citar "O jardim dos caminhos que se bifurcam", um conto do escritor argentino Jorge Luis Borges, como o auge do hipertexto pré-computadores. "Essa teia de tempo",[2] escreve Borges, "os fios que se aproximam, bifurcam, interceptam ou se ignoram através dos séculos — abarca todas as possibilidades." Ele adoraria a World Wide Web.

A web como a conhecemos não foi criada a partir de Borges, Joyce ou do Talmud. Os pioneiros mais famosos do hipertexto eram homens — Doug Engelbart, mentor de Jake Feinler em Stanford, incorporou hipertexto no seu oNLine System, e Ted Nelson, um herói da contracultura da Bay Area, criou a palavra e defendeu ideias utópicas sobre hipertexto por décadas —, mas a web só surgiu em cena *após* princípios e convenções de hipertexto terem sido explorados por quase uma década por mulheres brilhantes na pesquisa e ciência da computação. Elas foram as arquitetas dos sistemas de hipertexto que o tempo esqueceu, sistemas com nomes como Intermedia, Microcosm, Aquanet, NoteCards e VIKI, as primeiras estruturas ontológicas da era da informação. O hipertexto é, de muitas maneiras, a prática de transformar dados puros em conhecimento. E, tal como a programação uma geração antes, era onde as mulheres estavam.

MICROCOSM

Para compreender hipertexto, procurei uma das mais brilhantes cientistas da computação do mundo. Dame Wendy Hall é uma ruiva britânica tagarela com trejeitos surpreendentemente receptivos e uma agenda ocupada. Estamos conversando por Skype, com nove horas de diferença. Wendy, que em 2009 foi consagrada dama comandante da Ordem do Império Britânico — o equivalente feminino a se tornar *sir* — por suas contribuições às ciências da computação, está em um quarto de hotel em Londres, vestida para o jantar. Eu estou de pijama, tomando café, cercada por blocos de anotação, no meu escritório em Los Angeles. Por motivos que ainda não compreendo, ela escolheu este momento para dividir comigo seu conhecimento sobre a história europeia.

Ou sobre a Batalha de Hastings, para ser mais exata. "É algo que aprendemos na escola", conta Wendy, sem saber se a história dos triunfos de Guilherme, o Conquistador no século XI chegou às colônias. Guilherme ganhou seu apelido por invadir a Inglaterra pela costa sul e derrotar o último rei anglo-saxão, explica Wendy enquanto espero esse preâmbulo acabar. Alguns anos depois, ele decidiu fazer um censo de seus tesouros, ou seja, de todo o reino saxão. Ordenou que listassem tudo que lhe pertencia. "Cada vaca, cada ovelha,[3] cada pessoa, cada casa, cada vila, tudo", diz ela. "Eles foram por aí, manualmente contando todas as coisas."

176 A HISTÓRIA DESCONHECIDA DAS MULHERES QUE CRIARAM A INTERNET

O resultado foi um livro único, hoje precioso para os historiadores, detalhando as minúcias do mundo saxônico, a única pesquisa do tipo. Como a contagem feita pelos assessores normandos pretendia ser definitiva, os ingleses nativos chamaram o tomo de *Domesday Book*, o que em inglês medieval significa "livro do juízo final". Como o clérigo britânico Richard FitzNeal escreveu quase um século atrás, as decisões tomadas no *Domesday Book*, "assim como as feitas no dia do juízo final,[4] são inalteráveis". O livro foi o que fez Wendy Hall, ainda que de forma tortuosa, entrar na carreira de criação de sistemas de hipertexto muito antes do surgimento da web.

Em 1986, quando Wendy estava começando sua carreira no magistério, a BBC — "É a British Broadcasting Corporation",[5] lembra ela com gentileza — celebrou o 900º aniversário do *Domesday Book* atualizando-o para o mundo moderno, distribuindo um novo censo britânico em Laser-Discs de vídeo multimídia, o que na época eram o máximo da sofisticação tecnológica. Eles foram chamados, é lógico, de *Domesday Discs*. Mais de um milhão de pessoas contribuiu para esse projeto, que se tornou uma imensa cápsula do tempo voluntária codificada em bits e luz. "Todas as escolas do país tinham que mandar três fotos da sua região", explica Wendy. Alunos escreveram sobre seus cotidianos. Britânicos enviaram fotos de prédios de escritórios, bares e moinhos. Uma criança, da vila de Spennymoor, contribuiu com essa previsão exata do futuro:

Membros robóticos vão ser usados[6] quando os membros naturais forem perdidos.
Os computadores vão fazer os diagnósticos hoje feitos por médicos.
A comida vai ficar mais gostosa por causa de produtos artificiais.
As crianças vão aprender principalmente por computadores.

Essa pesquisa coletiva estava no primeiro de dois *Domesday Discs*; o segundo foi preenchido com material interativo sobre história, governo e monarquia britânica, inclusive dados de recenseamento e alguns passeios em pseudorrealidade virtual por lugares importantes. Quando Wendy viu os *Discs* pela primeira vez, ficou abismada. Não era tanto a informação disponível que a surpreendeu, e sim a *forma* como esta era acessada. "As ideias eram incríveis",[7] conta. Os *Domesday Discs* eram interativos, usando links interconectados que podiam ser navegados pelo cursor, muito como estamos acostumados a fazer na web hoje. Para Wendy, se mover com facilidade entre reflexões em primeira pessoa sobre a vida na Inglaterra e dados demográficos e passeios fotográficos em 3-D foi uma experiência rica, recompensadora e imersiva. Ela nunca havia visto um computador fazer algo assim.

A verdade é que ela nunca tinha se interessado muito por computadores. Embora sua *alma mater*, a Universidade de Southampton, fosse uma das primeiras instituições no Reino Unido a ensinar ciência da computação, Wendy era dedicada à matemática pura. De acordo com seu orientador do doutorado, naquela época ela era "uma estudante tímida e retraída",[8] trabalhando em uma área da topologia "tão obscura que até hoje não entendo o título da sua tese". Ela aprendeu um pouco de programação no seu primeiro ano, mas achou tudo tedioso e impessoal. "Eu estava contente no meu mundo[9] da matemática e não via, na época, computadores me oferecendo algo de útil", contou ela em uma entrevista de rádio em 2013. Mas, quando viu os *Domesday Discs*, sua implicância foi esquecida. De repente, ela compreendeu o tipo de experiências que computadores possibilitariam e, conforme os computadores pessoais foram surgindo no Reino Unido, "comecei a enxergar o futuro",[10] diz ela.

Nem todos enxergavam isso tão explicitamente. Quando voltou à Universidade de Southampton depois de um período ensinando matemática a professores em treinamento, Wendy aceitou uma posição de professor assistente em ciência da computação, mas seu entusiasmo por multimídia não se alinhava com a visão estabelecida no departamento. "Um professor me disse, em público,[11] que se eu continuasse com aquele trabalho em multimídia, não haveria futuro para mim na Southampton ou na ciência da computação", lembra ela, "porque eu não estava

178   A HISTÓRIA DESCONHECIDA DAS MULHERES QUE CRIARAM A INTERNET

escrevendo compiladores ou novas linguagens de programação, nem criando sistemas operacionais". Muitos de seus colegas não consideravam multimídia interativa uma legítima ciência da computação — era vista como algo estético, menos sério, muito mais próximo das humanidades do que da programação clássica.

Mas Wendy não conseguia tirar da cabeça a visão de futuro que havia tido: um futuro em que imagens, textos e ideias estivessem conectados por links intuitivos na tela, e que computadores fossem acessíveis a todos. Em 1989, ela saiu de Southampton e aceitou um emprego na Universidade do Michigan, onde mergulhou na cultura tecnológica norte-americana, foi a conferências e, por fim, descobriu que multimídias clicáveis em computadores eram, sim, uma disciplina séria, e que tinha nome: os norte-americanos a chamavam de "hipertexto" ou "hipermídia". Embora seus interesses parecessem desvairados para a maioria dos colegas britânicos, Wendy estava na vanguarda nos Estados Unidos. Voltou a Southampton com uma visão objetiva de um novo sistema de hipertexto. Para explicá-la, Wendy me faz viajar no tempo, mais uma vez.

Esse salto é só de algumas décadas, não séculos. Wendy me conta sobre o conde de Mountbatten, primo em segundo grau de Elizabeth II. Mountbatten é, de certa forma, um avatar da Inglaterra do século XX. Como último vice-rei da Índia, ele supervisionou a transição do país para uma república moderna. Comandou um destróier durante a Segunda Guerra Mundial e foi indicado por Churchill como comandante supremo aliado do Sudeste Asiático, onde foi responsável por uma sangrenta campanha na Birmânia sob as monções. Ele conheceu Stalin. O imperador Hirohito. Porém, sua proeminência na história colonial britânica o tornou um alvo. No verão de 1979, muito depois de se aposentar, enquanto Mountbatten estava pescando lagostas em um barco de madeira na costa do condado irlandês de Sligo, ele foi assassinado com a família pelo IRA, o Exército Republicano Irlandês. Eles puseram uma bomba em seu barco,[12] explodindo-o em pedaços e arrancando as pernas do conde.

Os Mountbatten moravam em Romsey, uma vila de comerciantes tão antiga que o *Domesday Book* medieval contou três moinhos de água. De acordo com as informações que os alunos da área enviaram para o projeto *Domesday Discs*, entre as mais importantes características da vida em Romsey em 1986 estavam a predominância de punks ("No seu tempo livre, que eles têm de sobra,[13] os punks ficam com os amigos, às vezes jogando fliperama, com dinheiro emprestado"), uma adorada peixaria, um supermercado Waitrose e as Broadlands, a propriedade com inspiração ateniense em que o conde de Mountbatten recebia visitantes reais. As Broadlands ficavam na margem do rio Test, que a pouco mais de 15 quilômetros passa por Southampton e se une às águas salgadas do canal da Mancha. Por coincidência, a Universidade de Southampton é conhecida por seu acervo — e por isso, após seu brutal assassinato, o que restou da impressionante vida do conde de Mountbatten acabou na biblioteca da universidade.

Em Southampton, o Acervo Mountbatten se uniu a milhões de manuscritos, mas era distintamente moderno em comparação à maioria do que havia na biblioteca. Como a vida pública de Mountbatten transitava por todos os grandes acontecimentos da mídia do século XX, a biblioteca herdou algo[14] em torno de cinquenta mil fotografias, discursos gravados em discos de 78 rotações e uma grande coleção de filmes e vídeos. O material não tinha sequência linear, a não ser cronológica; não havia como encaixá-lo ordenadamente em uma base de dados. Dez anos depois, Wendy Hall voltou à Inglaterra após seu período sabático de aprendizado sobre hipertexto nos Estados Unidos.

Pouco tempo depois de ter voltado, ela ouviu uma batida na porta do escritório. Boatos sobre seus interesses tinham se espalhado do departamento de ciência da computação até a biblioteca. Ela recorda: "O arquivista veio me visitar[15] e disse: 'Nós poderíamos fazer algo incrível. Tenho um acervo em multimídia, com fotos, filmes e áudio. Seria possível colocar tudo em um computador e conectar todos esses arquivos?' E foi aí que tudo começou."

180　A HISTÓRIA DESCONHECIDA DAS MULHERES QUE CRIARAM A INTERNET

O Acervo Mountbatten era o ponto de partida perfeito para um projeto de hipertexto: uma coleção vasta e interconectada de documentos em diferentes mídias, sujeita a tantas interpretações quanto houvesse perspectivas sobre a história inglesa do último século. Wendy reuniu uma equipe e, no Natal de 1989, tinha uma demonstração funcional de um sistema chamado Microcosm. Era um design impressionante: assim como a World Wide Web faria alguns anos depois, o Microcosm demonstrou uma nova e intuitiva forma de navegar pela imensa quantidade de informação multimídia que a memória dos computadores suportava. Usando a navegação multimídia e links inteligentes, ele tornava a informação dinâmica, viva e adaptável a cada usuário. Na verdade, não era como a web. Era melhor.

A maior inovação do Microcosm era a forma como tratava os links. Enquanto a web se concentra em conectar documentos em uma rede, Wendy estava mais interessada na *natureza* dessas conexões, como diferentes ideias se comunicavam e por quê — o que hoje chamaríamos de "metadados". Em vez de embutir os links nos documentos tal como a web os dispõe nas páginas, o Microcosm mantinha os links separados, em uma base de dados que poderia ser atualizada regularmente. Essa "base de links" se comunicava com documentos sem deixar nenhuma marca em nenhum documento adjacente, tornando um link no Microcosm algo como uma camada flexível de informação, e não uma modificação estrutural no material.

Para usar um dos exemplos de Wendy: digamos que estou navegando pelo Acervo Mountbatten usando seu sistema, o Microcosm, em 1989. Estou interessada na carreira de Mountbatten na Índia, um período de dois anos em que ele supervisionou a transição do país de colônia a estado independente. Essa história tem alguns personagens recorrentes: seu marechal de campo; o líder do Congresso Nacional indiano, Jawaharlal Nehru; e, é óbvio, Mahatma Gandhi, cujo nome aparece inúmeras vezes nas fontes. Digamos também que, na base de links do Microcosm, uma entrada do nome "Mahatma Gandhi" tenha sido conectada a al-

HIPERTEXTO 181

guma informação multimídia — uma filmagem, talvez, de um discurso de Gandhi. Por causa da natureza dos links do Microcosm, essa conexão não fica restrita a somente uma entrada dessas palavras sublinhada em azul. Em vez disso, ela se conecta à *ideia* de Gandhi, seguindo o homem onde quer que seu nome apareça, em todos os documentos no sistema. Dessa forma, se eu incluir um novo documento no Microcosm, o sistema automaticamente identifica palavras correspondentes aos links na base e a atualiza. Imagine o que isso significaria na web que conhecemos hoje: para cada nome, cada ideia, cada possível link, um único arquivo de material suplementar, atualizado por todas as pessoas do mundo, filtrado pelos parâmetros definidos por cada usuário.

Links no Microcosm podiam ser adaptados para o nível de conhecimento do usuário e indicar vários pontos da base de links ao mesmo tempo. O Microcosm conseguia até mesmo encontrar novos links, fazendo buscas simples de texto no material completo disponível no sistema — uma ferramenta presciente que antecipava a importância da busca na navegação de informações. Esses links "genéricos", combinados com a base de links, criavam um sistema que se adaptava aos usuários e ao mesmo tempo lhes apresentava novas oportunidades de aprendizado. "Links são em si uma coleção valiosa[16] de conhecimento", explica Wendy. "Se esse conhecimento fica amarrado demais aos documentos disponíveis, não é possível aplicá-lo a novos dados." Ou seja: se uma conexão específica é interessante, exemplos múltiplos e apresentados horizontalmente estão mais próximos da verdade. Ao abrir espaço para esse conhecimento abrangente, o sistema de Wendy valorizava a correlação *entre* documentos, e não os documentos em si. Para a pequena mas ativa comunidade de acadêmicos lidando com hipertexto, era isso o que o campo tinha a oferecer de melhor.

Nos anos entre 1984 e 1991, uma infinidade de sistemas de hipertexto como o Microcosm surgiu em faculdades e laboratórios de pesquisa de empresas de tecnologia como Apple, IBM, Xerox, Symbolics e Sun Microsystems. Cada um sugeria diferentes convenções para conexão entre links, associações espaciais e níveis de micro e metaprecisão de coleções de informação. Se isso parece meio insípido, lembre-se de que gerenciamento, navegação e otimização de informações são atividades básicas da vida moderna — fazemos isso cinquenta vezes antes mesmo do café da manhã — e que cada um desses sistemas tinha o potencial de se tornar tão importante para nós quanto a web é hoje.

A jovem disciplina do hipertexto era cheia de mulheres. Quase todas as equipes importantes criando sistemas de hipertexto tinham mulheres em posições de destaque, quando não na liderança. Na Universidade Brown, várias mulheres, incluindo Nicole Yankelovich e Karen Catlin, trabalharam no desenvolvimento do Intermedia, um sistema visionário de hipertexto que conectava cinco aplicativos diferentes em uma "estação acadêmica" e de quebra inventou o "link âncora". O Intermedia inspirou a Apple, que havia parcialmente financiado o projeto, a integrar conceitos de hipermídia nos seus sistemas operacionais. Amy Pearl, da Sun Microsystems, desenvolveu o Sun's Link Service, um sistema aberto de hipertexto; Janet Walker, na Symbolics, criou sozinha o Symbolics Document Examiner, o primeiro sistema a incorporar marcadores (ou *bookmarks*), uma ideia que mais tarde foi absorvida pelos navegadores de internet modernos.

Para mulheres interessadas na natureza e no futuro dos computadores, o hipertexto era muito mais atrativo que outras áreas da ciência da computação, que na época já via uma grande queda na participação feminina tanto em níveis acadêmicos quanto profissionais. Os motivos para tal não são tão óbvios, mas refletem algumas das mesmas tendências identificando em gerações anteriores. Se por um lado "toda a ideia de hipertexto[17] é colaborativa", como sugere Nicole Yankelovich, do Intermedia, e "trabalhos colaborativos atraem mulheres", o hipertexto também era, assim como a programação havia sido, um campo totalmente novo, um quadro em branco em que as mulheres poderiam escrever história. Além disso o hipertexto era um campo aberto a estudantes de outras áreas para além da ciência da computação, vindos de disciplinas

HIPERTEXTO 183

tão distantes quanto design de interface e sociologia. O que essas pessoas tinham em comum era uma abordagem humanista e voltada ao usuário. Para elas, o produto final nem sempre era um software: era o *efeito* que o software surtia nas pessoas.

Mas eu não entendi bem isso até começar a falar com Cathy Marshall.

NOTECARDS

Cathy é uma pesquisadora de hipertexto que passou grande parte da sua carreira no Xerox PARC, um *think tank* de Palo Alto fundado pela empresa de impressoras em 1970 para criar o escritório do futuro, sem papéis. "Tenho que fazer algumas perguntas sobre o seu processo", disse ela em nossa primeira entrevista.

Entrevistar pesquisadoras de hipertexto implica em parte permitir ser avaliada: muitas delas nunca perderam o interesse profissional em como as pessoas organizam seu raciocínio. No meu segundo encontro com Cathy, me vejo descrevendo meu quadro de cortiça cheio de anotações e fios de lã e que mais parece uma investigação de assassinato. Ela me conta sua estratégia. "Se escrevo algo que não está funcionando,[18] jogo tudo fora e começo de novo", conta. "Não acho que eu perca o que já escrevi. Está tudo na minha cabeça. Com o tempo, o que estou fazendo é mudando o que está na minha mente — o que está no papel é consequência." Esse comentário é feito distraidamente, mas a sabedoria dele me surpreende. É isso que são softwares, percebo: *sistemas para mudar sua mente.*

Cathy cresceu em Los Angeles e foi uma das primeiras mulheres a estudar na CalTech (California Institute of Technology) depois que a universidade se tornou mista em 1970. Ela só tinha 16 anos, era baixinha — 1,5m, se muito — e levemente avessa a matemática e ciência. No verão em que se matriculou,[19] estava mais interessada em *The Rocky Horror Picture Show*, J.D. Salinger e macramê do que em equações diferenciais. Quando pediu ajuda, ela se lembra de um professor lhe dizendo que seria melhor se ela virasse dona de casa — "minhas habilidades domésticas[20] são ainda piores que minhas habilidades matemáticas", ela se lembra de pensar na época — e de outro que esperou até um dia em que ela faltou à aula para contar uma piada de mau gosto. Outro aluno lhe contou o final, algo sobre um bordel e uma suposta "dor de cabeça".[21] Não foi a piada que a incomodou, e sim que o professor tivesse esperado ela faltar para contá-la. "Pareceu tão estranhamente óbvio", conta.

Quando ela se formou na CalTech em língua inglesa, começou a trabalhar como analista de sistemas para uma empresa de radares e processamento de sinais em Santa Monica. O escritório tinha vista para o mar, mas ela escrevia códigos utilitários para um microcomputador Prime, um trabalho extremamente técnico e sem graça. Começou a trabalhar no Xerox PARC em meados dos anos 1980. Mesmo fora dos círculos da computação, o PARC era conhecido por sua abordagem informal e livre: engenheiros trabalhavam lado a lado com antropólogos em um campus aberto no topo de uma colina arborizada com vista para o Vale do Silício, e grandes reuniões eram feitas em uma sala cheia de pufes de veludo cotelê,[22] confortáveis e baixos o bastante para que ninguém ficasse tentado a se levantar e atacar as ideias uns dos outros.

Depois de tantos anos se sentindo uma estranha, Cathy se esforçou para se integrar à cultura de trabalho pouco ortodoxa do Xerox PARC. "O que eu mais amava no PARC[23] era a tamanha multidisciplinaridade", lembra ela. "Acho que seria difícil encontrar um lugar assim hoje em dia. Eles não tinham medo de contratar pessoas com bagagens diferentes." A mistura era divertida: às vezes ela aprontava com os cientistas da computação, colocando sabonetes no micro-ondas até imensas torres de espuma surgirem, e participava do programa Artista Residente do PARC, que juntava artistas e tecnólogos para criar trabalhos novos e ambiciosos. Sua dupla, a poeta Judy Malloy,[24] muitas vezes atravessava o campus do PARC, passando por um campo com cavalos e por uma cerca de arame farpado só para aparecer na janela de Cathy e lhe dar um oi.

NoteCards, o primeiro sistema em que Cathy trabalhou no Xerox PARC, se baseou em técnicas antigas de escrita cujos métodos logo começamos a debater. O software simulava "o jeito como você escrevia trabalhos[25] na escola: com fichas e caixas de arquivamento". Usando links de hipertexto, os usuários podiam encadear suas fichas em complexas sequências e coleções, criando mapas mentais e representando seu processo de pensamento, o que facilitava o trabalho de demonstrar suas conclusões para outras pessoas. NoteCards não era uma ferramenta de escrita, e também não era um navegador de informações como o Microcosm. Quando indagada, Cathy o chama de "processador de ideias".

Hipertexto está para o texto[26] assim como a gramática técnica do cinema está para o celuloide: palavras na tela se tornam um meio dinâmico através de botões e links, assim como cortes e truques de edição transformam imagens em movimento em filmes. Essa gramática pode ser aplicada a qualquer tipo de texto, tornando hipertexto especialmente útil para tudo, desde navegação na web, como fazemos hoje, ao processamento de ideias e à criação de ficção no estilo "faça sua própria aventura". O NoteCards foi criado para análise de inteligência. Antes de recomendar certas políticas, imaginou Cathy, os altos escalões da inteligência poderiam examinar o argumento fundamental por trás de certas ideias. "Eu era ingênua na época", diz ela, e ri.

A comunidade inteligente nunca se dedicou ao hipertexto, mas o NoteCards tinha tudo a ver com a atmosfera multidisciplinar do Xerox PARC, um lugar em que antropólogos, linguistas, físicos e cientistas da computação trabalhavam lado a lado. Instalado em todas as estações de trabalho do campus, o programa se tornou uma ferramenta vital[27] para compartilhar ideias entre disciplinas, e sua influência foi além das fronteiras do PARC. Em 1987, a Apple lançou[28] um aplicativo similar, chamado HyperCard, que veio pré-instalado nos computadores Apple Macintosh e Apple IIGS e se tornou o sistema de hipermídia mais popular já criado antes do advento da World Wide Web. As pessoas o usavam para criar bancos de dados, escrever romances com várias linhas narrativas e criar apresentações como em slides do PowerPoint. Jogos populares, como o best-seller *Myst*, teve seu protótipo criado no HyperCard. Na

Apple, o programa era usado para testar ideias de design de interface, e algumas editoras até publicavam revistas como "pilhas" de HyperCard.

O ano de 1987 foi especial para o hipertexto, na verdade. Além do lançamento de HyperCard, também foi quando aconteceu a primeira conferência acadêmica de hipertexto, a Hypertext' 87, em Chapel Hill, na Carolina do Norte. Conferências acadêmicas do tipo às vezes criam comunidades em torno de pesquisadores mais isolados, e foi o que aconteceu lá. O dobro de representantes esperados apareceu, fazendo um participante observar que havia "uma triste sensação de que aquela seria[29] a última vez que qualquer reunião sobre hipertextos teria um tamanho tolerável". Era uma mistura inebriante, pouco comum em conferências técnicas, em grande parte devido às muitas possibilidades que o hipertexto levava às humanidades: cientistas da computação estavam lado a lado com classicistas, professores com empresários. "As conferências de hipertexto eram incríveis,[30] maravilhosas naquela época", conta Wendy Hall. "Nós recebemos o que chamo de *literati*, os poetas e escritores. Acho que é por isso que atraía tantas mulheres."

"A ciência da computação sempre teve pessoas marginalizadas[31] que se interessavam pelos usuários", explica Cathy, mas elas encontraram um ponto em comum na pesquisa de hipertexto, que na realidade era o estudo de como as pessoas usam computadores para organizar pensamentos e informações. Os participantes da Hypertext' 87 voltaram para casa com a certeza de que hipertexto não era um interesse esotérico explorado apenas por alguns fanáticos, e sim um verdadeiro movimento — que estava começando a chamar a atenção de gigantes como a Apple. "Havia ilhas[32] de ideias quando começamos", lembra Cathy, mas, conforme a comunidade crescia, estudiosas como ela e Wendy perceberam que seus sistemas tão diferentes eram parte de um todo. Os sistemas de hipertexto que surgiriam influenciaram uns aos outros de inúmeras formas, progressivamente refinando as ideias que reforçaram a tecnologia da informação mais inovadora do nosso século.

Parte de se interessar pelo usuário está em atentar para *como* ele usa o software que está nas suas mãos. Conversando com um grupo de acadêmicos do Xerox PARC que usavam o NoteCards, os colegas de Cathy descobriram que, embora cada pessoa "habitasse" o sistema de forma diferente, a maioria o usava para desenhar esquemas amplos: organização e estruturação, criação de rascunhos, manutenção de referências. Criar conexões e visualizá-las de forma global ajudava escritores a trabalhar argumentos e ideias, e, como o NoteCards permitia que múltiplos arranjos[33] existissem paralelamente, os escritores podiam explorar diferentes interpretações antes de escolher qual seguir. Cathy chamava esse tipo de trabalho de "estruturação de conhecimento", e tal conceito dominaria suas pesquisas subsequentes. Os herdeiros do NoteCards — Aquanet, um sistema batizado em homenagem a uma marca de laquê porque mantinha o conhecimento no lugar, e VIKI, o primeiro sistema de hipertexto espacial, permitiam que os usuários organizassem suas ideias espacialmente desde o início, criando esquemas gráficos para demonstrar como as coisas se encaixavam. Estudando filosofia e lógica e consultando antropólogos e cientistas sociais no Xerox PARC, Cathy descobriu como interpretar material e que desenvolver uma posição muitas vezes é um processo de associações abstratas "difícil de articular sob as amarras[34] da linguagem, não importa o quão informal ela seja". Seus sistemas de hipertexto eram feitos para trabalhar o pensamento cinestésico, o processo de mover as coisas para tentar encaixá-las, algo semelhante a "sacudir modelos moleculares no espaço ou mover uma peça de quebra-cabeça em diferentes orientações".

Tudo isso pode soar estranhamente confuso e abstrato. Por que passar tanto tempo organizando retângulos em uma tela? Mas, mesmo no mundo físico, as pilhas e os conjuntos que formamos representam nosso pensamento: me vem à mente a escrivaninha de Jake Feinler no NIC, coberta de preciosas pilhas de papel, e a minha mesa em casa, com suas montanhas de livros marcados, cadernos, impressões. A proximidade entre eles, sua distância de mim, tudo sugere conexões temáticas e aproximações conceituais no meu processo de pensamento. Em um artigo importante da era do hipertexto, Alison Kidd, uma pesquisadora da Hewlett-Packard, chamou essas pilhas de "padrões de manutenção espacial",[35] sugerindo que elas têm um papel importante na "criação, exploração e transformação de estruturas que nos informam de maneiras sempre distintas".

Os sistemas de hipertexto de Cathy mudaram todos esses padrões mentais nas telas e os integraram a ambientes maiores de escrita e criação de argumentos, prevendo as maneiras como logo todos nós trabalharíamos em computadores: com abas, documentos e aplicativos multiplicando-se em organizações que fazem sentido para cada processo mental específico. Eles também demonstraram como hipertextos podem ser complexos e cheios de nuances quando a tecnologia é explorada ao seu potencial máximo; ela sustenta não só links como também mapas mentais inteiros, sistemas que representam — e, mais importante, transformam — nossas mentes.

Foi esse tipo de ideia que fez Cathy, mais de trinta anos depois, me dizer que o que está no papel é consequência. Que as coisas importantes são as que permanecem na sua cabeça. Se meus documentos, espalhados pela mesa ou reunidos como ícones na tela, parecem incompreensíveis a um observador externo, não significa que meu sistema seja falho. Eles *devem mesmo* ser incompreensíveis, porque não passam dos restos de um processo de transformação, como uma casca de pele solta. A verdadeira tecnologia é o usuário.

Isso significa eu. E você.

Hypertext'91

O auge de tudo foi a Hypertext' 91.

A conferência daquele ano se deu em San Antonio, Texas. A reunião na Carolina do Norte realmente havia sido a primeira e última vez que a comunidade do hipertexto teria um tamanho tolerável — nos quatro anos desde a Hypertext' 87, a conferência tinha explodido, e acadêmicos, escritores, engenheiros e desenvolvedores de todo o mundo convergiram para o Texas. Wendy Hall veio da Inglaterra para demonstrar a mais recente atualização do Microcosm. A área da conferência, um lobby de hotel[36] ocupado por filas de mesas, estava cheio de representantes de dezenas de projetos de hipertexto como AnswerBook e LinkWorks. A algumas mesas de distância de Wendy Hall estava outro cientista da computação britânico chamado Tim Berners-Lee. Seu artigo havia sido rejeitado pela conferência, mas ele tinha ido a San Antonio assim mesmo, para mostrar um novo sistema para seus colegas estudiosos do hipertexto.

Com ele estava Robert Caillau, um colega do CERN, a Organização Europeia de Pesquisa Nuclear. A dupla estava demonstrando um sistema de distribuição de hipertexto que Berners-Lee construíra para facilitar um pouco a distribuição de informações entre os computadores conectados em rede do imenso campus suíço. Para quem o viu em 1991, o sistema parecia com o NoteCards ou o HyperCard da Apple: pequenas "páginas" gráficas conectadas por links. A maior diferença era que essas páginas não viviam todas no mesmo computador; Berners-Lee e Caillau, querendo disponibilizar os dados para físicos fora do CERN, tinham construído seu sistema de hiperlinks na estrutura da internet acadêmica. Eles o chamaram de World Wide Web.

Para demonstrar a World Wide Web, Berners-Lee e Caillau trouxeram seu computador no avião de Genebra: um NeXT cube preto de dez mil dólares,[37] na época a única máquina capaz de rodar o navegador gráfico da World Wide Web de Berners-Lee. Ainda assim, a comunidade do hipertexto não se deixou impressionar. "Quando ele disse que era necessário uma conexão à internet",[38] lembra-se Cathy Marshall, "eu pensei: 'Hum, isso é caro.'" Wendy Hall tirou um intervalo das próprias demonstrações para testar a web no salão de conferências. "Eu olhava para aquilo",[39] lembra-se, rindo com tristeza, "e pensava: 'Esses links, eles estão presos aos documentos, e só funcionam de uma maneira... Isso é simplista demais.'"

Elas tinham razão. Era caro. Embora Stanford tivesse estabelecido o primeiro servidor de web nos Estados Unidos apenas três dias antes da

190 A HISTÓRIA DESCONHECIDA DAS MULHERES QUE CRIARAM A INTERNET

conferência, o hotel em San Antonio não tinha conexão à internet, então Berners-Lee e Caillau foram forçados a demonstrar uma versão cega da web salva em um disquete. E *era* simplista. Comparada aos outros sistemas disponíveis, a versão do hipertexto na web estava anos atrasada. Links na World Wide Web só funcionavam em uma direção, para um único destino, e eram contextuais — amarrados ao seu ponto de origem —, em vez de genéricos, como os links do Microcosm de Wendy. Em vez de usar uma base de links que poderia atualizar documentos automaticamente quando links fossem movidos ou deletados, a web embutia os links nos próprios documentos. "Isso tudo era considerado o contrário[40] do que estávamos fazendo na época", completa Cathy. "Era algo do tipo: bom, a gente sabe que não é para fazer isso."

Como as demonstrações na Hypertext' 91 estavam marcadas para depois de todas as palestras e discussões do dia, muitos representantes pulavam essa parte. Em uma matéria posterior, uma repórter do periódico da área, o *ACM Sigchi Bulletin*, comentou que tinha "pouca energia para ver e compreender as demonstrações, quanto mais para ter uma conversa inteligente sobre elas". Das 21 demonstrações disponíveis, ela conseguiu assistir a apenas seis, e uma delas era a World Wide Web. No que foi pouco mais que uma nota de rodapé na sua matéria, ela chama a web de "interface baseada em hipertexto"[41] com foco na "comunidade da física de partículas".

Nada nos eventos da Hypertext' 91 sugeria a rapidez com que a World Wide Web dominaria a vida das pessoas no mundo inteiro — e acabaria alterando a história humana. Em San Antonio, aquele era só um dos sistemas apresentados, e nem de longe o mais sofisticado. Certamente não ajudava que as atividades tecnossociais da Hypertext' 91 contavam com uma fonte de tequila no pátio do hotel. No momento em que a World Wide Web estava fazendo sua estreia norte-americana, estavam todos do lado de fora bebendo margaritas.

Mas a web não teve grandes problemas após o descaso no Texas. Durante a Hypertext' 93, mais da metade das demonstrações presentes era baseadas na web, e na conferência europeia sobre o assunto em 1994, Berners-Lee foi o orador principal. Durante esse breve intervalo, o hipertexto e a web coexistiram, embora de forma receosa. Cathy Marshall propôs que[42] sistemas de hipertexto serviriam como estações de trabalho para a informação reunida on-line, e o HyperCard só foi tirado de circulação em 2004. Wendy Hall, que conseguiu sobreviver à transição para a web com mais sucesso que muitas colegas, atualizou o Microcosm para incluir um visualizador da web, e desenvolveu versões de sua amada base de links que podiam ser compartilhadas em uma rede comum.

Hoje, basicamente pensamos no hipertexto como algo relacionado à web, e não na web como uma manifestação tecnicamente inferior dos princípios do hipertexto. A web foi o aplicativo mais popular do hipertexto, assim como o e-mail foi para a internet — mas seu sucesso foi um baque para a comunidade do hipertexto. "Não sei bem como descrever",[43] conta Cathy Marshall. "De repente eu era a *outsider*, quando sempre tinha sido uma *insider*." Na primeira conferência sobre World Wide Web em 1994, Wendy Hall percebeu que muitos participantes achavam que a web fosse o primeiro sistema de hipertexto, e ficou abismada ao ler um artigo reinventando suas ideias de links genéricos. Em 1997, os dois campos haviam divergido de tal maneira que as conferências da Hypertext e da World Wide Web foram marcadas para a mesma semana.

Até hoje, a World Wide Web sofre de problemas que sistemas como o Microcosm resolveram há décadas. Como os links na web são dependentes do contexto, são quase impossíveis de manter. Se um site na Web é movido, deletado ou escondido atrás de uma paywall, todos os links que apontavam para ele se tornam inúteis, boiando como a corda de uma âncora separada do navio. Isso não é novidade para qualquer um que já passou 5 minutos navegando na web: de acordo com um estudo de 2013,[44] a vida útil média de uma página na web é de 9,3 anos, uma taxa de obsolescência que com o tempo produz cada vez mais links quebrados pela rede. Todos nós encontramos esses becos regularmente, os chamados Errors 404. O documento que você está procurando, dizem eles, não pode ser encontrado.

Os pesquisadores de hipertexto que criticaram a World Wide Web em San Antonio concluíram que esse problema seria a desgraça do sistema. Afinal, de que serve um sistema de hipertexto se os links não funcionam? Além disso, a web não é construtiva. Em todos os grandes sistemas de hipertexto pré-web — Microcosm, NoteCards, Aquanet, VIKI e Intermedia —, criar links era tão importante quanto clicar neles. O objetivo era que os usuários construíssem seus caminhos pelo material, um processo criativo de forjar trilhas associativas que poderiam ser partilhadas uns com os outros. A web, porém, é um meio passivo, uma supervia expressa pela qual passamos sem deixar muitas marcas.

A World Wide Web talvez não fosse poderosa o bastante para os acadêmicos, mas uma ferramenta leve e intuitiva muitas vezes tem mais chance de sucesso que outra muito mais poderosa. E, embora bases de links e hipertextos construtivos fossem mantidos com facilidade em ambientes relativamente contidos de pesquisa e estudo, ou em pequenas redes que funcionam no mesmo sistema operacional, eles logo se tornariam impossíveis de gerenciar em escala global. Hoje, nós aceitamos os Errors 404 como o preço a pagar, e a web governa o mundo.

MULTICOSM

Na segunda vez que falo com Wendy Hall, ela está no fim de um longo expediente no departamento que agora lidera na Southampton, o Web Science Institute. Quando faço a ligação pelo Skype, ela está se despedindo dos últimos alunos que saem da sala de conferência em que se encontram. "Claire está escrevendo um livro sobre mim",[45] diz ela, rindo, para alguém que não consigo ver, gesticulando para meu rosto na tela. "Ou sobre pessoas como eu, na verdade."

Wendy é a primeira a dizer que é uma pessoa muito extrovertida. Ela adora fazer conexões com e entre outras pessoas. Quando fala, suas palavras saem em fluxos longos e confiantes, saltando de uma grande ideia para outra aparentemente não relacionada, seguindo sua própria lógica invisível — a marca de uma verdadeira pesquisadora de hipertexto. Ela ama ficção científica e me pergunta várias vezes se já li *O guia do mochileiro das galáxias*, de Douglas Adams, ou *Fundação*, de Isaac Asimov. Esses livros contêm suas analogias mais práticas: a World Wide Web, ela diz, é um experimento mundial, assim como os ratos brancos do *Guia*, que correm por labirintos para testar os cientistas, e tentar entender a web é como estudar a "psico-história" de Asimov, uma matemática de complexidade social que pode prever o surgimento e o fim de galáxias.

Em 1991, depois de beber algumas margaritas no pátio em San Antonio, Wendy voltou para Southampton e continuou desenvolvendo seu sistema multimídia de hipertexto, o Microcosm. Para sobreviver, ele precisava se adaptar aos novos tempos. E fez isso muito bem: para cada nova forma de mídia, Wendy e sua equipe desenvolviam novos "visualizadores" no Microcosm, janelas pelas quais os usuários poderiam absorver materiais para suas bases de links pessoais. Havia visualizadores para vídeos digitais para LaserDiscs, visualizadores para animação, som e modelos 3-D, e visualizadores para outros sistemas de hipertexto. Depois de San Antonio, porém, Wendy tomou o cuidado de criar mais um: um visualizador para a World Wide Web.

O visualizador da web no Microcosm servia como um substituto de hipertexto para o navegador-padrão de internet. Enquanto navegadores como o Mosaic — e depois o Netscape e o Internet Explorer — eram somente leitura, usuários do Microcosm podiam, usando seu visualizador da web, selecionar textos de qualquer lugar desta para usar como ponto de partida ou de destino para as próprias sequências de hipertexto, conectando-se a outras páginas na web, documentos multimídia e suas bases de link pessoais no Microcosm. Tudo isso parecia, para Wendy, a coisa mais natural do mundo. Muitos na comunidade do hipertexto reclamavam da simplicidade brutal da web, mas Wendy lidou com isso apoiando seu sistema mais robusto — e próprio — no mundo mais básico das páginas interligadas da web. "Eu a via por um visualizador do Microcosm",[46] explica ela. "É lógico que Tim via de maneira oposta."

Assim como muitos pesquisadores do hipertexto, Wendy tinha todos os motivos para acreditar que ambos os sistemas poderiam coexistir sem problemas. Afinal, o Microcosm era melhor. Não tinha o empecilho dos links mortos[47] e, enquanto a web só conectava páginas uma a outra, o Microcosm conectava processadores de texto, planilhas, vídeos, imagens e arquivos CAD, como uma microinternet interligando *tudo* na área de trabalho. "Você podia seguir os links para muitos destinos diferentes",[48] diz ela. "Podia ter um-a-um, um-a-vários, vários-a-vários tipos de links. E podia reverter tudo." Como os links do Microcosm eram guardados em uma base de dados e não embutidos nos documentos, o sistema podia gerar novas conexões em tempo real, se adaptando aos hábitos de uso de cada usuário. "Eu ainda pensava na web como *um* dos sistemas que poderíamos usar", conta Wendy.

O que ela não havia previsto era o efeito de rede. Como a web era construída sobre a internet e de graça, os primeiros adeptos logo abriram espaço para os usuários comuns, e quanto mais gente entrava na web, mais ela ficava interessante para seus amigos e familiares, o que logo a tornou predominante. Enquanto isso, a equipe do Microcosm publicava novas soluções paliativas. Eles resumiram os conceitos-chave do sistema — os links genéricos e as bases de links — em uma extensão para navegadores da web chamada Distributed Link Service, que fazia de qualquer navegador um tipo de Microcosm Lite, aplicando princípios dos links genéricos às trocas entre cliente e servidor. Na realidade, isso permitia que usuários usassem material da web independentemente da existência de links ali. "Melhorando a web[49] com os serviços de link do Microcosm, leitores da WWW se libertariam da tirania do botão", a equipe de Wendy escreveu em um artigo de 1994.

A tirania do botão, porém, prevaleceu. As pessoas que navegavam a web pela primeira vez, poucas com qualquer experiência com o tipo de hipertexto que pessoas como Wendy e Cathy criaram, não tinham problema algum em clicar botões, passeando sem destino certo pelos labirintos da web. Esses descaminhos da curiosidade eram, na verdade, parte do apelo nos primórdios da rede. Quando as pessoas chegavam a um ponto sem saída, elas voltavam e tentavam outro link. O labirinto era uma bagunça, mas valia a pena caminhar por ele.

Se a equipe de Wendy na Southampton tivesse concentrado suas energias de forma diferente, é bem possível que o Microcosm fosse o primeiro navegador gráfico da web a decolar. Mas isso dependia de tornar o software tão livre quanto a web, e a equipe de Wendy queria comercializar seus esforços. Em 1994, eles criaram a Multicosm Ltd.: se um microcosmo era uma janela para o mundo, a empresa produziria muitas. O momento não poderia ser pior. "As pessoas diziam",[50] lembra ela, rindo, "'acho o que vocês estão fazendo incrível, mas esse negócio de web é de graça, então vamos tentar isso primeiro'".

Felizmente, Wendy nunca abandonou a vida acadêmica. Na direção de um departamento crescente em Southampton, ela permaneceu em contato com a cada vez maior comunidade de desenvolvedores da web e, depois de trabalhar de perto com Tim Berners-Lee para desenvolver o visualizador da web para o Microcosm e o Distributed Link Service, Wendy se transformou em uma presença constante nos primórdios da web. Em 1994, ela ajudou a organizar a primeira conferência da web, mas ainda não acreditava que essa seria a solução definitiva. Em uma palestra de 1997 na Southampton, ela não se segurou: "A web nos mostrou[51] não só que um hipertexto global é possível, como também que é mais fácil colocar besteiras na net que qualquer coisa de valor real e duradouro." E tinha muita razão.

Há mais por trás dessa história, porém. As ideias do Microcosm talvez não tenham sido implementadas em uma escala global na época, mas sua presciência é inegável. A forma como o sistema de Wendy criava links de forma dinâmica, baseados no contexto da informação sendo conectada, era uma forma do que hoje chamamos de metadados. "Estamos agora, 27 anos após[52] a web, vivendo em um mundo movido por dados", lembra

Wendy. *Como* e *por que* esses dados são conectados está se tornando cada vez mais importante, especialmente conforme ensinamos as máquinas a interpretarem essas conexões por nós. Para que uma inteligência artificial entenda a web, ela vai precisar de uma camada adicional de informação, legível pelas máquinas por cima dos nossos documentos, um tipo de meta-web que os proponentes chamam de web semântica. Enquanto humanos conseguem compreender conexões intuitivamente e ignorar quando links morrem ou não levam a lugar algum, computadores exigem informações mais consistentes sobre a fonte, o destino e o significado de cada link. "Essa era a essência do Microcosm",[53] diz Wendy. Quando ela começou a participar da construção da web semântica nos anos 2000, era "tão empolgante porque eu conseguia ver todas as minhas ideias iniciais surgindo no mundo da web. Ainda não conseguimos fazer todas as coisas que eram possíveis no Microcosm dos anos 1990, mas dá para ver como nossas bases de links eram úteis".

No fim, porém, o sistema é imaterial para ela. É com as conexões que ela se importa: a incrível complexidade da sociedade e dos pensamentos humanos, todos influenciando uns aos outros no decorrer da história. "Existem muitas maneiras pelas quais poderíamos ter implementado um sistema de hipertexto global", diz Wendy. "A web ganhou... por enquanto. Mas a sensação é a de que esse é um experimento que envolveu o mundo inteiro. Você já leu *O guia do mochileiro das galáxias?*"

PARTE TRÊS

As primeiras convictas de verdade

Capítulo onze

MISS OUTER BORO

A internet existe na confluência de cultura, código e infraestrutura. Como a historiadora da tecnologia Janet Abbate escreve: "Os meios de comunicação muitas vezes parecem[1] desmaterializar a tecnologia, apresentando-se ao usuário como sistemas que transmitem ideias e não elétrons." Isso torna a fronteira entre usuários e produtores, e entre software e hardware, tão porosa que acaba permeável. Como a história do hipertexto demonstra, só a tecnologia não é o suficiente para mudar o mundo — ela tem que ser implementada de forma acessível e adotada por uma comunidade de usuários que se sintam donos daquilo o bastante para inventar novas extensões, muito além da imaginação dos criadores. Para criar links bem-sucedidos, em resumo, precisamos de coisas que valha a pena linkar.

Mesmo tendo eclipsado sistemas de hipertexto anteriores e mais complexos, a web não transformou o mundo sozinha. Uma geração de usuários inteligentes, criativos, não acadêmicos e não técnicos teve que surgir primeiro para fazer as conexões que marcaram a rede altamente interdependente que amamos — ou amamos odiar — hoje. Para preencher o recipiente de conteúdo, esses usuários precisavam de uma familiaridade intensa tanto com computadores quanto com a cultura. Precisavam saber construir e conectar, entender como algo que organiza a informação também pode inspirar pensamentos. Felizmente, havia algumas pessoas assim no Echo. Uma delas se denominava Miss Outer Boro.

Marisa Bowe era adolescente nos anos 1970 quando seu pai trouxe para casa uma caixa com painéis de madeira e uma tela quadrada de plasma que brilhava com uma luz laranja. Ele instalou a máquina no porão da família nos subúrbios de Minneapolis, perto do lago Minnetonka, onde eles passeavam de barco no verão. Não era um computador pessoal — ainda levaria algumas décadas até que eles aparecessem nos porões dos subúrbios do país. Na verdade, era um terminal, trazido à vida quando a linha telefônica doméstica, unida a uma armação específica, o conectou a rede de supercomputadores.

O pai de Marisa era um executivo de relações-públicas na Control Data Corporation, uma empresa antiquada de produção de computadores mainframe. Nos anos 1960, eles produziram os supercomputadores mais rápidos do mundo. Mas, quando Marisa chegou à adolescência, a empresa do pai estava fazendo uma aposta arriscada em educação assistida por computadores, imaginando que professores um dia fossem substituídos por sistemas de aprendizado eletrônicos e softwares especializados. Eles chamaram esse projeto de Lógica Programada para Operações de Ensino Automáticas, ou Plato, na sigla em inglês. O software foi criado nos mainframes da companhia.

O modelo Plato tinha o objetivo de oferecer uma educação descentralizada e de baixo custo, com um número de programas de ensino hospedados centralmente acessados de forma remota por estudantes em terminais brilhantes como aquele no porão de Marisa. Embora os terminais do Plato fossem mais tarde instalados em universidades e escolas de Illinois à Cidade do Cabo, poucas pessoas chegariam a ter um em casa. Não que Marisa tenha usado sua situação privilegiada para aprender algo. O Plato oferecia lições em todos os assuntos, de aritmética a hebraico, mas ela o usava para conversar com meninos.

"Eu não tinha interesse algum em programação",[2] conta, "mas descobri que havia um bate-papo ao vivo. Então comecei a flertar com o filho do chefe do meu pai. Você meio que conseguia ver quem estava on-line — embora sempre tivesse muito pouca gente. Mas ali estava eu, uma adolescente, e todos os outros eram meninos, e eu era muito tímida na vida real. Acho que me perguntavam o que eu estava vestindo. Não era nada pornográfico nem nada, mas era um flerte, e era muito divertido".

Onde quer que os terminais Plato fossem instalados, os estudantes conversavam, postando mensagens sobre "ficção científica, feminismo,[3] futebol, o orçamento do departamento de defesa, rock 'n' roll". O Plato tinha uma versão primitiva do e-mail chamado "Personal Notes", o fórum público "Group Notes", que servia como quadro de avisos, e um bate-papo individual chamado TermType. A comunidade do Plato teve todos os clichês que se tornariam comuns nas comunidades on-line — inclusive homens fingindo-se de mulheres[4] — e, assim como os terminais do Memória Comunitária emergindo simultaneamente na Bay Area, tinha a própria contracultura meio louca.

Marisa era, na gíria do Plato, uma *zbrat*: uma criança usando o nome de usuário do pai para se misturar naquela rede emergente. Ela não se lembra de ter conhecido outra zbrat, mas fez alguns amigos on-line. Além dos flertes com o filho do chefe, ela conversava com universitários em Boulder, no Colorado, e em Champaign-Urbana, na Universidade de Illinois, onde o software do Plato estava sendo desenvolvido.

Os usuários partilhavam receitas, trocavam conselhos amorosos, usavam emoticons e jogavam RPGs de fantasia. Para uma menina dos subúrbios no Meio-Oeste, tudo isso era inesperado, como se um eletrodoméstico de repente se transformasse em uma janela para outra dimensão. O Plato mudou o rumo da vida de Marisa. Quando a maior parte das pessoas da sua idade ainda pensava em computadores como calculadoras monolíticas no porão de universidades, ela compreendia que, uma vez conectados, eles se tornavam máquinas sociais. Levaria uma década para o restante do mundo alcançá-la — e quando isso aconteceu, Marisa já estava na frente.

202 A HISTÓRIA DESCONHECIDA DAS MULHERES QUE CRIARAM A INTERNET

Ela cresceu, mas não conseguia se desligar do fascínio das palavras na tela. Ao experimentar LSD pela primeira vez,[5] ficou deitada de costas no quintal, observando a fumaça do cigarro "cor de madrepérola" subir para as estrelas, o que para ela parecia "uma televisão, se movendo e formando palavras que eu não conseguia ler". Quando se mudou para Nova York em 1985 — durante a "época Donald e Ivana Trump,[6] fusão e aquisição, altos investimentos e coisa e tal" —, ela descobriu a cultura dos BBS, e o The WELL. "Meu Deus!", pensou. "Isso é igual ao Plato,[7] mas com pessoas interessantes!" Marisa estava animada para reviver seus flertes da juventude, mas o The WELL não funcionou bem para ela.

Na web de hoje, a distância geográfica não conta muito, além de diferenças de tom — e-mails vindos de outros países chegam no que parecem horas estranhas, e o Twitter de fim de noite na Costa Leste se transforma no feed da manhã na Costa Oeste. Mas, nos dias de conexão dial-up, havia uma divisão tecnológica e cultural significativa na internet dos litorais norte-americanos. Essa cordilheira digital trazia duas dificuldades insuperáveis para Marisa: se conectar ao The WELL acarretava custos de uma ligação de longa distância, e uma vez que ela entrava, os deadheads sempre estavam lá. "Eu sou *alérgica* ao Grateful Dead",[8] confessou ela em uma entrevista de 2011.

Ainda bem que outra nova-iorquina com conhecimento de informática teve a mesma crise. Depois que Marisa Bowe desistiu do The WELL, ela descobriu o Echo — uma ligação local —, em que o nome de Jerry Garcia era proibido. Segundo ela conta, foi amor ao primeiro clique: "Eu entrei no Echo[9] e quatro anos depois tirei os olhos da tela." A comunidade diversa e a alternativa que o Echo representava em relação à mídia tradicional era sedutora e inédita. Ela amava "a ideia de que você podia conversar[10] e ouvir a opinião de pessoas que não era, tipo, os doze caras de Harvard que editavam a *New Yorker*, a *Harper's* e a *Atlantic*".

Marisa morava em Williamsburg, no Brooklyn, então decidiu usar o username Miss Outer Boro. Como MOB, ela postava constantemente, a ponto de deixar seus amigos da vida real preocupados. "Eles tinham pena de mim",[11] conta ela, com uma risada divertida, numa conversa por Skype no seu apartamento em Williamsburg quase exatamente vinte anos depois. "Achavam uma coisa bem patética." O que eles não sabiam era que a Miss Outer Boro tinha uma base de fãs cult: o instinto natural de Marisa para conversas on-line logo a tornaram uma favorita do Echo. Enquanto ela era tímida na vida real, on-line era ousada e irrepreensível. "Ela me faz cuspir café[12] no teclado mais que qualquer outra pessoa no Echo", escreveu Stacy Horn.

Stacy gostava tanto da presença de Marisa no Echo que implorou que ela fosse a anfitriã da conferência de cultura. Marisa sabia fazer as pessoas terem conversas interessantes. Embora fazer uma boa thread funcionar on-line possa ser difícil, ela era perfeita para aquilo: tinha uma combinação de paciência e magnetismo, com inteligência e carisma que saltavam da tela. "Ela sabe que é esperta,[13] poderosa e linda", escreveu Stacy, "meio provocativa" — aqueles anos formativos paquerando no Plato tinham lhe sido úteis —, "meio rainha de tudo". Ela se tornou uma gerente de conferências, a anfitriã dos anfitriões, e o objeto de inúmeras paixões não correspondidas. "Metade do Echo ficou caidinha por ela por séculos." No Echo, Marisa era a juíza definitiva do que era descolado. A escritora Clay Shirky a chamou de "a Henry James do Beco".[14] De certa forma, ela foi uma das primeiras "influenciadoras on--line", tão popular que às vezes ficava desconfortável em aparecer nos eventos do Echo. "Era como uma miniexperiência de celebridade",[15] lembra ela.

Mas, embora ela fosse importante na internet, sua vida real nem sempre era tão glamorosa. Ela passava tempo demais enfiada no apartamento, o nariz grudado na tela de textos infinitos, as palavras em letras brancas rolando no fundo azul como nuvens no céu. Para pagar o aluguel, ela fazia trabalhos temporários de processamento de texto. Ainda não lhe havia ocorrido que poderia combinar as duas coisas.

A MAIOR ESCROTA DO SILICON ALLEY

Em 1994, uma nova personalidade surgiu no Echo. Seu nome verdadeiro era Jaime Levy, mas, em uma homenagem niilista ao suicídio de Kurt Cobain, ela postava on-line com o nome de "Kurt's Brains". Fã inveterada do Nirvana, ela se vestia de acordo com o papel: o cabelo platinado em geral vivia arrepiado com gel e raramente era fotografada sem um skate, um cigarro na mão e uma camisa de flanela grande demais.

Jaime cresceu sem muita supervisão dos pais em San Fernando Valley, andando livremente pela área coberta de pichações. Enquanto seu irmão ficava em casa jogando no Commodore 64 da família, ela preferia a cena punk rock, na época no seu ápice cultural na Los Angeles do fim dos anos 1970. Computadores não a atraíam — a linguagem de linhas de comando que seu irmão passava os dias batendo no teclado não parecia nada atrativa. No seu primeiro ano na faculdade de cinema em São Francisco, um namorado lhe mostrou como fazer animações em um Amiga, o sucessor do Commodore 64 do seu irmão. De repente, tudo fez sentido: computadores eram punk. Ela começou a acrescentar gráficos computadorizados aos seus filmes experimentais.

Aos 21 anos, ela já estava cansada de São Francisco. "A cena da videoarte estava cheia[16] de gente que não ligava para dinheiro", conta ela, hoje aos 50 anos. "Eu sabia que precisava ter visibilidade. Não queria ser uma artista morta de fome." Ela entregou o trabalho de conclusão de curso, um vídeo de skate cheio de efeitos, e comprou uma passagem para Nova York, tendo decidido que o Programa de Telecomunicações Interativas (ITP, na sigla em inglês) da NYU era ideal para ela. Alguns de seus cineastas favoritos — Jim Jarmusch, Spike Lee — tinham se formado na universidade, e parecia uma época interessante para estar em Nova York. Havia exibições de videoarte no The Kitchen, e uma banda interessante, Sonic Youth, tocava na cidade. No seu típico estilo, ela entrou no Tisch Building da NYU sem marcar hora.

MISS OUTER BORO 205

A atitude foi um misto de coragem e desespero: ela não achava que conseguiria uma entrevista se tentasse. Jamie vagou pelos corredores do quarto andar até alguém levá-la ao escritório de Red Burns, a venerável diretora do programa, uma matriarca ruiva e de poucas palavras que alguns chamavam de Poderosa Chefona do Silicon Alley. Jamie sentiu-se intimidada, mas só tinha dois dias na cidade, então disse a Burns que queria contar histórias usando computadores. Mas tarde, ela brincaria que todos no ITP estavam lá com "bolsas de estudo do Citibank[17] para criar caixas eletrônicos". Burns gostou de Jaime, a menina com o skate e um Anima a quem ela talvez tenha visto como uma potencial sacudida no programa. "Acho que ela viu a oportunidade[18] de atrair pessoas mais jovens que queriam forçar a tecnologia de maneiras novas, na arte, no entretenimento, na editoração, em tudo." Burns deu a Jaime uma bolsa integral.

Jaime passou seus anos na NYU fazendo experiências com mídias interativas. Para a tese de mestrado, ela combinou o espírito faça-você--mesmo do punk com as possibilidades emergentes da diagramação, produzindo uma revista eletrônica, *Cyber Rag*, em disquetes. Com etiquetas coloridas adesivas em cada disquete, a *Cyber Rag* era exatamente como uma fanzine de punk rock. Montadas em um Mac doméstico, as histórias de Jaime nasciam com imagens roubadas de publicações como *Village Voice, Whole Earth Review, Mondo 2000* e *Newsweek*, dispostas na tela como se tivessem sido copiadas à mão. A *Cyber Rag* era diagramada em um Apple HyperCard, com gráficos desenhados no MacPaint. Junto com as animações, ela incluía jogos interativos revolucionários (em um deles, você persegue Manuel Noriega pelo Panamá), tutoriais de hackeamento e reflexões irônicas sobre hippies, entrar escondida em convenções de computação e o ciberespaço. Antes que os primeiros navegadores gráficos da web levassem o hipertexto às massas, Jamie publicava disquetes que ela imaginava que substituiriam as revistas impressas. Eram regraváveis, afinal de contas. "Se você odiasse, podia apagar os arquivos,[19] jogar tudo fora e gravar suas coisas no disquete", contou ela a um repórter em 1993.

Depois do mestrado, Jaime voltou para Los Angeles e rebatizou sua revista de *Electronic Hollywood*. Quando a cidade foi sacudida pelas revoltas em 1992, ela não conseguiu sair de seu apartamento em Koreatown por quatro dias. Então subiu no topo do prédio e filmou as ruas. Havia incêndios em todos os lugares. "A gente chamava de Smell-o-vision",[20] disse ela, "porque você corria para casa, ligava a TV e havia fumaça saindo do prédio". Ela usou essas imagens para a *Electronic Hollywood*, junto com um editorial sobre a experiência. "Estou me sentindo uma sobrevivente no dia seguinte do pós-Reagan", dizia, enquanto um sample industrial metálico tocava em looping. "Nem posso mais ir comprar cerveja a pé. Los Angeles, ame-a ou roube-a!"

Em entrevistas filmadas dessa época, o jeito típico do sul da Califórnia de Jamie — até hoje ela fala com um marcado sotaque do Valley — esconde uma intensidade real e profunda. Em um perfil produzido por uma rede pública de TV de Los Angeles, ela gira na cadeira do escritório em um quarto coberto de propagandas de shows, descrevendo suas revistas digitais de forma blasé como "meu, tipo, graffiti digital".[21] Mas, apesar do seu desinteresse típico da Geração X, Jaime estava na vanguarda da editoração eletrônica. Ninguém nunca tinha produzido nada como a *Cyber Rag* ou a *Electronic Hollywood*. Havia algumas pilhas interativas de HyperCard, baixáveis pelos BBs, e alguns disquetes de arte interativa para o Commodore Amiga. Mas os disquetes de Jaime[22] eram acessíveis a qualquer um com um Mac, e, com seus links de hipertexto e animações interativas, eram exatamente como sites da web — muito antes de a web existir.

Embora ela trabalhasse como diagramadora, Jamie distribuía a *Electronic Hollywood* para lojas independentes de discos e livros, onde a revista esgotava com frequência. A novidade daquilo chamou a atenção da mídia nacional, o que ela usou para começar vendas por correspondência. Depois que suas revistas foram assunto em uma edição da *Mondo*

2000, a principal revista da cibercultura, ela recebeu uma enxurrada de pedidos e cartas de fãs. Embora só tenha feito cinco edições, Jamie vendeu mais de seis mil cópias a seis dólares cada[23] — nada mau para disquetes que custavam menos de cinquenta centavos para produzir.

Quando Jaime finalmente voltou para Nova York, ela se tornou a primeira celebridade de verdade do Silicon Alley, a garota-propaganda de uma nova geração de gigantes da mídia de 20 e poucos anos prontos para reiniciar o mundo. Jamie foi o primeiro rosto feminino verdadeiramente iconoclástico e reconhecível da cultura digital emergente. Ajudava ela ser fotogênica: carranca amarrada e calças de vinil e coturnos para uma história de 1996 da *Esquire* sobre "grrrls" que "só queriam ficar ligadas", ou vestindo sua onipresente camisa de flanela grunge e meias esportivas, segurando o skate, em um perfil para a *Newsweek*. A net era matéria quente, e Jamie era um exemplo sedutor: jovem, radical, cheia de atitude. "Eu era o Kurt Cobain[24] da internet", ela contou à *Village Voice* no fim da década, só meio que brincando.

"Jaime sabia como se apresentar",[25] lembra Marisa Bowe. "Ela ia a convenções da Apple e sacaneava todo mundo naquela vozinha de fanzine. O pessoal das fanzines sempre fala: 'A gente odeia essa e aquela banda.' Ela fazia a mesma coisa, só que com computadores, e em um disquete com músicas próprias, e eu achava incrível." Ela era uma hacker completa:[26] no apartamento, uma TV servia como monitor do Mac, e uma luz piscante vermelha, do tipo em geral reservado para deficientes auditivos, sinalizava ligações telefônicas por cima da música nas alturas. Em vez de tratar o computador como um objeto precioso, Jaime o arrastava pelo cabo de alimentação, batendo nos meios-fios das perversas ruas de L.A. e Nova York. A primeira edição da *Electronic Hollywood* começava com um cumprimento irônico que basicamente resume seu estilo na época: "Se você nunca viu[27] uma revista eletrônica antes, então eu espero que isso te deixe bem pirado."

Qualquer um que estivesse na emergente contracultura da computação tinha cópias da *Cyber Rag* e da *Electronic Hollywood* — até Billy Idol, o astro do rock britânico, era fã das revistas. Ele descobriu a *Electronic Hollywood* no auge da sua fase ciberpunk, enquanto trabalhava em um álbum sobre sexo, drogas e computadores chamado, apropriadamente, de *Cyberpunk*. Idol adorava os disquetes de Jamie e decidiu que precisava ter um no álbum. Eles fecharam um acordo: por cinco mil dólares, Jaime faria um disquete interativo só para Billy Idol. Seria exatamente igual aos dela, com as letras das músicas no lugar das reclamações e resenhas de bandas, e viria envelopado em uma capa de papelão dobrável junto com o CD. Era o primeiro trabalho empresarial de Jamie — e o primeiro press kit interativo do mundo. "Ele meio que só queria farrear comigo",[28] lembra Jamie. Certa noite, no infame Club Fuck de Manhattan, eles ficaram tão bêbados que Billy a jogou em cima de uma mesa e quebrou seu braço. "Eu ainda tinha que animar o disquete dele, tive que, tipo, fazer tudo com a mão que não era do mouse."

O álbum de Idol fracassou, mas Jaime manteve a reputação de internauta experiente. Ela arrumou um emprego, indo de White Plains para fazer "designs idiotas de interface"[29] na IBM — nas suas camisas xadrez grandes demais, ela era muitas vezes confundida com um servente[30] — e foi contratada pela Viacom para criar um press kit interativo para o Aerosmith em CD-ROM. Mas ela era jovem demais e punk demais para entrar totalmente no capitalismo, e estava ficando de saco cheio das mídias físicas. "Quem vai comprar essa merda?[31] Quem se importa com CD-ROM?", perguntava-se ela. Um colega da IBM lhe mostrou o Mosaic, o primeiro navegador da World Wide Web. A experiência foi quase uma conversão: suas revistas eletrônicas eram sites da web antes que eles existissem, construídos exatamente da mesma forma, com navegação com hipertexto e "páginas" de som, vídeo e texto. "Quando o navegador saiu,[32] eu fiquei, tipo: 'Não vou mais fazer nada em formato fixo. Vou aprender HTML e foi isso." Ela largou o emprego.[33]

Por volta dessa época, Jaime começou a dar festas no seu apartamento na Avenue A. Ela as chamava de festas "CyberSlacker", atualizando o honorífico da Geração X para a geração conectada. A CyberSlacker foi a primeira das festas do Silicon Alley. Em alguns anos, o fluxo de dinheiro das pontocom em Nova York transformaria o Flatiron District em um bacanal de raras proporções. Start-ups multimilionárias[34] com nomes como Razorfish e DoubleClick queimavam o dinheiro em dançarinas e pirâmides de vodca, seus CEOs se tornando celebridades, as fotos exageradas das festas indo do *Silicon Alley Reporter* direto para as revistas de fofoca. A mais infame das festas do Alley foi criada por uma companhia do início do streaming na web, Pseudo, cujo CEO, Josh Harris, era famoso por juntar socialites da tecnologia, empresários vorazes, artistas, músicos e jovens da cena clubber de Nova York em ambientes cada vez mais extravagantes. Na véspera da virada do milênio, Harris gastou mais de um milhão de dólares em um experimento de um mês sobre habitação comunitária. Em dois galpões adjacentes,[35] "cidadãos" em uniformes combinando viveram, comeram, beberam, treparam e atiraram sob o olhar de centenas de câmeras digitais em streaming até serem fechados pela polícia de Nova York no dia de Ano-Novo no ano 2000. Os policiais acharam que eram um culto do bug do milênio. Talvez fossem mesmo.

"Josh Harris sempre *diz* que não me copiou",[36] diz Jamie, que nunca teve tanto dinheiro quanto ele, "mas é impossível que não tenha sido esse o caso". Suas festas talvez não fossem tão polêmicas, mas tinham um efeito maior: parte rave, parte *hack-a-thon*, a CyberSlacker fez explodir uma cena tecnológica particularmente nova-iorquina que era definida pela preponderância, como comenta um historiador, de "preguiçosos de princípios, punks artísticos,[37] e desconstrucionistas de 'boas' famílias". Muitos desses viram a web pela primeira vez no apartamento de Jaime, em um Mac II que seu amigo hacker Phiber Optik — o suporte técnico ocasional do Echo — ligou a uma conexão de internet de 28,8k. Enquanto o guitarrista de vanguarda Elliot Sharp tocava ao vivo, e outro amigo, DJ Spooky, escolhia house musics, os convidados de Jaime se reuniam em torno da telinha do Mac. Em 1994, o máximo de sites existentes no mundo era menos de mil, a maioria páginas pessoais. "Era só o que tinha",[38] lembra-se Jamie. "Tipo, 'Oi, meu nome é Lisa e esse é o meu cachorro'." Dessas origens humildes, porém, as testemunhas certas extrapolaram o essencial — como Jaime, elas viram como a web tornava irrelevante tudo o que tinham feito antes.

Esses convertidos se chamavam de "os primeiros convictos de verdade", contando o ano de sua chegada à web como marca de status, bem como os primeiros punks reivindicavam 1977. Logo depois que a bolha estourou, uma história na revista *New York* sobre Jaime e seus colegas acertou a linha do tempo: "1995 é legal.[39] 1996 ou início de 1997 ainda é aceitável. Qualquer coisa depois disso, não. 2000 diz que você é um perdedor — um engravatado, um garoto saindo da faculdade, um empresário cinquentão tentando a última sorte ou mais uma centena de milhões de dólares."

A web deu aos primeiros convictos de verdade um propósito criativo e espiritual e lhes ofereceu uma oportunidade para passar por cima dos gigantes da mídia que pareciam ter a única chave para empregos criativos em uma Nova York em recessão. "A web nos transformou todos em apóstolos",[40] proclamou um deles. "Não tinha a ver com dinheiro; era tipo: 'Ei, esse canal aqui é puro.'" E aí, é lógico, o dinheiro apareceu, e — por um curto período — eles eram os gigantes.

WORD

Jaime sempre dizia a Marisa que ela deveria entrar na editoração eletrônica. "Eu não sabia do que ela estava falando",[41] conta Marisa. "Quer dizer, eu gostava de eletrônicos e de editoração, então provavelmente ia gostar disso também." Ela não era a única — além dos disquetes de Jaime e de alguns experimentos iniciais na web, a publicação on-line era uma incógnita.

Para Marisa, isso mudaria em 1995, quando uma companhia de software chamada Icon CMT contratou Jaime, na época no auge da fama, para ser a diretora criativa de uma nova revista on-line chamada *Word*. O orçamento era bom, ou pelo menos diferente de zero, que era o quanto Jaime tinha na época da *Cyber Rag*. O editor geral, Jonathan Van Meter, era um veterano da indústria que antes fora o diretor da *VIBE*. Parecia que ele deixaria Jaime ser ela mesma: a irônica e maconheira decana do cibersubmundo. Ela tinha carta branca para contratar a própria equipe.

A última coisa que ela queria era que a *Word* parecesse uma moda, como a tentativa frustrada de Billy Idol no ciberpunk. Ela só confiava em uma pessoa para fazer a *Word* ser verdadeiramente descolada: sua amiga Marisa Bowe, também conhecida como Miss Outer Boro, cujo fascínio ela havia experimentado em primeira pessoa no Echo. Quando Marisa foi fazer a entrevista, decidiu que não "fingiria ser tipo uma pessoa supercertinha[42] que entendia de revistas", conta ela — e "o que eu queria dizer com certinha era que se dava bem no ambiente corporativo". Mas ela e Van Meter se deram bem, e ele a contratou como editora de produção. Nunca tendo trabalhado em uma revista, ela não tinha ideia do que aquilo significava.

Na verdade, publicar uma revista na web era uma proposta totalmente nova: a *Word* estaria entre as primeiras. Dizer que não havia um modelo de negócios nem começa a explicá-la. Os investidores da *Word* presumiam que publicações on-line seguiriam o modelo de assinatura: como nas revistas tradicionais, leitores seriam assinantes e, como não haveria custos de impressão ou distribuição, a margem de lucro seria imensa. Estariam vendendo algo inefável, sem parar, sem encalhe — a principal ilusão da era das pontocom. A Icon achou que faria milhões[43] em questão de meses.

Van Meter saiu logo depois do lançamento da *Word* em 1995. Jaime diz que é porque ele não sabia nada da web. Marisa sugere que a Icon não tinha sido franca sobre o orçamento editorial, com o qual ele estava acostumado a trabalhar em proporções gigantescas. Sua ausência deixou Marisa no comando, tecnicamente sem qualificação mas perfeita para o cargo. Já adiantada na cultura on-line, ela "sabia como lidar com uma mídia[44] avaliando-a pelo que ela era".

212 A HISTÓRIA DESCONHECIDA DAS MULHERES QUE CRIARAM A INTERNET

Mais tarde Marisa diria que, embora gostasse do que viriam a ser as competidoras diretas da *Word* — revistas on-line intelectuais como a *Salon*, *Slate* e *Feed* —, o que ela mais amava era a sensação familiar dos BBSs e páginas pessoais. A escrita amadora, Marisa percebeu, é o pão com manteiga da internet. Em uma mesa-redonda em 1996 com alguns outros editores on-line, ela confessou ser "viciada nas coisas amadoras.[45] Quando bem-feito, é fascinante — apaixonado, íntimo, imprevisível, cativantemente natural".

Ela levou essa sensibilidade à *Word*, que publicava, quase exclusivamente, histórias sobre as experiências cotidianas das pessoas. A seção mais popular do site tinha testemunhos semanais de pessoas em todo tipo de trabalho imaginável, editados de entrevistas muitas vezes feitas pelo irmão de Marisa, John, um Studs Terkel do mundo digital. Ele atravessava o país em busca de pessoas interessantes para entrevistar, e a *Word* publicava seus relatos transcritos das vidas de prostitutas, vendedores de chapéus, entregadores da UPS e roadies de heavy metal.

A equipe da *Word* também não escapava de dividir as próprias histórias. No cabeçalho ficava uma amostra de textos de todos do escritório, e Marisa chegou até a publicar[46] trechos dos seus diários do colégio, dominando o tom confessional de protoblogs. Seu primeiríssimo editorial era uma história de vida resumida:[47] andar de barco no lago Minnetonka, os cubos de gelo do pai balançando no porta-copos do barco; ser a primeira no ônibus da escola e cantar "King of the Road" junto com o motorista espinhento; odiar o uniforme "com cara de fascista" das escoteiras. Havia uma receita de feijão e uma passagem em língua do p. A *Word* era documentário, não comentário. Marisa achava que o que importava na internet — e o que corria o risco de se perder — era a voz individual das pessoas. "O que se mostrava fundamentalmente fascinante[48] e diferente na internet", conta ela, "era que o meio com que se trabalhava eram *as pessoas*".

Conforme Marisa publicava histórias autênticas, perseguindo o toque humano que a conquistara quando ainda era uma zbrat adolescente,

Jaime Levy se concentrava em interatividade literal. Ela descreveu seus objetivos para um repórter logo depois do lançamento do site: "No mundo da *Word*,[49] não só a gente lê 'Veja o Spot correr', como temos um encontro tridimensional no qual Spot late e morde e você até talvez tenha que catar o cocô dele."

Como essa analogia, os recursos interativos que Jaime criou para a *Word* eram ao mesmo tempo surpreendentemente originais e muito cáusticos, como o chatbot da *Word*, Fred o Webmate — um avatar pixelado de um nova-iorquino misantropo com quem você podia conversar através de perguntas. Fred era ferrado e tinha problemas sexuais que eram muito citados, porém nunca abertamente. Se pressionado, ele alegava ter sido demitido havia pouco tempo por uma grande empresa de comunicação. "Até mesmo o nome 'Webmate'[50] era tipo uma piada", explica Marisa, sobre os avatares utilitários "pentelhos" que as empresas estavam começando a colocar em seus sites, todos parecidos com Clippy, o temido clipe do Microsoft Word.

Aqui estão mais algumas coisas que você encontraria na word.com, por volta de 1996: ensaios de fotos de tatuagens de prisão russas e relógios de Nova York. Bonecas de papel desbocadas. Pinturas encontradas em bazares. Um jogo interativo em que o objetivo era espremer espinhas. Horóscopos de Dean Martin e quadrinhos de clip art. Brinquedos interativos inúteis, como um micro-ondas desenhado em que você enfiava um cachorro. Histórias de infância deprimentes. Fotografias de outdoors vazios e placas pelo país. Guardanapos com números de telefone escaneados e as histórias tristes e sensuais das pessoas que os havia rabiscado. Pelo menos um relato em primeira pessoa de alguém que fez um enema com café.

A *Word* não foi a pioneira revista da web, mas foi a primeira a demonstrar as possibilidades criativas da editoração eletrônica — e a fórmula funcionou. Em 1998, a *Word* tinha mais de 95 mil[51] visualizações diárias, e entre um e dois milhões de hits por semana, o que na época era um número imenso. A *Newsweek* anunciou a *Word*[52] como o destino on-line favorito dos leitores, e o *New York Times* usou o site como exemplo em um dos primeiros artigos sobre navegadores da web. Até o primeiro navegador comercial, o Netscape, que foi usado basicamente por todo mundo que estava on-line na metade dos anos 1990, lhe deu um lugar de destaque. O Netscape tinha uma fileira de botões embaixo do campo da URL: "O que há de novo?"; "O que é legal?"; "Destinos"; "Busca na net"; "Pessoas"; e "Software". "Pessoas" levava a uma versão inicial das páginas amarelas da internet, "Software" para os upgrades do Netscape. "O que é legal" levava à página da word.com.

Todos na *Word* compartilhavam os mesmos gostos: *Twin Peaks*, zines, cultura pop, páginas pessoais estranhas. Marisa uma vez comparou sua dupla com Jaime a "Beavis e Butt-Head da internet",[53] mas a revista "funcionava mais como uma banda de rock[54] do que uma entidade editorial", e Marisa e Jaime eram ótimas líderes. "Jaime e eu tínhamos tanto potencial quanto qualquer um, só nós duas, de fazer algo bom", diz Marisa. Enquanto Jaime era obcecada por multimídia — "Ela literalmente *rosnava* para o texto",[55] conta Marisa, e ri —, Marisa sabia como cultivar escritores. Uma foto especialmente boa das duas dessa época poderia ser o registro de uma banda: no topo do edifício da *Word*, Jaime em coturnos e calças esportivas, Marisa de jaqueta de couro, um computador fumegante aos seus pés, a tela estilhaçada. Mas, como em qualquer banda de rock, os egos também estavam fora de controle.

Na febre crescente do boom das pontocom, era difícil para Jaime permanecer centrada. O Silicon Alley estava mudando rapidamente. Amigos que poucos anos antes eram festeiros tecnoboêmios estavam se tornando milionários. Pouco antes de entrar na *Word*, Jaime tinha recusado uma sociedade em um estúdio de desenvolvimento, Razorfish, que então estava prestes a bater 1,8 bilhão na abertura de suas ações. "A gente conhecia pessoas que estavam podres de ricas",[56] conta Marisa. Com oportunidades surgindo a torto e a direito, Jaime começou a ficar inquieta.

E havia outros tipos de tensão. A persona pública que Jaime tinha cultivado na imprensa por tanto tempo, como uma fanzineira digital desregrada, estava começando a dar no saco dos colegas. "Toda a atenção ia para mim",[57] admite ela, "em vez de para o que estávamos fazendo". Ela carregava uma personalidade forte, estava sempre ouvindo música alta e largando tudo para trabalhar nas próprias coisas. Ela saiu da *Word* depois de um ano e meio para fazer trabalhos solo como freelancer. Embora uma coluna de fofocas do Silicon Alley na época tenha descrito a saída de Jaime como uma questão de poder — "Jaime Levy deu a última palavra"[58] —, ela hoje gostaria de ter ficado um pouco mais. "Eu nunca fui de ficar muito tempo[59] com ninguém", lamenta.

Marisa continuou. Doeu perder sua parceira, mas a ideia de sair da *Word* era inconcebível. "Era a realização de todo sonho, desenho e pensamento criativo que já tive", conta ela. "Abrir mão daquilo[60] seria como arrancar meu próprio coração."

A MORTE DA WEB COMO A CONHECEMOS

No final de 1996, Jaime Levy deu sua última festa CyberSlacker. Ela caprichou, trocando o apartamento pela Clocktower Gallery em Tribeca e pedindo a alguns dos mais ilustres amigos do Alley para subir no palco e "reclamar". Enquanto os nova-iorquinos mais fiéis da vanguarda como Laurie Anderson e Lou Reed se misturavam aos convidados menos famosos, Nicholas Butterworth, um antigo baixista punk cujo site musical tinha sido comprado pela Viacom, berrou por 15 minutos no microfone. "É a morte da web como a conhecemos",[61] gritava ele. "Acabou! E não foi incrível enquanto durou? Quem estava aqui, quem estava aqui em 1995? Colhendo tudo — o dinheiro, a fama, as festas, tudo acontecendo... Foi incrível! Todo mundo aqui, todos os meus amigos, fazendo coisas criativas com C maiúsculo... O sonho era ser um assassino da mídia, ser uma guerrilha... e ser pago! Bom, vou dizer o seguinte: agora você tem que escolher. Você pode ser da guerrilha, ou pode ser pago. Não pode ter as duas coisas."

216 A HISTÓRIA DESCONHECIDA DAS MULHERES QUE CRIARAM A INTERNET

Jaime escolheu ser paga, mas acabou sendo da guerrilha mesmo assim.

Ela deixou sua marca na *Word*. A revista manteve seu estilo, sua interatividade com o "catador de cocô" e seus contratados. Além de Marisa, havia Yoshi Sodoeka, que entrou no lugar de Jaime como diretor de arte. Yoshi "era um daqueles garotos japoneses[62] que tinham vindo para os Estados Unidos porque queria ser um artista punk rock". Como basicamente todo mundo na *Word*, ele jamais trabalhara em editoração, mas tinha criado interfaces para quiosques no Japão. O resultado foi uma sensibilidade gráfica pop que trouxe à revista uma boa conta de imitadores e a Yoshi uma quantidade razoável de ofertas de emprego lucrativas, todas recusadas. ("Ele é um artista",[63] conta Marisa com admiração.) Yoshi foi o primeiro a tornar ícones um elemento básico do design de sites — e até hoje sua direção de arte se mantém.

O escritório da *Word* ficava em Midtown, no Graybar Building acima da Grand Central Station. Comparado a outros espaços do Silicon Alley, era relativamente anônimo. "Éramos basicamente artistas e boêmios,[64] a gente não *tentava* ser descolado", lembra Marisa. Ela instintivamente desconfiava dos escritórios divertidos dos colegas: as mesas de pingue-pongue, pufes e salas de reuniões metidas à besta pareciam sufocantes. É lógico que a *Word* também era produto do boom. Marisa não lembra se o site chegou a dar dinheiro, porque embora no início o departamento de vendas negociasse anúncios em torno de 12.500 dólares cada,[65] basicamente ela funcionava como um "brinquedinho sexy de RP" para a empresa-mãe.

"Para nós, a equipe criativa,[66] era como se estivéssemos enganando todo mundo", explica uma antiga funcionária da *Word*, Naomi Clark. Apesar da autenticidade sincera e do design experimental da *Word*, o site existia "como uma esposa troféu para empresas menos glamorosas da internet, que vendiam infraestrutura e linhas T1". No auge da bolha, tudo que importava era que gerasse um interesse saudável antes da abertura. "Abrir as ações era o modelo de negócios[67] e ponto final", comenta Marisa, e a Icon CMT queria "receber o dinheiro e cair fora", como todo mundo. Como muitas empresas de publicação on-line sem um objetivo ou modelo de arrecadação, a situação da *Word* era precária desde o início.

No fim dos anos 1990, investidores em tecnologia finalmente se ligaram no fato de que, se "conteúdo é rei" — esse sendo o mantra não oficial das figuras do Alley nos primórdios, a ponto de a equipe da *Word* imprimir camisetas irônicas dizendo GERADOR DE CONTEÚDO em letras maiúsculas —, o crescente volume de conteúdo gratuito na web reduziria drasticamente o preço dos anúncios, e ninguém ia pagar assinatura de revistas digitais. A *Word* foi fechada repentinamente pela empresa-mãe em março de 1998, gerando uma onda de demissões. Uma revista on-line competidora, a Suck.com, ponderou sobre seu "desaparecimento à la D. B. Cooper".[68] A *Wired* chamou de o fim de uma era.[69] Mas, em setembro, ela já tinha voltado dos mortos.

É aqui que a história fica estranha. Ser uma esposa troféu em uma empresa de infraestrutura era uma coisa, mas a holding empresarial que comprou a *Word* por dois bilhões de dólares em 1998 fazia *ração de peixe para criação industrial*. "Não fazia sentido nenhum",[70] diz Naomi, e ri. "Eles tinham a inconsequente ideia de que podiam começar uma empresa de mídia, e ter alguns nomes conhecidos seria útil." Um par tão aleatório só era menos surpreendente no contexto surreal da bolha. A nova dona da revista, a Zapata Corporation,[71] tinha sido fundada como uma empresa de petróleo em Houston em 1953 por um jovem George Bush, antes de entrar no ramo de processamento industrial de alimentos com o segundo dono. Durante a bolha da tecnologia, ela estava se reinventando mais uma vez como zap.com, um portal na web para a Costa Leste. O CEO da Zapata, Avram Glazer, comprou anúncios de página inteira[72] no *New York Times* — A ZAP COMPRA O SEU WEBSITE — e entrou em negociações para comprar trinta páginas virtuais. A *Word* era a principal aquisição, sinalizando para investidores do Alley que a Zap era uma empresa séria da internet.

Marisa recontratou a equipe, todos os "subgênios fracassados que fumavam maconha demais[73] e tomaram ácido demais no colégio". A banda estava de volta. Até o chatbot Fred, o Webmate, voltou para uma segunda temporada. Na sua nova versão, ele estava de volta à labuta, caminhando pelos corredores de um escritório, fazendo entrada de dados. Os visitantes ainda podiam conversar com ele, só que as conversas agora se davam quando Fred ia se esconder no banheiro, bebia uma Coca ou fazia flexões na copa. Ele dizia estar feliz e que arrumaria um emprego melhor logo, mas suas mudanças de humor continuavam abruptas como sempre. Talvez Fred nunca conquistasse o que realmente queria.

Mas, às vésperas do ano 2000, na sua gloriosa volta final pelo Silicon Alley, a *Word* conseguiu.

ELECTRONIC HOLLYWOOD

Em 1998, Jaime Levy foi convidada para dar uma palestra na NYU sobre a Electronic Hollywood, a empresa que fundou alguns anos depois de sair da *Word*. Ela me contou o que disse à universidade: "Eu falei, tipo, tá bom, que tal[74] chamarmos de 'Como gastar meio milhão de dólares em um ano e sair com um único desenho animado idiota'?" Ela foi para o campus "bem deprimida, provavelmente entre as minhas paradas repentinas das drogas", determinada a contar a todos sobre seus erros.

Os anos depois da *Word* foram uma lição sobre não acreditar no próprio hype. Jaime tinha imaginado que, quando saísse da revista, encontraria outro emprego criativo e pagando bem, mas a maré havia virado. Os banqueiros e investidores caíram na real, e os ciberpunks estavam penteando o cabelo e vendendo tudo. As almas criativas haviam sumido, substituídas por pessoas fazendo sites comerciais, montando o — e ela fala muito disso, com gosto — *Tampax ponto com*. Aos 30, Jaime não era mais precoce. Tentando atrair trabalhos como freelancer, seu salário anual despencou. Teve que pedir dinheiro emprestado ao pai para ir à terapia. Passou um ano criando uma série de salas de bate-papo distópicas baseadas em uma versão pós-apocalíptica de São Francisco, decorando-as com imagens de empresas de tecnologia destruídas, burritos radioativos e traficantes de droga zumbis. Em um perfil do *Dateline* em 2000, ela chama essa época de sua crise Kurt Cobain. E aí veio aquele meio milhão.

Ela se beneficiou do sucesso empresarial de outra pessoa. Um amigo que Jamie conheceu da época da *Cyber Rag* em uma convenção de eletrônicos vendeu a empresa para a Microsoft. Com o dinheiro recebido, ele investiu o necessário para que Jamie pudesse abrir a própria empresa, batizada em homenagem a uma das suas revistas de disquete. A Electronic Hollywood era o que ela chamava de um "estúdio de produção para a internet",[75] uma agência multimídia que produzia projetos para a web, conteúdo de vídeo e animações interativas para quem pagasse mais. Não era uma empresa imensa, mas o escritório era um *kibbutz* digital, um espaço de coworking muito antes de haver um termo para aquilo. Quando os clientes chegavam, viam uns vinte esquisitões na sala de conferências: amigos que alugavam mesas e faziam programação e design para ajudar Jamie quando ela precisava de uma mãozinha. O escritório era uma encenação,[76] mas funcionava.

Para Jaime e os primeiros convictos de verdade, os truques sempre funcionavam, porque a realidade objetiva da indústria era impossível de definir com objetividade. No outro extremo do país dos nerds do Vale do Silício, saber HTML o transformava em um guru, e não faltavam clientes corporativos dispostos a pagar caro para que alguém lhes explicasse a web. Em um "Silicon Alley Talent Show" em 1998 no Webster Hall, onde um grupo com os primeiros convictos de verdade se apresentou para angariar fundos para projetos emergentes na web, Jaime expressou esse esforço constante em um rap:[77]

> Back in the day when new media was new
> I could bullshit my employer 'cuz no one had a clue
> I was making e-zines on my Mac II
> I was totally wired, not like the rest of you . . .
> I'm the biggest bitch in Silicon Alley

> *I'm better than the nerds in Silicon Valley*
> *Bill Gates calls me up when he needs advice*
> *'Cuz I'm Jaime Levy and I'm cold as ice . . .*
> *Now I'm a CEO running the show*
> *I said: now I'm a super HO running the show*
> *Now I'm just waiting for that big IPO**

Não muito tempo depois, ela deu sua desanimada palestra na NYU, tendo ido de CEO vaidosa a criadora fracassada de start-up em menos de um ano. No Silicon Alley, infelizmente, nem as maiores escrotas estão a salvo do mercado.

Como você gasta meio milhão de dólares em um ano? Você começa com essa quantia como capital inicial. Contrata seu irmão. Contrata seu ex-namorado. Assina um contrato de aluguel de cinco anos em um escritório com uma linha T1 — uma conexão de internet rápida e cara. Contrata seus amigos. Aluga mesas no escritório para *outros* amigos, cobrando pouco, em troca de ajuda em alguns projetos aqui e ali. Todas as outras start-ups do Silicon Alley estão juntando dinheiro de investidores ou fazendo sites para bancos, mas você se concentra no conteúdo. Faz alguns projetos comerciais como extra, criando brinquedos interativos para empresas como Kraft, Tommy Hilfinger e Bounty. Mas toda a sua dedicação vai mesmo é para o seu projeto do coração, o que você acha que vai tirá-la da bolha das pontocom: uma série de 16 episódios de desenhos animados em Flash. Como você dava uma festa incrível com esse nome, você a chama de *CyberSlacker*.

CyberSlacker é um desenho semiautobiográfico sobre uma hacker do East Village. Em episódios de três minutos, a série conta as aventuras de

---

* Na época em que a nova mídia ainda era nova/ Eu podia tapear meu chefe porque ninguém entendia nada/ Eu fazia e-zines no meu Mac II/ Eu era totalmente conectada, diferente de vocês... / Sou a maior escrota do Silicon Alley/ Muito melhor que os nerds do Vale do Silício/ Bill Gates me liga quando precisa de conselhos/ Porque eu sou Jaime Levy e sou descolada demais.../ Agora sou a CEO mandando no show/ Eu disse: agora sou a maior escrota mandando no show/ Estou só esperando aquela grana entrar. [*N. da T.*]

uma misantropa platinada chamada Jaime — "mas on-line me chamam de CyberSlacker" — enquanto ela navega pela surreal cena tecnológica de Nova York. Em um episódio, CyberSlacker tenta arrumar um emprego de programação. Primeiro ela liga para a IBM, onde Jaime trabalhou por um ano em 1993, mas o nerd submisso do outro lado da linha é meio bizarro. A seguir ela liga para a MTV,[78] onde um maluco de cabelos arrepiados atende ao telefone: "Bem-vinda à incrível divisão de novas mídias on-line da MTV, está a fim de uma festa?" Por fim, ela tenta uma empresa de desenvolvimento para a web, Blowfish, uma referência óbvia à famosa start-up do Alley, Razorfish. "Eu só estou procurando um emprego em um lugar normal", diz à secretária. "Um lugar em que ninguém se vende como um maluco descolado da nova mídia do Silicon Alley."

Jaime dublou ela mesma CyberSlacker, e a série é tão especificamente referencial à comunidade tecnológica nova-iorquina do fim dos anos 1990 que se tornou uma Pedra de Roseta para pessoas como eu. Na Blowfish, os preços das ações sobem pelas paredes, e até a recepcionista repete a história de os dólares estarem procurando lares virtuais. O CEO papagueia palavras-chave da internet aleatoriamente. Ele enfia um pote do "molho secreto" da empresa na cara dela: é "o pioneiro realçador de sabor voltado para soluções de banda larga de ponta a ponta da Blowfish para apimentar a internet", diz ele. Mas CyberSlacker vê que o imperador está nu. Sua resposta: "Parece um pote de ketchup[79] em cima de um PalmPilot velho." Ela explode o molho secreto e principia um discurso anticapitalista.

Para os primeiros convictos de verdade, a obsessão do Alley em ganhar dinheiro já começava a parecer moralmente ofensivo. Depois da breve febre empreendedora de Jaime, ela aprendeu a não confiar em ninguém que escolhesse dinheiro rápido em vez de um trabalho interessante. Recusou a sociedade com a Razorfish em 1993 — em 1999 a empresa abriu as ações[80] e valia 1,8 bilhão de dólares, empregando quase duas mil pessoas em 15 cidades pelo mundo, e se esforçando tão pouco no trabalho que às vezes largava clientes que não eram legais o bastante[81] para serem representados pela agência. O slogan era "Tudo que pode ser digital vai ser".

As coisas não foram tão bem na Electronic Hollywood. As despesas eram altas demais, e Jaime logo percebeu que não deveria ter contratado seus amigos. Mais tarde, teve que demitir o próprio irmão, que tinha se mudado da Costa Oeste para trabalhar para ela. Seu ex-namorado ligou para o investidor da Electronic Hollywood para contar que Jaime estava fumando maconha no escritório. "Todo mundo ou pediu demissão ou se virou contra mim", contou ela. "A gente torrou quase todo o dinheiro."[82] Mas Jaime guardou o desenho animado *CyberSlacker* como sua potencial passagem para além dos malucos descolados do Alley. Ela queria ter algo que fosse resultado de todo aquele dinheiro. Tinha certeza de que poderia levar *CyberSlacker* para a TV. Na câmara de ecos do Alley, Jamie tapou os ouvidos e procurou a saída.

O MENOR VIOLINO DO MUNDO PARA OS MERDAS DOS CYBERKIDS

Jaime nunca viu aquela tal grana entrar, e o desenho *CyberSlaker* não foi para a televisão. Para sua grande tristeza, Jaime fundou sua empresa às vésperas da grande quebra da bolsa de valores. Não muito depois de cantar seu rap sobre ser "a maior escrota do Silicon Alley", ela sentiu uma mudança. "Algo estava chegando ao fim",[83] lembra. "Já tinham se passado muitos anos de muito dinheiro sem qualquer modelo de negócios, sem retorno de investimento." No fim de março de 2001, o jornal de finanças *Barron's* publicou uma história listando duzentas empresas de internet à beira da falência,[84] e em um mês o mercado perdia entre cem e trezentos pontos por dia. Em 12 de março de 2001, a Nasdaq caiu abaixo[85] dos dois mil pontos, quase um ano depois da sua alta histórica de 5.048.

A capa do *Silicon Alley Reporter* daquele mês dizia tudo: uma foto em preto e branco do Hindenburg, consumido pelas chamas. A festa defini-

MISS OUTER BORO 223

tivamente tinha acabado. "Em dois meses",[86] conta Jaime, "todo mundo demitiu todo mundo". Pseudo, o serviço de live-streaming que pagava pelas extravagantes festas de Josh Harris, fechou as portas, deixando 175 empregados largados e confusos em plena luz do dia. Um antigo diretor de arte, citado no *New York Times*, disse: "Nós comemos com os porcos[87] capitalistas... Agora estou me arrastando de volta para a ração de cachorro corporativa." Não foi diferente com a Razorfish, a agência de web design que Jaime satirizara no seu *CyberSlacker* — conforme as ações da empresa flutuavam à beira do abismo, a Razorfish demitiu até os fundadores,[88] e um sociólogo visitando os escritórios no Soho em 2001 comparou o lugar a "uma daquelas tumbas construídas para imperadores chineses",[89] com centenas de cadeiras vazias como "fileiras de soldados de terracota".

A Electronic Hollywood também despachou seus soldados, restando somente Jaime e a gerente do escritório, Maria. O que elas tinham de mais valor era o próprio escritório: ainda com seis meses de contrato, Jaime precisava do retorno do depósito de vinte mil dólares se quisesse ter qualquer chance de sobreviver à queda. Ela largou os posseiros ciberpunks e mudou a Electronic Hollywood para um quartinho nos fundos, alugando o restante do imóvel. "Esse vai ser o nosso plano pelos próximos seis meses",[90] diziam uma à outra. "Só sobreviver. Manter esse lugar no mínimo, que é tudo de que precisamos." Mas não havia trabalho, Jaime estava exausta, e a Electronic Hollywood só tinha um único cliente. Ela e Maria decidiram que ao fim do contrato partiriam para outra com dignidade.

O dinheiro nunca tinha existido de verdade, e agora realmente não se materializaria. A queda desvalorizou ações multimilionárias em papel; as grandes firmas de web design, Razorfish e Agency, perderam noventa por cento do valor quando ficou óbvio para os investidores que ter um site não significava ter um modelo de negócios. Todas as empresas criando negócios ou conteúdo para a web estavam lutando pela própria vida.

224 A HISTÓRIA DESCONHECIDA DAS MULHERES QUE CRIARAM A INTERNET

Marisa Bowe viu a queda muito tempo antes. Sendo do Meio-Oeste, ela sobrevivera ao colapso da indústria do aço. Para ela, fazer parte da empolgante atmosfera da bolha era incrível exatamente porque sabia que ela ia estourar — era como estar dentro de uma história. Seus livros favoritos, *Bel Ami*, de Guy de Maupassant, e *Ilusões perdidas*, de Honoré de Balzac, se passavam na *belle époque* da França, e viver em um período de tanta exuberância parecia um grande golpe de sorte. "Em geral alguém como eu[91] estaria vendo aquilo de fora, lendo sobre o assunto no jornal", diz ela, "mas por uma estranha combinação de circunstâncias eu realmente *conhecia* pessoas que estavam ficando ricas, e só de estar dentro daquilo tudo era como viver em um dos livros que eu tanto amava. Foi incrível".

Jaime Levy não levou tão na esportiva. A queda representa um corte brusco na sua vida de agitação, fascínio e empreendedorismo criativo. Quando o Alley caiu, levou junto a comunidade que havia forjado e consolidado sua reputação. Os meios de comunicação impressos, que aceleraram a ascensão dos jovens das pontocom com perfis entusiásticos e os elevaram a um status de celebridade, não seguraram nenhum deles durante a queda. A repercussão foi brutal. Os papos grandiosos, as festas, os exageros que tinham definido a excitação da bolha de repente pareciam demasiadamente excessivos — e os primeiros convictos de verdade, com seu dinheiro rápido e promessas de um futuro de informação sem limites, pareciam charlatões.

E aí, feito um soco no estômago, veio o 11 de Setembro.

As pessoas acham que o 11 de Setembro foi só um dia. "Merda nenhuma",[92] diz Jaime. "Foi um *ano inteiro*, todos os dias, sair do meu apartamento no East Village e ver os cartazes de uma família: 'Você viu minha mãe?'" Havia "obituários todos os dias, pessoas andando com máscaras de gás". A escala transformadora do ataque não só fez os problemas de Jaime parecerem irrelevantes — fez com que parecessem mesquinhos, cruéis, até. "O menor violino do mundo para os merdas dos cyberkids[93] que de repente não estão ganhando dinheiro pra dar a porra das suas festinhas regadas a saquê", conta ela. "Três mil pessoas perderam a vida, incluindo bombeiros, e a cidade está coberta de fumaça." Não dava para ter um sacode maior.

Como um historiador diz, o colapso[94] dos maiores monumentos da cidade, "logo depois do colapso das suas maiores ilusões, teve a qualidade épica de um mito". Aquilo tudo destruiu a alma de Nova York e envenenou aqueles que surgiram para ajudar quem precisava. Causou danos a nove mil quilômetros quadrados de imóveis comerciais e custou 138 mil empregos, jogando a economia da cidade no buraco — em 2003, o desemprego em Nova York[95] chegaria a impressionantes 9,3 por cento. Para muitos, era sem sombra de dúvidas o fim da linha. Aos 34 anos, Jaime se despediu da Electronic Hollywood e voltou para Los Angeles. Ela alugou um apartamento em Silverlake e comprou um carro. Recomeçou do zero. O fedor da queda ainda estava impregnado nela, e quando Jamie voltou a distribuir currículos, omitia sua passagem como CEO de uma pontocom. Em vez disso, ela dizia que tinha sido designer de ponta na própria empresa.

O SUAVE ECO DA EXPLOSÃO

Quando a Zapata, a empresa de ração para peixes, finalmente fechou a *Word*, fez isso rapidamente. Ninguém teve tempo de salvar nada. Jaime tinha roubado um backup da última vez em que estivera no prédio, mas acabou "fazendo merda e perdendo-o no metrô".[96] Marisa teve uma atitude mais zen. "Comecei a pensar naquilo tudo como[97] se eu fosse um daqueles monges que fazem mandalas na areia", diz ela. "Eles trabalham por dias, semanas, para criar algo perfeito, e aí o vento leva tudo embora."

Um site nunca deve desejar permanência. Se deixados sós, todos os bits evaporam, cedo ou tarde. Na World Wide Web, links apodrecem — uma consequência do seu design de hipertexto de uma só via —, imagens desaparecem, e qualquer URL desejável que não seja agarrada com tenacidade tem pouca chance de sobrevivência. É por isso que se você entrar em word.com hoje, vai encontrar um dicionário, não uma revista. O mercado imobiliário na web é valioso demais para memoriais.

As primeiras publicações da web foram substituídas por outras revistas, depois por blogs pessoais, e mais tarde por plataformas de mídias sociais que misturaram revistas e comunidades vendendo seus usuários para empresas. Conforme desapareciam, com elas se foram as árduas conquistas na nova mídia, que empresários do Alley já chamavam de "conteúdo" lá nos anos 1990. Como os editores da Suck.com, uma das publicações rivais da *Word*, escreveram ao contemplar o desaparecimento de mais uma revista on-line em 2001: "Nós imaginamos que no fim[98] haveria algo depois de todo esse trabalho... Alguma coisa, qualquer coisa, além dessas poucas memórias krakatoânicas, ecoando por um oceano cuja pequenez mal começamos a vislumbrar."

O fim da bolha não eliminou só uma indústria. Acabou com uma geração de pessoas criativas que milagrosamente encontraram empregos fazendo o que amavam e que, nesse processo, definiram parâmetros culturais e possibilidades de interação na web. O dinheiro sobreviveu — de certa forma, ele sempre sobrevive. Mas os artefatos da cultura que essa riqueza brevemente ajudou a criar são mais difíceis de encontrar, sobretudo sem um mapa.

Você pode se perguntar por que qualquer um se importaria com essas memórias krakatoânicas. A *Word* está off-line há mais tempo do que sequer passou on-line. Os disquetes de Jaime Levy estão guardados no seu quarto, embora ela esteja tentando restaurá-los e espere expô-los em um museu algum dia. O Echo, um anacronismo no mundo das grandes mídias sociais, tornou-se o menor bar da internet. Esses lugares, construídos por verdadeiras convictas idealistas, por mulheres que estavam lá desde o início e que não ganharam um tostão com seu trabalho, são tão importantes quanto as fortunas acumuladas e perdidas na febril especulação que fez a web partir de um congresso acadêmico e virar o coração pulsante da economia e da cultura do nosso mundo.

Devemos nos importar com essas primeiras comunidades e publicações on-line, assim como com seus arquivos, porque elas foram os lugares em que o meio se revelou como realmente é. As apostas financeiras feitas em torno disso são lembradas por conta das terríveis reverberações que tiveram na economia. Mas outro sino tocou, e ainda toca, embora esteja cada vez mais fraco: as contribuições de quem viu o potencial da web logo de início. Afinal, o único trabalho da internet é carregar pacotes de informação de um lugar para outro sem privilegiar nenhum deles. Nosso único trabalho é criar os melhores pacotes que pudermos. Fazer com que sejam dignos dessa tecnologia.

Marisa Bowe criou pacotes incríveis com sua amiga Jaime Levy. Elas tornaram a web o que ela é: interativa, doméstica, humana, divertida. Stacy Horn não tinha maior alegria do que encher seus servidores de vozes. Ela ajudou as pessoas, especialmente mulheres, a ficarem on-line. Ela e seus anfitriões do Echo aprenderam sozinhos a lidar com a multidão e a garantir que todos fossem ouvidos, e lidaram com questões sobre gênero, privacidade e responsabilidade na internet que ainda nem conseguimos responder direito. Nenhuma delas ficou rica, e muito do que construíram ou se perdeu na lenta erosão da web, como a *Word*; deixado para trás pela web, como o Echo; ou está preso em mídias inacessíveis senão por arquivistas digitais com os meios necessários, como as revistas em disquete de Jaime.

Isso torna as realizações dessas mulheres, assim como os programas montados por mãos femininas nos porões do grande drama da guerra uma geração antes, difíceis de lembrar, ou como muitos dos sistemas de hipertexto que poderiam ter se tornado tão importantes quanto a web, se ao menos tivessem sido implantados em maior escala. Tudo isso existe em configurações fluidas de tempo, relacionamentos e cliques. Tudo isso existe numa correlação com as coisas mais horrendas do nosso mundo: as trajetórias das bombas, a busca incessante por riqueza. Mas todos esses trabalhos são artefatos, assim como a web é um artefato, dinâmico, uma conversa sem fim se reescrevendo de novo e de novo no suave eco da explosão.

Capítulo doze

WOMEN.COM

A bolha das pontocom começou a inflar com as primeiras home pages e revistas na web, e só foi estourar quando seu uso se generalizou, pouco antes do 11 de Setembro. Nesses oito anos, uma tecnologia que havia começado como um sistema em rede de hipertextos para físicos se tornou um centro de fofocas, uma galeria de arte multimídia e uma biblioteca mundial, em uma explosão febril de atividade cultural como o mundo nunca havia visto. A internet não era mais uma exclusividade dos cientistas da computação, acadêmicos, estudantes e de um ou outro bibliotecário fazendo hora extra. Era uma mídia popular, tão revolucionária quanto a TV e muito mais íntima, conectando completos estranhos diretamente.

Mas, enquanto a primeira geração de artistas, programadores, escritores e egocêntricos criou sentido a partir daquela rede de comunicação global, outra coisa aconteceu também: a web se tornou um meio comercial. Quando as empresas da internet entenderam seu modelo de negócios e como processar cartões de crédito de forma segura, cliques se converteram em dinheiro, forjando algumas das empresas mais poderosas do mundo, que desde então se tornaram titãs em distribuição, mídia e até viagem espacial.

A comercialização mudou a web para todos. Teve um efeito indelével no tipo de site que era feito e na natureza do conteúdo oferecido: menos

230 A HISTÓRIA DESCONHECIDA DAS MULHERES QUE CRIARAM A INTERNET

"Meu nome é Lisa e esse é o meu cachorro" e mais Pets.com. Enquanto o Echo permaneceu uma comunidade fechada cobrando pelo seu serviço, uma das poucas maneiras que plataformas sociais e sites de conteúdo encontraram para ganhar dinheiro na internet — e hoje, em aplicativos sociais — é transformando usuários em produto, vendendo informação demográfica e espaço publicitário localizado para empresas. Sites pré-bolha como a *Word*, mantidos por uma injeção de dinheiro novo, foram forçados a fechar as portas quando se viram sem um plano de negócios a longo prazo. Mas outros sites, mais dispostos a aplicar modelos mais tradicionais de propaganda, se deram bem por um tempo.

Poucos deles contam uma história mais objetiva que o women.com. É uma história que se desenrola ao longo de uma década, indo de uma costa à outra e passando pelos anos de transição mais dramáticos da internet, uma história de uma comunidade feminista de raiz, o primeiro destino on-line declaradamente para mulheres, que cresceu para se tornar uma das empresas de mídia mais bem-sucedidas dos anos pré-bolha. De quebra, tornou-se um símbolo: primeiro um registro valioso de cotações, depois um caso de alerta, e por fim um avatar da alma da internet.

WOMEN'S WIRE

Tudo começou com Nancy Rhine, a antiga participante da comuna que deixou suas raízes hippies para trabalhar no The WELL. No início dos anos 1990, sua frustração com o clube do bolinha do BBS tinha chegado ao limite. Postando na conferência só para mulheres do The WELL, ela começou a falar sobre "querer começar uma comunidade on-line[1] dedicada aos assuntos que seriam de interesse das mulheres: saúde feminina, empréstimos públicos para empreendedoras, maternidade ou qualquer outra coisa. Porque nós temos interesse em tudo".

Naquela conferência, ela conheceu Ellen Pack, uma nova-iorquina com formação em administração de empresas e dinheiro guardado.

Ellen havia se mudado para Palo Alto, na Califórnia, com uma start-up, e se fixou no Vale do Silício. Nancy morava em Marin, o polo oposto do mundo tecnossocial da Bay Area, mas elas se viram unidas pela ideia de que as mulheres mereciam um lugar na internet só para elas.

Na época, havia alguns espaços femininos on-line, mas eram relativamente fechados, como a conferência WIT só para convidados no Echo e a conferência no The WELL em que Nancy e Ellen se conheceram. As mulheres compunham uma mínima porcentagem entre os usuários de internet. Ellen e Nancy apostavam que havia mulheres só esperando a oportunidade certa para se conectar, o número certo para ligar. Elas criaram o rascunho do projeto juntas, e Ellen comprou os servidores. A rede, chamada a Troca de Recursos de Informações para Mulheres, ou WIRE na sigla em inglês — alterada para Women's WIRE depois de uma desavença com a revista *Wired* —, estreou com um grupo de membros fundadores de quinhentas usuárias em outubro de 1993, tornando-se o primeiro serviço comercial on-line abertamente voltado para mulheres.

Elas criaram o serviço para ser o mais acessível possível. O Women's WIRE funcionava em um software de BBS relativamente fácil de usar chamado First Class, com uma interface gráfica de "apontar e clicar" com o mouse e comandos digitáveis em inglês. Novas usuárias eram atraídas por mala direta: o folheto sobre o Women's WIRE, coberto com imagens de ninfas renascentistas, incentivava as mulheres a se cadastrar e "acessar informações e recursos em tempo real[2], descobrir novas heroínas, contar suas histórias, desabafar, receber conselhos, em resumo... Se conectar". Se a mulher pedisse um "kit de iniciante", recebia um disquete com informações (em linguagem não condescendente) sobre como conectar seu modem, e também poderia ligar para o suporte técnico do Women's WIRE — composto só de mulheres, lógico — caso os nomes dos diretórios, as velocidades de transmissão ou a densidade dos disquetes parecessem muito confusos.

Os esforços de Nancy e Ellen receberam atenção imediata da mídia. "No dia em que fomos ao ar, ganhamos um artigo no alto da primeira página do *Merc*" — o *San Jose Mercury News*, jornal diário do Vale do Silício —, lembra-se Ellen, e "dizia algo como: 'Mulheres constroem site para afastar ciberchatos'". A manchete:[3] era pior do que isso, na verdade: MULHERES TENTAM CONSTRUIR MUNDO ON-LINE QUE EX-CLUA CHATOS E CIBERPAQUERADORES. Ellen ficou horrorizada. "Lembro que fiquei muito chateada", conta ela. "Tipo, '*Ai, Deus*, eles não entenderam nem um pouco por que fizemos isso'." Nancy e Ellen não tinham criado sua rede para mulheres como um espaço seguro para uma população frágil de novatas on-line. Não era uma fortaleza feita para manter assediadores do lado de fora — ou, Deus as livre, *ciberpaqueradores*. Não era nem mesmo anti-homem: com o tempo, o Women's WIRE chegou a ter dez por cento dos seus usuários homens. Na verdade, "era muito mais um espaço positivo",[4] diz Ellen. "Não era que nós precisássemos de uma ilha protegida, era tipo, caramba, olha quanta coisa a gente pode fazer com isso. Vamos nessa."

As usuárias do Women's WIRE logo perceberam o poder do acesso instantâneo a uma comunidade de mulheres. O serviço oferecia apoio a vítimas de violência doméstica,[5] informação de contato com as mulheres do Congresso, listas de auxílio financeiro estudantil, organizações profissionais e empresas lideradas por mulheres, além de transcrições de discursos da primeira-dama Hillary Clinton. Em fóruns públicos, as usuárias davam conselhos umas às outras — não os guias esnobes de especialistas e revistas, mas as sugestões pessoais que tanto vemos hoje em fóruns de apoio on-line. Em 1994, quando a proposta de seguro-saúde do governo Clinton não incluiu obstetras e ginecologistas como especialidades de primeira necessidade, duas mulheres do Women's WIRE soaram o alarme e organizaram um "ataque telefônico à Casa Branca".[6] Três dias depois, elas postaram um aviso de vitória — tinha funcionado. Vinte anos antes do ativismo de mídia social, as assinantes do Women's WIRE mobilizaram sua comunidade virtual para mudar o mundo real.

O Women's WIRE tinha um escritório, um espaço acarpetado na sobreloja de uma rua comercial em South San Francisco, a meio caminho

WOMEN.COM 233

entre Marin e Palo Alto. A equipe era toda de mulheres: havia Phyllis, uma ex-mórmon que cuidava da informática; Roz, que mais tarde se tornaria uma monja budista; Susan, que tinha doutorado em linguística. Nancy fazia reuniões presenciais com usuárias no espaço comum e, quando a mídia aparecia, Ellen e Nancy posavam para fotografias nas colinas acima de South San Francisco, abraçadas, o vento bagunçando seus cabelos e dobrando a longa relva em direção ao mar.

Mas, apesar dos objetivos em comum, Nancy e Ellen eram duas fundadoras muito diferentes. Nancy, duas décadas a mais, tinha raízes profundas em construção de comunidades, on-line e off-line, e vinha de um mundo de autoconfiança hippie e da cultura de conscientização da segunda onda do feminismo. Como reflexo desses valores, o índice de sistema original do Women's WIRE tinha informações sobre aborto, programas de estudos femininos e dicas de maternagem para lésbicas, assim como links diretos para grupos como o Coletivo de Saúde Feminina de Boston e a Organização Nacional de Mulheres (NOW). Do ponto de vista dela, o Women's WIRE era uma rede radical, um espaço feito por e para a comunidade feminista, que por acaso incluía alguns homens. Ela imaginava uma rede de vozes, ancoradas por um grupo de assinantes fundadoras, que "incentivariam a diversidade [...], pessoas com algo[7] a contribuir, pessoal e intelectualmente ou em suas relações".

"Eu gostava da parte da comunidade,[8] de dividir informações úteis com as pessoas", lembra Ellen, "mas não era muito uma pessoa de comunidade". Ela era de uma nova geração de empresárias feministas, com foco na diretoria. Como usuária, estava mais interessada em informação direta; queria respostas jornalísticas baseadas em dados, e não pelos canais mais imprecisos do compartilhamento anedótico. Como resultado, o Women's WIRE tinha dois polos distintos, de um lado *Recursos de Informação* e de outro *Trocas*. O equilíbrio entre essas prioridades era precário. A assessora de imprensa do Women's WIRE, Naomi Pearce, lembra-se de uma discussão frequente sobre a natureza daquele meio. "Nós tínhamos grandes debates[9] para decidir se a internet diz respeito à informação ou à comunidade. E eu ficava olhando aquela briga toda e pensando, *Dã, as duas coisas!* Quando a discussão trata de duas possibilidades possivelmente corretas com tanta garra, a resposta correta é *As duas possibilidades."*

Por quinze dólares mensais e uma taxa de conexão por hora, as assinantes do Women's WIRE tinham acesso às duas possibilidades: havia manchetes diárias e grupos de notícias, mas também acesso a e-mail, recursos de outras organizações de direitos das mulheres e seções dedicadas à "história feminina", finanças, tecnologia, maternagem e educação, entre outros tópicos de interesse. O Hangout, fórum geral que acolhia as novatas à conversa do Women's WIRE, tornou-se a principal atração do serviço. "Imaginei que as mulheres que estavam em casa criando seus filhos deviam se sentir muito isoladas", conta Nancy. "Onde estava o grupo de troca de fofocas[10]? Onde estava a ágora, a praça em que todas nós passamos o tempo?" Ao monitorar as conversas do fórum, ela se parabenizou por seguir seus instintos: como havia desejado e esperado, o grupo de troca de fofocas havia migrado para a rede.

Muitos *digiterati* acreditavam no início que as conversas on-line diminuiriam as diferenças entre as pessoas. Afinal, poucas tecnologias afastaram as palavras da nossa carne tanto quanto a internet. Talvez conversas via computador criassem uma "civilização da mente", alguém chegou a dizer, um lugar em que raças, gêneros, habilidades e classe econômica finalmente se tornariam imateriais. A realidade é bem diferente. Como Stacy Horn descobriu nos seus anos cuidando do Echo, as pessoas traziam tudo consigo para o ciberespaço: seus condicionamentos sociais, suas verdades mais profundas e toda a sua bagagem emocional.

O Women's WIRE, como um raro exemplo de um ciberespaço dominado por mulheres, era a prova disso. Enquanto o The WELL era uma área sem restrições para intelectuais sarcásticos, um faroeste que recompensava quem tinha opiniões fortes, capacidade argumentativa e autoconfiança, entrar no Women's WIRE era como visitar outro país. Com sua demografia invertida — noventa por cento mulheres e dez por cento homens —, o tom das conversas era em geral atencioso e solidário. O The WELL "tinha muita cabeçada entre machos-alfa",[11] conta Nancy. Mas as mulheres no seu serviço "eram tão legais e educadas[12] umas com as outras que às vezes tínhamos que dar uma cutucada para animar um pouco as conversas".

TRABALHANDO EM UM FOGUETE

Nancy Rhine e Ellen Pack estavam trabalhando no Women's WIRE no seu escritório em South San Francisco quando viram a web pela primeira vez. Era 1994, o ano em que o primeiro navegador da web, Mosaic, deu lugar ao seu sucessor, Netscape, que logo se tornaria o navegador-padrão para os primeiros usuários dos dois extremos do país. Assim como AOL, CompuServe, Prodigy e Delphi, todos serviços de assinatura tirados da web dos hipertextos, o Women's WIRE estava num momento determinante: elas poderiam torcer para que o serviço existente se sustentasse por si mesmo, ou poderiam redesenhar tudo aquilo para a web.

Essa não era a escolha óbvia que pode parecer hoje em dia. A web era evidentemente importante, mas era um risco. Dedicar-se a ela significaria abandonar os milhares de assinantes que já tinham. E, nos tempos de conexão dial-up, o Women's WIRE não respondia a ninguém além de seus membros. Nancy me explica que era possível, antes da web, ter um negócio e uma comunidade bem-sucedidos ao mesmo tempo. Na verdade, era uma relação de causa e consequência. "O modelo original era[13] por quanto tempo as pessoas *ficavam* on-line", conta. "Você queria criar comunidades porque isso mantinha as pessoas engajadas." É importante notar que as mídias sociais atuais voltaram a esse tipo de perspectiva, embora em uma escala muito maior. Quando o Facebook apresentou seus grupos privados em 2010, era para capitalizar nos vínculos profundos que são forjados por comunidades de interesse específico, que se tornaram motores de engajamento de usuário para a plataforma. Como a revista *New York* escreveu em 2017: "O Facebook é bom porque cria comunidades;[14] comunidades são boas porque permitem que o Facebook exista".

Nos primeiros dias do Women's WIRE, porém, Ellen não estava tão interessada em ver o valor inerente das comunidades on-line — por mais sustentável que fosse, não era lucrativo. Ela viera para o Vale do Silício com um MBA e via o Women's WIRE como mais uma start-up. Queria construir algo maior do que caberia numa sobreloja acarpetada em South San Francisco. Em 1994, o ano em que a web explodiu,[15] Ellen começou a cavar o Vale em busca de capital inicial para entrar no jogo. "Eu sempre quis tornar aquilo[16] algo grande", comenta.

Enquanto fazia suas jogadas, foi apresentada a Marleen McDaniel, uma veterana com trinta anos na indústria, uma das poucas mulheres no topo da hierarquia do Vale do Silício. Marleen era um camaleão da tecnologia: começou como assistente, analista de sistemas e programadora nos anos 1960, e passou a década de 1970 com o pessoal liberal do Xerox PARC. Ela trabalhou por um tempo com Douglas Engelbart, mentor de Jake Feinler em Stanford, em uma tentativa infeliz de comercializar seu sistema. Nos loucos anos 1980, entrou na Sun Microsystems como funcionária número quarenta e seguiu até o topo, "como se estivesse trabalhando em um foguete",[17] segundo ela. Quando conheceu Ellen, já tinha participado dos bem-sucedidos lançamentos de várias start-ups famosas e era respeitada no Vale. Ellen lhe enviou um plano de negócios[18] e um buquê de flores.

Na época, o Women's WIRE não tinha exatamente assinantes o suficiente para ser lucrativo, e Ellen já tinha torrado suas economias na empresa. Ela e Nancy não estavam convencendo as empresas de capital de risco com quem se reuniam, porque a maioria dos investidores em potencial eram homens que consideravam a ideia de uma rede de mulheres pouco mais que uma curiosidade. "Alguns entendiam, é óbvio",[19] lembra Ellen, mas de outros "a gente ouvia o clássico: 'Vou pedir para a minha esposa dar uma olhada nisso.' Eles não levavam aquilo a sério enquanto mercado ou oportunidade. Pensavam que era um grupo minoritário." Com Marleen na história, porém, havia uma chance de levarem o Women's WIRE a sério por tempo o bastante para ouvirem o que elas tinham a dizer.

"Não foi fácil levantar dinheiro[20] para essa empresa", conta Marleen. Para ela, não era uma questão de gênero: o plano de negócios do Women's WIRE não era revolucionário e o BBS em First Class estava no fim. Mas a marca tinha o status de pioneira, e a ideia de usar a web como meio comercial ainda era nova e atrativa, então Marleen se juntou a elas como consultora. Quando apresentou o projeto com Ellen e Nancy, sua credibilidade teve um efeito imprevisto. "Quando finalmente consegui fazer uma firma de capital de risco menor[21] mas competente se comprometer com a empresa, a condição era que *eu* fosse a CEO", conta Marleen. "Essa foi a primeira crise."

Marleen está sempre à frente das tecnologias, resultado de uma carreira que viu o desenvolvimento de várias gerações de computadores. Ela sabia que o Women's WIRE não conseguiria sobreviver como destino de conteúdo e provedor de serviço, competindo com gigantes como a AOL, que tinha dinheiro para enviar milhões de CDs de instalação para potenciais novos usuários no país inteiro. Tendo entrado na web pela primeira vez no início dos anos 1990, ela sabia que aquela era a única opção para Ellen e Nancy, apesar do risco. "Foi um momento definidor",[22] diz ela, "e caso você pense que começar uma empresa é fácil... não é. É como pular de um precipício e não saber se tem água lá embaixo". Só uma coisa era certa: o Women's WIRE não era mais um serviço comunitário. Era uma empresa de mídia.

Logo depois, o Women's WIRE anunciou que abandonaria o serviço stand-alone de conexão dial-in para criar "revistas eletrônicas" para Microsoft, CompuServe e para a web em geral. O primeiro grande acordo que Marleen[23] fechou foi um contrato multianual para deslocar a comunidade do Women's WIRE da sua plataforma para a CompuServe, incentivando usuários a assinar o plano mensal de 9,95 dólares. *Esta é uma oportunidade de construir uma comunidade grande, diversa e culturalmente rica de mulheres on-line*, escreveu ela no e-mail geral que trazia o anúncio. ("Eles compraram os nossos assinantes",[24] conta ela.) Quando essas mudanças começaram a afetar o que restava da comunidade original do Women's WIRE, Nancy decidiu sair da empresa, levando com ela boa parte de usuários. "Estão dizendo que é uma parceria[25] da CompuServe com o Women's Wire", escreveu uma das moderadoras do fórum sobre a migração forçada, "mas está evidente para mim que o Women's Wire que eu assinei não existe há vários meses. Estão deixando o modelo de comunidade para trás e vão se tornar um provedor de informação". No Halloween de 1995, as antigas linhas de modem do Women's WIRE foram desligadas.

Nancy ficou quieta na época, mas não devia estar muito feliz. Ela veio de uma geração de usuários que acreditavam que a internet era inerentemente uma tecnologia de comunidades — para ela, assinantes eram cidadãos antes de serem consumidores. A visão igualitária de Nancy não fazia sentido para Marleen. "Ela queria mandar na empresa",[26] conta Marleen. "Em vez de ter um CEO e uma estrutura piramidal... ela queria uma situação tipo Cavaleiros da Távola Redonda."

Marleen passou o ano de 1995 fechando acordos de distribuição e parceria com empresas como MSN, Bloomberg e Yahoo!, e ela e Ellen lançaram o Women's WIRE na web em agosto daquele ano. O serviço on-line central da empresa se tornou um destino de conteúdo — mais revista que grupo de troca de fofocas, um lugar para mulheres *resolverem coisas*, desde checar o mercado de ações até ler o horóscopo. Artigos escritos por funcionárias e redatoras freelancers ficavam lado a lado com histórias saídas da *Reuters*, assim como fóruns sobre os mais diversos assuntos, "de Barbies a Bósnia",[27] como Ellen contou a um jornalista logo após o lançamento. Em todos os sentidos, o Women's WIRE se tornou uma revista. "O modelo se transformou em audiência[28] e anúncios", diz

Nancy, e "a ênfase realmente se tornou fazer as pessoas passarem por ali. Não importava quanto tempo elas ficavam, ou se estavam engajadas com o conteúdo ou não. Era questão de capturar o público para um anúncio, como em uma revista".

CHEGANDO LÁ

Com a chegada da primeira injeção de capital, o Women's WIRE saiu de South San Francisco para um escritório melhor em San Mateo. Ellen foi nomeada vice-presidente de desenvolvimento de produto, e passava o tempo viajando de São Francisco a Nova York para encontrar parceiros de mídia e contratar um time de editores que produziria o conteúdo da revista on-line Women's WIRE. Ela contratou Laurie Kretchmar, ex-editora da revista *Working Woman*, como editora-geral, e roubou Gina Garrubbo, uma gerente de vendas experiente, do Discovery Channel. Gina se converteu no momento em que leu os primeiros artigos do Women's WIRE na web. "Eu disse: 'Meu Deus'",[29] lembra ela. "Eles sabem que mulheres são inteligentes. Que têm dinheiro. Que estão investindo. Que estão tomando decisões sobre moda sozinhas e não querem ouvir o que devem ou não vestir. Essa voz não é condescendente. Senti que nunca havia ouvido uma voz assim no universo."

Nem todo mundo viu com essa mesma rapidez o potencial de criar uma marca virtual para mulheres. Gina me contou a história de uma reunião de investimentos em 1996. "Marleen, Ellen, eu e nossa diretora financeira[30] fomos a certo banco em Boston", diz ela. "Estávamos todas de blazer e calça social preta, com nossos laptops. Então entramos numa sala de reunião muito anos 1980." Ao redor da mesa estavam sete banqueiros: ternos, camisas brancas, gravatas bem tradicionais. "Começamos a falar sobre como as mulheres em breve se tornariam a maioria dos usuários on-line.", lembra Gina, "como comprariam coisas on-line, como estavam começando a pesquisar assuntos na web, e eles olharam para a gente como se estivéssemos loucas. Um dos caras disse: 'Minha mulher nem gosta de computadores.' Eles estavam pensando: *Esse pessoal é doido.* E a gente olhava para eles e pensava: *Esse pessoal não entende nada.*" Depois da reunião, as mulheres saíram do prédio e riram. Era só o que podiam fazer.

Os banqueiros estavam errados, e as mulheres sabiam. Conforme a década de 1990 seguia, a web começou a refletir a demografia de gênero do mundo real. Se os clubes de texto em BBS, os multi-user domains e grupos de notícias eram dominados por amadores, tecnólogos, primeiros usuários e garotos adolescentes, a web abriu os portões para as mulheres. Em 1998, 39,6 milhões delas estavam on-line, e em 2000 o número de mulheres on-line ultrapassou o de homens pela primeira vez. Essa mudança representou uma inundação de usuárias de todas as idades, levando uma proeminente firma de pesquisa de mercados a declarar: "É uma World Wide Web das mulheres."[31] Surfando na onda, o Women's WIRE mudou seu nome para women.com.

"Quando começamos",[32] disse Marleen, "tivemos que inventar um modelo de negócios". Esse modelo era a publicidade. O women.com era o número um porque tinha sido o primeiro nesse mercado. Como um dos únicos destinos femininos na web, sua voz franca e familiarizada com a tecnologia prometia uma alternativa única às revistas femininas comuns — cheias então, assim como agora, de dicas de sexo e dietas da moda. Junto com sites como o Cybergrrl.com, de Aliza Sherman, um guia desbocado para o ciberespaço voltado para a Geração X, e o iVillage, uma comunidade sobre maternagem voltada para mulheres, o women. com representou um novo tipo de mídia feminina: franca, conectada e inteligente. E à venda.

Como as mulheres controlavam mais de oitenta por cento[33] das vendas ao consumidor, as marcas prestavam muita atenção ao crescimento da chamada World Wide Web feminina, e o women.com logo investiu nisso. A equipe de Gina vendeu a primeira propaganda na web, uma seção do site patrocinada pela Levi's. Era o que hoje chamamos de conteúdo publicitário: a seção da Levi's, chamada "Getting There", fazia perfis de mulheres com carreiras interessantes, como webmasters e detetives particulares, assim como a amada seção "Work" do *Word* explorava os extremos dos ambientes de trabalho norte-americano. Nos primórdios, as grandes marcas estavam ansiosas para anunciar on-line, mas não havia padrões de preço, tamanho e contrato, e ninguém sabia como visualizações impactavam a publicidade, mas tráfego é quantitativo, e ele era grande. Embora o serviço original de dial-in do Women's WIRE[34] tivesse apenas 1.500 assinantes, em 1996 o women.com já tinha[35] 7,5 milhões de acessos por mês. "A gente estava em evidência",[36] lembra Ellen. "Ninguém recebia tantos olhares femininos quanto nós."

Assim como o word.com, o women.com recebeu um grande empurrão nas visitas por estar entre as sugestões do "What's Cool" no navegador Netscape, mas a URL fácil de lembrar também ajudava. Nos anos antes do Google, a navegação na web começava digitando-se uma URL diretamente na barra de endereço. Dali, você seguia hiperlinks em sites de diretório como o Yahoo! ou explorava páginas específicas de links, com curadoria do webmaster (ou webmistress) do site. Isso tornava uma URL como women.com especialmente valiosa: é provável que as pessoas digitassem aquilo na barra de endereço só para ver onde dava.

Em 1997, o women.com se expandiu como uma rede, com uma constelação de sites irmãos interligados: Women's Wire, MoneyMode, StorkSite, Prevention's Healthy Ideas, Beatrice's Web Guide e o Crayola FamilyPlay. Três desses eram mantidos por patrocinadores, que pagavam pela parceria com o women.com e pegavam uma fatia do tráfego, e, depois da Levi's, o women.com vendeu espaço publicitário para empresas como Fidelity Investments, Honda, Toyota, AT&T, Coca-Cola, Procter & Gamble e American Express. De acordo com uma empresa de pesquisa[37] de mercado, o site era um dos mais lucrativos da web. A propaganda da Levi's tinha custado dez mil dólares em 1996. Dois anos depois, banners publicitários e conteúdo promovido muitas vezes eram vendidos por algumas centenas de milhares de dólares e, ao fim de 1998,

242 A HISTÓRIA DESCONHECIDA DAS MULHERES QUE CRIARAM A INTERNET

bateram a marca de um milhão cada. "Nós multiplicamos os lucros[38] de zero para dezenas de milhões de dólares", conta Gina Garrubbo, agora vice-presidente comercial do women.com.

Tudo isso era muito diferente do Women's WIRE. Se a empresa original tinha avós espirituais, eles talvez vivessem no Resource One: o Women's WIRE tinha um caráter local similar ao Memória Comunitária e a consciência social do Diretório de Referências de Serviços Sociais. Enquanto o conteúdo do Women's WIRE "enfatizava notícias da atualidade[39] e encorajava o ativismo político", o women.com era algo totalmente diferente, e a evolução de uma coisa à outra revela como os primeiros esforços de garantir espaços na web para mulheres se transformaram em empresas dedicadas a vender coisas para elas, e a comodificação da web feminina como um todo. Não demorou para que o women.com, uma empresa financiada por capital de risco que buscava publicidade para pagar as contas, se tornasse indistinguível das revistas femininas tradicionais às quais originalmente se opunha. Apesar do salto do papel para o pixel, o women.com não era mais profundo que a *Cosmopolitan*. Na verdade, era exatamente igual.

DOIS CARROS NUMA PISTA DE CORRIDA

Quando Marleen e Ellen lançaram sua iniciativa na web, eram as únicas na área. Mas a web das mulheres logo ficou concorrida: em 1998, Geraldine Laybourne, uma executiva de televisão, anunciou a Oxygen Media, um canal a cabo com presença on-line conjunta gerenciada por mulheres espertas da Geração X, contratadas de webzines independentes. ChickClick, que começou como uma pequena[40] rede de "grrrlish zines", se tornou uma rede afiliada de 58 sites para mulheres jovens com nomes como Technodyke e Disgruntled Housewife. Ainda assim, só um concorrente as incomodava: o iVillage.

A CEO do iVillage, Candice Carpenter, era uma cliente exigente usando um blazer longo. "Ela era escandalosamente interessante",[41] conta Marleen, com uma mistura de admiração e alguma outra coisa. Carpenter tinha criado sua empresa a partir de uma comunidade da AOL formada por mães intrometidas, transformando-a em um grupo bem-sucedido de 17 websites femininos, financiados por imensas rodadas de capital de risco, alianças corporativas, jogadas publicitárias milionárias e os primeiros investidores em e-commerce. O iVillage foi construído em um modelo de comunidade: seu principal produto eram os fóruns, onde as mulheres partilhavam tudo, desde ansiedade pós-parto e histórias sobre câncer de mama até conselhos para lidar com o estresse no trabalho e com adolescentes rebeldes.

Carpenter sabia que a comunidade faria com que os visitantes voltassem para o iVillage e que isso aumentava o número de visualizações do site, uma métrica essencial em um negócio sem nenhum outro tipo de ativos. O iVillage era especialista em capitalizar[42] no tráfego repetido que os fóruns encorajavam: entre em um grupo de apoio para grávidas no iVillage e cedo ou tarde você se veria na Amazon, olhando livros sobre gravidez, ou em um dos sites de e-commerce irmãos do iVillage, como o iBaby, escolhendo macacões. Carpenter, cujo currículo incluía passagens por Time-Life Video, QVC e AOL, falava de "monetizar" a comunidade do iVillage, transformando as dinâmicas sociais da rede em um negócio que compensasse as imensas quantidades de capital dispendidas.

Em 1999, o iVillage e o women.com eram como "dois carros numa pista",[43] explica Marleen, competindo pelos dólares de publicidade e por proeminência no Top 50 do Media Metrix, uma versão antiga da web dos rankings da Nielsen. "Nós competíamos por tudo",[44] diz Gina Garrubbo, e na tentativa de superar um ao outro eles foram se aproximando cada vez mais. O iVillage, que começou como um site de comunidade, passou a publicar artigos para atrair os curiosos; o women.com, buscando a popularidade dos fóruns do iVillage, criou os próprios. Laurie Kretchmar, editora-chefe de longa data do women.com, explica de forma bem simples: "Muitas vezes existem duas coisas na mesma categoria,[45] como Burger King e McDonald's, Pepsi e Coca-cola. Pessoalmente, eu prefiro Coca."

244 A HISTÓRIA DESCONHECIDA DAS MULHERES QUE CRIARAM A INTERNET

Em 1998, Marleen vendeu uma grande parte do women.com para a Hearst Communications — a um voto de controlar a companhia —, em troca de uma grande parceria entre marcas. A Women.com Networks, Inc. se tornou o portal das marcas de revistas femininas da Hearst: *Good Housekeeping*, *Town & Country*, *Marie Claire*, *Redbook* e, sim, *Cosmopolitan*. Isso deu ao women.com uma aura de legitimidade, mas deixou seu conteúdo indistinguível de qualquer mídia em massa presente na web. No fim da década, como resultado da parceria com a Hearst e da explosão da web como meio comercial, o women.com tinha virado mainstream, dedicando um espaço cada vez maior ao conteúdo superficial das revistas. O banal já era uma parte irrevogável: "71 dicas para perda de peso que funcionam mesmo!", "Sua sogra enlouquece você?"

O mesmo estava acontecendo com sites femininos por toda a web. Do iVillage ao Oxygen, o feminismo deu lugar às superficialidades e os comentários políticos foram substituídos por dietas da moda, horóscopos e testes de compatibilidade. A web não era mais um porto seguro das fofocas da *People*; sexo e horóscopos geravam mais tráfego do que qualquer outra coisa, e "quem acreditava que a web[46] seria mais *Ms.* que *Mademoiselle* — crendo que todas as mulheres estavam em busca de mais intelectualismo — provavelmente estava enganado", disse um crítico na *Salon*.

Os primeiros esforços para identificar e desenvolver a web feminina obtiveram o efeito contrário ao desejado. Como a acadêmica e teórica canadense Leslie Regan Shade[47] aponta, quanto mais sites como women. com e iVillage tentavam atender os desejos das leitoras, mais clichês se tornavam, até que tudo que restava das suas comunidades eram a demografia de consumidores e cliques. Isso continua um problema até hoje, com a mídia on-line lutando para equilibrar as necessidades conflitantes de patrocinadores, assinantes e leitores. Na inebriante atmosfera dos primórdios da web, porém, isso parecia especialmente ruim: as mulheres tinham entrado na internet em busca de empoderamento e comunidade e em menos de alguns anos já eram alvo de propaganda de jeans, roupas de bebê e hidratantes.

Um editorial raivoso do *New York Times* soou o alarme no ano 2000: o sucesso comercial da mídia on-line para mulheres era sintomático de um "virulento separatismo cultural", uma "cultura feminina" brega e traiçoeira, que se espalhava por todos os lados, de comédias românticas a *reality shows* e revistas de moda, criada especificamente para enganar consumidoras e fazê-las abrir as carteiras. "Esse é o maior truque de todos",[48] disse Francine Prose para o *Times*. "A trapaça das pesquisas de marketing, uma armadilha absurda para mulheres na qual se prometem relacionamentos e se vendem comunidades, mas o que na verdade elas estão comprando é cada vez mais isolamento e solidão."

EMPRESA FODIDA

Um dos mais interessantes artefatos da bolha das pontocom é um site chamado FuckedCompany.com, que transpôs a destruição do Silicon Alley como um jogo esportivo de fantasia. Todo dia o site postava novas "fodidas", listando cada uma por gravidade: demissões, releases de imprensa preocupantes, escritórios vazios. Cem pontos de gravidade e a empresa entrava no Hall da Fama das Empresas Fodidas, e provavelmente ia à falência na vida real, mas era possível apostar em cada piora quando se chegava ao fim. Funcionários nervosos de empresas de tecnologia usavam o site como um termômetro, e alguns até jogavam também. Depois da virada do milênio, a única maneira de ganhar dinheiro com as pontocom era apostar nas circunstâncias das suas falências.

Em dezembro de 2000, o Fucked Company postou uma notícia:[49]

Women.com, meu site favorito para ler o que as gatas gostam, demitiu 85 belas garotas de biquíni.
Gravidade: 45

A web das mulheres estava em alta no fim dos anos 1990, vendendo propagandas milionárias e batendo recordes de tráfego. Mesmo que os observadores culturais lamentassem que tenham se tornado sites com manchetes sensacionalistas, o interesse financeiro na web feminina estava mais alto do que nunca. Como muitas grandes empresas de internet da época, tanto o women.com quanto o iVillage sentiram a pressão de levar esse interesse ao banco com suas ofertas de ações.

O iVillage foi primeiro, apresentando seu S-1 para a Securities and Exchange Commission em 1999. As expectativas eram altas. Candice Carpenter era uma grande empreendedora, com uma capacidade impressionante de retratar como digna de investimento uma empresa "com dívidas profundas,[50] poucos ativos físicos, pouca tecnologia própria, gastos extravagantes, altos custos de manutenção e poderosos concorrentes emergentes". Na véspera da abertura de oferta pública do iVillage, após um pico inédito no Dow Jones, ela já havia levado a empresa a várias rodadas de financiamento, resultando em uma de impressionantes 31,5 milhões de dólares.

O iVillage marcou seu preço inicial a 25 dólares por ação e, quando os mercados abriram, as ofertas começaram a 95,88 dólares, tornando Carpenter, sua parceira de negócios Nancy Evans e seus investidores multimilionários em questão de segundos. No escritório do iVillage, os funcionários ficaram tão empolgados que Carpenter contou a um repórter que teve que "arrancá-los do teto".[51] Só a sua parte valia oitenta milhões de dólares. Esse seria um dos mais bem-sucedidos IPOs na história do Silicon Alley.

O women.com estava observando com atenção. "Fiquei chateada por o iVillage ter ido a público primeiro", conta Marleen. Ela e Ellen estavam acompanhando os rivais, interessadas em ver como um web-business comandado por mulheres se sairia sob a mira impiedosa de Wall Street. O sucesso estratosférico do iVillage era um bom sinal, de certa forma: mostrava que o mercado levava a mídia para mulheres a sério e estava disposto a investir. Mas Marleen não tinha certeza de que o raio cairia duas vezes no mesmo lugar. "Aquilo me afetou",[52] admite ela. "Disse: 'Ah, droga, melhor a gente ir nessa então.'" O Women.com Networks, Inc. apresentou seu S-1 menos de dois meses depois. "Você sabe quando é a hora certa porque os bancos de investimento de repente aparecem", explica Marleen. "Era a hora certa. Provavelmente era a única janela que teríamos." Em outubro daquele ano, Marleen e Ellen viram seu novo nome girar pelas telas da Times Square: WOMN.

A abertura das ações do women.com não foi tão[53] explosiva quanto a do iVillage, mas ainda assim não decepcionou: o preço inicial da companhia era dez dólares, valor que quase dobrou no primeiro dia na bolsa, e alcançou 23 dólares ao fim daquele mês. Na sequência de uma grande campanha publicitária que se seguiu, o women.com até ultrapassou o iVillage[54] no Top 50 do Media Metrix, fazendo com que o iVillage comprasse uma página inteira do *Wall Street Journal* com uma réplica insinuando que o women.com só havia chegado tão longe graças à junção com a Hearst. EXISTE UMA DIFERENÇA ENTRE ABSORVER WEBSITES E CONSTRUIR UMA MARCA DE LIDERANÇA, dizia o anúncio. Mas, apesar de tanto antagonismo por parte da principal concorrência, analistas da indústria previam que o Women.com Networks, Inc. permaneceria um player de destaque por anos.

Pouco mais de um ano depois, tudo desmoronou.

Marleen respira fundo quando pergunto sobre o destino do women. com. "Não é meu assunto favorito",[55] confessa ela. "Nunca na minha vida estive em uma empresa cujo rendimento declinou em um quarto", conta ela. "Eu não estava sozinha, mas tinha que relatar aquilo como empresa pública. Nossas ações começaram a cair, e passei a ver todos os sinais." Ela propôs uma ideia à diretoria: para se livrar daquela merda toda, o women.com precisava de uma fusão. "Quando você cai no mercado, já era: passa a ser um morto-vivo", conta ela. "Eu fui rápida."

Em 5 de fevereiro de 2001, o women.com fez uma declaração inesperada: a maior concorrente da rede, o iVillage, ia adquiri-la em um complexo acordo valendo 47 milhões de dólares. Enquanto a fusão ainda estava sendo avaliada, o iVillage recebeu um aviso da Nasdaq dizendo que as ações da empresa estavam perigosamente baixas, prestes a saírem da bolsa; quase imediatamente depois da fusão ser aprovada a nova empresa demitiu metade da equipe. O *Wall Street Journal* chegou a uma conclusão implacável: "A internet não é capaz de sustentar[56] com anúncios grandes sites voltados ao nicho de interesses femininos."

Talvez as coisas não fossem tão terríveis assim. Afinal, muitos sites e aplicativos para o público feminino são sustentados por anúncios e se dão bem hoje em dia, publicando desde matérias inofensivas até artigos feministas incisivos. A diferença entre eles e os sites femininos dos primórdios da web é que estes se imaginavam como portais: lojas virtuais em que as mulheres podiam parar e receber todo o conteúdo da internet de que precisassem. Isso podia ter funcionado bem no início, quando as mulheres ainda eram minoria on-line, mas, conforme a web crescia, o mesmo acontecia com seus usuários. Por que uma mulher interessada em finanças entraria nas páginas do women.com quando poderia ir diretamente à Bloomberg? Quem precisava de dicas de moda do iVillage, se a *Vogue* tinha o próprio site? Não é que o mercado não aguentasse mais de um site para mulheres. É que as mulheres, uma vez on-line, conseguiam se virar por conta própria.

Capítulo treze
AS JOGADORAS

Computadores não têm gênero, óbvio. Mas a compreensão social coletiva dos usuários de computador — quem os usa, quem os constrói, quem os compra — muda de geração para geração. No século XIX, os computadores *eram* mulheres, e, nos anos 1950, eram um campo feminino, até que a programação foi profissionalizada e masculinizada. A ARPANET, construída em um backbone localizado em centros militares e acadêmicos, era dominada por homens porque as pessoas que desenvolveram aquela infraestrutura vinham de ambientes que os favoreciam. O protótipo do hipertexto foi criado por mulheres na periferia da ciência da computação, mas foi preciso um homem para popularizar essas ideias — até que finalmente, no início da web, o acesso a computadores pessoais permitiu que mulheres retornassem ao campo, e uma geração de criadoras de conteúdo cultural e de empreendedoras causou impacto novamente. Durante todo esse tempo, a tecnologia sempre refletiu o que era inserido nela, e por quem.

Como a pesquisadora Jane Margolis comenta: "Logo no início da vida,[1] a computação é considerada um território masculino. Esse domínio é basicamente fruto de uma cultura e de uma sociedade que ligam interesse e habilidade com computadores a homens e meninos", causando um afastamento cumulativo das mulheres, que Margolis evocativamente chama de "frutos amargos de muitas influências externas". Esse afastamento permeia[2] a cultura técnica em todos os níveis: em laboratórios de informática nas escolas, na forma como um computador doméstico às vezes fica no quarto de um menino em vez de no de sua irmã e até nos próprios sistemas operacionais, que a socióloga Sherry Turkle aponta como violentos ao falar de *execuções* e *travamentos*, e até nos perguntam se queremos *abortar* programas problemáticos. Também começa cedo, nas primeiras socializações de gênero das crianças.

Da metade para o final dos anos 1990, enquanto as mulheres da World Wide Web lutavam pelo seu espaço em um ecossistema da informação em rápida mudança, outra batalha pelos corações e mentes de usuárias de computadores começava a surgir. Não era on-line, e também não era no meio acadêmico, embora viesse a ter um efeito indelével nessas duas áreas. Na verdade, era uma batalha para transformar as primeiras impressões que os computadores causavam em meninas, e para redirecionar seus interesses para a tela com uma atividade que justifica ao mesmo tempo acesso e representatividade: jogar videogames.

EPISTEMOLOGISTA DE COMBATE

Brenda Laurel conta duas histórias diferentes sobre a primeira vez que viu um computador.

Na primeira, ela tem 12 anos. É o Halloween de 1962, em Ohio. Para descrever sua fantasia — uma espiga de milho —, ela diz simplesmente: "Era uma época meio Andy Warhol."[3] Sua mãe tinha feito a fantasia com uma armação de tela de arame recheada com grãos de algodão amarelo. Brenda mal conseguia enxergar, mas tinha certeza de que ganharia o primeiro lugar no concurso de fantasias realizado pelo supermercado local. Quando ela chegou lá, porém, viu que outra criança já tinha ganhado. A mãe de Brenda, uma "mulher baixinha e irritadiça[4] que achava que o mundo a estava ameaçando como uma arma", reclamou com o encarregado, o gerente de uma loja de ferramentas. Como prêmio de consolação, ele entregou a Brenda um prêmio encostado numa prateleira: uma caixinha de plástico com a palavra "ENIAC". "É um computador", disse ele.

O ENIAC de brinquedo vinha com uma pilha de cartões, cada um impresso com uma pergunta. Ele pegou o primeiro no topo da pilha — Qual é a distância entre a Terra e a Lua? —, inseriu-o na máquina e girou uma manivela na lateral. A resposta saiu do outro lado, impressa no verso do cartão. Brenda não entendeu o truque e não tinha como saber que o verdadeiro ENIAC teria respondido àquela pergunta com a ajuda de um grupo de mulheres programadoras. Mas ainda assim ficou maravilhada com a ideia de uma máquina se relacionando com o cosmos. "Eu tive uma epifania",[5] lembra ela. "Por um momento, fui transportada para fora da minha gaiola de arame, fora da época de livros escolares e máquinas de escrever, para um momento glorioso em que os computadores responderiam às perguntas realmente difíceis para nós."

Na segunda história, ela está mais velha. Estamos em meados dos anos 1970 e Brenda está na sua formatura do ph.D., no teatro da universidade Ohio State, uma trajetória apropriada para a quase vencedora de um concurso de fantasias. Um de seus melhores amigos, Joe Miller, trabalha em um laboratório de pesquisa ali por perto, e uma noite ele a leva para uma visita, depois do horário, para lhe mostrar o segundo computador que Brenda viu na vida. Estava pintando, como ela descreve, "pixels de Marte".[6] Bem como ela havia imaginado sobre o ENIAC de brinquedo da sua infância, aquela era uma máquina que falava com as estrelas. Ela caiu de joelhos. "O que quer que seja isso", disse ela, "eu quero".

Para a sorte de Brenda, Joe começou uma pequena empresa de soft wares, do tipo que existia antes dos monopólios da Apple e da Microsoft. Sua empresa criava programas para o CyberVision, um primitivo sistema de computadores domésticos vendido exclusivamente nas lojas de departamento Montgomery Ward, hoje praticamente esquecido. O sistema conectava-se a um aparelho de televisão normal — o controle remoto da televisão funcionava como um mouse —, e seus programas vinham em

252 A HISTÓRIA DESCONHECIDA DAS MULHERES QUE CRIARAM A INTERNET

fitas cassete comuns, ou "Cybersettes", que liam áudio e dados em canais separados. Enquanto computador pessoal, o CyberVision estava muito à frente de seu tempo. Ele oferecia um conjunto variado de programas: softwares de finanças domésticas, jogos de cores, programas educativos e contos de fadas animados para crianças, tudo renderizado em blocos de pixels em 2k de RAM.

Essa foi a primeira incursão de Brenda na arte do software. Ela havia trabalhado em contos de fada no teatro, e sua produção itinerante dos contos de Robin Hood, apresentada entre os carvalhos do campus da Ohio State, fora um sucesso entre crianças e adultos. Apesar do desconhecimento de Brenda sobre programação, Joe a convidou para trabalhar para ele, fazendo o design das fábulas em pixel da CyberVision. Aquilo se tornou sua formação. "Sem saber que era difícil",[7] ela mergulhou no mundo dos computadores, fazendo "tudo, desde design gráfico e programação até passar o café". Naquela época, o código era diagramado, com lápis e papel, antes de ser convertido à mão para a linguagem compreendida pelo microprocessador CDP1802 do CyberVision, um chip integrado usado em vários microcomputadores comerciais e amadores nos anos 1970. Ao espremer a Cachinhos Dourados e seus três ursos em animações pixelizadas a quatro cores, Brenda descobriu como tudo funcionava.

Exibido com destaque no catálogo de primavera da Montgomery Ward de 1978, o CyberVision original vendeu dez mil unidades no primeiro ano, nada mau para uma empresa de computação de Columbus, Ohio. Mas o mercado de computadores pessoais era limitado, e a concorrência era grande: a Sears tinha os sistemas Atari, a Radio Shack apresentava seu computador Tandy e a idade de ouro dos jogos de arcade já estava a toda. Quando o CyberVision saiu do mercado em 1979, Brenda ainda não tinha terminado sua dissertação. Mas não importa — ela era designer de jogos. Quando se mudou para a Califórnia para trabalhar na Atari, ela viu o oceano pela primeira vez.

Estamos sentadas no seu jardim, tomando chá gelado e conversando — chá preto sem açúcar e suco de romã, a bebida da casa. Ela fuma um American Spirit, sentada estranhamente ereta. Está se recuperando de uma cirurgia na coluna, sua segunda, e o cabelo grisalho e cacheado é iluminado por toques de magenta e turquesa. Enquanto conversamos, dois gatos musculosos com nomes japoneses passeiam pelo jardim, que mais parece uma floresta: cinco acres de terreno bem-cuidado perto de Portola Redwoods, a uma belíssima viagem de duas horas de São Francisco. Enquanto o sol se move pela mesa de madeira, ilumina uma pilha de conchas de abalone na serragem atrás dela. Brenda e o marido gostam de abalones — costumam mergulhar no litoral norte da Califórnia para arrancar as conchas furta-cor das rochas com pés de cabra. O truque, ela me conta, é pegá-los desprevenidos. Até bivalves se protegem quando sentem uma mudança na maré. Brenda levou quatro anos para arrancar seu primeiro abalone. Um dia, no meio de um mergulho, ela lembrou de que tinha nascido canhota. Trocou o pé de cabra da mão direita para a esquerda e arrancou o danadinho de uma vez só, *clanc*. Nenhuma dessas coisas é uma metáfora de como Brenda trabalha, mas todas somadas criam um retrato: uma mulher discreta e forte quando necessário, com um braço firme que poucos conhecem, um jardim cheio de arco-íris, cada um uma morte.

Na Califórnia, Brenda ficou responsável pela estratégia de software dos computadores Atari 400 e 800. Como a Atari tinha ficado famosa originalmente com seus fliperamas, a empresa queria que seus computadores pessoais rodassem seus jogos mais icônicos, e Brenda dispendia muito tempo e energia convertendo os títulos da Atari para o computador. Isso a enlouquecia: em sua opinião, os jogos já rodavam melhor no antigo aparelho, que custava um décimo do preço. Quando sua equipe chegou a *Ms. Pac-Man*, ela foi até o presidente da divisão de computadores e disse: "Sabe do que mais? Não aguento[8] isso. Vou te mostrar um negócio." Ela puxou o quadro-branco e listou todas as coisas que a Atari deveria estar investindo, segundo ela, considerando os computadores domésticos: finanças pessoais, educação, processadores de texto. "E o cara retrucou: 'Pois seu salário dobrou e agora você se reporta a mim.'"

254 A HISTÓRIA DESCONHECIDA DAS MULHERES QUE CRIARAM A INTERNET

É assim que Brenda segue em frente: pulando com os dois pés. Quando viu que os supervisores do departamento estavam querendo roubar sua vaga, ela atravessou a rua e foi para o laboratório de pesquisa da Atari. Era liderado por Alan Kay, um cientista da computação conhecido por seu pioneirismo em programação orientada a objetos e por criar as janelas sobrepostas da área de trabalho do computador. Kay acolheu Brenda como sua protegida, ganhando mais alguns anos para ela na Atari. No laboratório de Kay, Brenda projetou um sistema de inteligência artificial baseado na *Poética* de Aristóteles, para gerar cenários novos e interessantes para jogos de computador. De lá, ela foi para a Activision, onde produziu jogos como *Maniac Mansion*, e depois para a Apple, para onde levou alguns dos amigos mais radicais — como o pioneiro do LSD Timothy Leary — para dialogar com o grupo de interface usuário-computador. Nesse meio-tempo, terminou sua dissertação, que propunha que programas de computador são como peças de teatro: ambos seguem um roteiro, e não se apresentam, ou são executados, da mesma maneira duas vezes.

A casa de Brenda fica a alguns quilômetros além de uma estradinha que atravessa uma floresta de medronheiros. Há um labirinto rabiscado com giz na calçada e uma prateleira de colecionáveis de *Star Trek* na sala. Na porta do escritório, uma placa diz BRENDA LAUREL, PH.D., EPISTEMOLOGISTA DE COMBATE, e, em um armário embaixo da escada, ela guarda rolos de tecido, longos carretéis de fita de cetim e flores de plástico, os caules de arame verde curvados. Temos que tirar tudo do caminho até chegar à caixa de plástico nos fundos, cheia de outro tipo de colecionáveis. Ela me prometeu que podemos dar uma olhada nos arquivos.

Tudo na caixa é roxo. Bonequinhos de brinquedo, embalados a vácuo em plástico duro. Conjuntos de figurinhas, coleções de contas brilhosas em saquinhos de veludo roxo e CD-ROMs em embalagens roxas com nomes como *Rocky's Tricky Decision* e *Rockett's Adventure Maker*, alguns dos títulos que ela produziu quando era chefe da própria empresa de jogos de computador, a Purple Moon. Enquanto enfia fitas soltas e retalhos de tule de volta no armário, leio a declaração da missão da empresa, impressa no verso de um disco: *Amizades próximas. Amor pela natureza. A confiança para ser legal. A coragem para sonhar. É o que são as garotas. E é o que as garotas compartilham quando descobrem as aventuras da Purple Moon. É por isso que a Purple Moon é só para garotas.*

PURPLE MOON

Em 1992, Brenda arrumou um emprego na Interval Research, um *think tank* em Palo Alto criado pelo cofundador da Microsoft Paul Allen. A Interval era muito centrada em *pesquisa*, e muito pouco em *desenvolvimento*: os pesquisadores viviam imersos no estudo de tecnologias que ainda estavam longe de se tornarem comuns, como telepresença e vídeos interativos. Brenda havia pouco estava no lugar deles. Fundara uma empresa de realidade virtual, a Telepresence Research, que tinha ido à falência em questão de um ano. Muitas vezes, ela se diz parte do "Clube dos Bonecos de Teste de Batida", os sonhadores cheios de ossos quebrados que tentam fazer coisas antes que elas sejam economicamente viáveis. É "uma viagem desconfortável, mas divertida e louca",[9] segundo ela. Por pior que as consequências sejam para eles, bonecos de teste sempre conseguem ver o que está à frente.

Brenda percebeu algo enquanto tentava desenvolver a tecnologia da realidade virtual: homens e mulheres pareciam ter experiências diferentes. "Quando entrevistava homens sobre a realidade virtual,[10] eles em geral me diziam que era uma experiência extracorpórea." Mas, quando conversava com mulheres, "elas em geral diziam que era como se levassem seu sensorial para outro ambiente". Era uma nuance, mas o bastante para fazer Brenda pensar em gênero e tecnologia e em como pequenos desequilíbrios no desenvolvimento da tecnologia têm um efeito muito maior em quem a utiliza, quem se beneficia e quem lucra. Na Interval, ela se concentrou ainda mais nessa questão, optando por estudar a geração de crianças que chegavam à maioridade em um mundo movido a computadores pessoais — crianças como as próprias filhas. Durante seus primeiros quatro anos na Interval, Brenda fez uma pergunta singela de grandes consequências: por que meninas não brincavam com jogos de computador?

Jogos são, para muitas crianças, a primeira exposição direta a computadores. Mas, na época em que Brenda começou[11] a trabalhar na Interval Research, os maiores usuários de computadores entre estudantes do quarto ao sexto ano eram meninos. Pesquisadores da época descobriram que, enquanto meninas tendiam a ver computadores como meios de completar uma tarefa, como o uso de processadores de texto, os meninos tinham uma probabilidade maior de "brincar com jogos, praticar programação[12] e ver o computador como um brinquedo divertido", comportamento este que leva à familiaridade e depois ao domínio da ferramenta. Essa tendência de socializar computadores como o foco de meninos nerds surgiu a partir da longa e lenta masculinização da engenharia de softwares, e continuou a ser perpetuada pela cultura pop, em filmes como *Jogos de guerra*, *A vingança dos nerds* e *Mulher nota 1000*, em que meninos tímidos "programam" a mulher dos seus sonhos, e do marketing de computadores e videogames ao longo dos anos 1980 e 1990.

Depois de entrevistar quase mil crianças e quinhentos adultos de todo o país durante quatro anos, Brenda chegou à conclusão de que o problema não era o acesso, nem mesmo como os computadores eram retratados pela mídia. Não fazia sentido. Havia muitas meninas com computadores na escola ou em casa e que mesmo assim não os utilizavam, e não havia pesquisa que corroborasse a hipótese de que meninas eram, de alguma maneira, *inerentemente* menos hábeis ou interessadas em brincar com eles. Para Brenda, tudo se resumia a um problema de software. Meninas não brincavam com jogos de computador porque os jogos de computador eram *todos para meninos*.

AS JOGADORAS   257

As meninas que Brenda e sua equipe entrevistaram entre 1992 e 1996 não seguraram a língua sobre os jogos com que tiveram contato: elas odiavam morrer mil vezes seguidas. A violência as deixava estressadas. E elas não eram fãs de como os jogos davam ênfase à habilidade, como derrotar um chefão difícil ou atravessar terrenos instáveis sem morrer. "Habilidade por si só[13] não é de muito valor social para uma menina", explica Brenda. "Elas exigem uma jornada de experimentação." Em vez de tentar seguidas vezes passar de fase, matar um vilão ou derrotar o relógio, as meninas que Brenda entrevistou preferiam passear por aí explorando um mundo virtual e descobrindo as relações entre personagens e lugares. Em *Life on the Screen*, publicado poucos anos depois de Brenda começar sua pesquisa, a socióloga Sherry Turkle argumentava que, enquanto homens em geral veem computadores como um desafio — algo a se dominar e controlar —, as mulheres os encaram como ferramentas, objetos com que se deve colaborar. Essa "habilidade leve", explica ela,[14] exige uma proximidade, uma conexão com computadores que é mais como a relação que um músico tem com seu instrumento: um diálogo íntimo e relacional.

Assim como músicos fazem harmonias, Brenda descobriu que as meninas da pesquisa jogavam juntas, não importando se os jogos eram projetados para vários jogadores. Ela concluiu que as meninas são naturalmente colaborativas, e que a experiência social da brincadeira é muitas vezes tão importante quanto o objetivo do jogo em si. As meninas da pesquisa gostavam de quebra-cabeças, de fazer descobertas e do diálogo imersivo com a máquina que acontecia quando a história contada era atraente o suficiente, e elas preferiam compartilhar suas experiências com as outras. Nessa idade, com certeza eu era assim: depois de zerar o jogo de CD-ROM *Myst* em 1993, me lembro de pular sem parar no tapete com as minhas melhores amigas.

Aquela era uma *pesquisa* que podia levar a algum *desenvolvimento*. Em 1996, a Interval separou a equipe de pesquisa de Brenda[15] em uma empresa, a Purple Moon, que produziria videogames apenas para

258 A HISTÓRIA DESCONHECIDA DAS MULHERES QUE CRIARAM A INTERNET

meninas. Fazia sentido pensar que, se os meninos estavam ocupando as máquinas no laboratório de informática da escola para brincar com jogos de que as meninas não gostavam, as meninas mais tarde ficariam em desvantagem em um ambiente de trabalho, e num mundo em que o domínio da tecnologia não só é positivo como também necessário. Criar jogos de que as meninas *realmente* gostassem parecia ser a solução óbvia. Como uma designer de games diz: "Não podem esperar que as mulheres se destaquem[16] na tecnologia amanhã se não incentivamos as meninas a se divertirem com a tecnologia hoje." Também foi uma estratégia de negócios inteligente: as meninas representavam um imenso mercado inexplorado, e o consenso predominante era que quem fizesse um jogo de computador que atraísse esse público poderia talvez dobrar os lucros da indústria de games.

Essa ideia provavelmente foi influenciada pelo sucesso inesperado naquele ano de *Barbie Fashion Designer*, um jogo de CD-ROM da Mattel que permitia às jogadoras vestir uma Barbie virtual. Foi o primeiro "jogo de menina" a se tornar um best-seller e vendeu seiscentas mil unidades em 1996, superando com uma grande vantagem os jogos de tiro em primeira pessoa como *Doom* e *Quake*, e surpreendendo quase todo mundo na indústria de games.

O *Barbie Fashion Designer* destacou um mercado para jogos de menina e conectou o mundo real das garotas aos jogos de computador; as roupas digitais da Barbie podiam ser impressas, recortadas e coladas para vestir uma Barbie de verdade. Em relação à mecânica do jogo, porém, não era nada inovador. A ideia de vestir um personagem também não era nova: os jogos de "menino" existentes também faziam isso, durante a customização do avatar, que normalmente acontecia antes mesmo de a aventura começar de verdade. Isso demonstra como a indústria abordava jogos de menina antes da Purple Moon. Os designers muitas vezes só reembalavam versões reformuladas e mais fáceis de jogos já estabelecidos. O antecessor do *Barbie Fashion Designer*, um jogo da Barbie de 1991 para o Super Nintendo, fazia exatamente isso, substituindo moedas por vidros de perfume e monstros por bolas. Era um jogo de menino travestido, o que Brenda chama com desprezo de "o equivalente em jogos de computador a Legos cor-de-rosa".[17]

A Purple Moon seguiu por um caminho diferente. Em vez de suavizar os jogos "para meninos", a empresa se dedicou a criar personagens[18] e histórias complexos. "Quer dizer, não é só que os personagens são chatos na maioria dos jogos para meninos", explicou ela. "É que eles são tão chatos que não dá nem para inventar uma história interessante sobre eles." A Purple Moon produziu duas séries de jogos narrativos sobre uma menina do oitavo ano, Rockett Movado, e seu grupo de amigas na Whispering Pines Junior High. Os jogos Rockett não têm fases ou processos repetitivos, nem relógios ou listas de melhores jogadores. Eles nem podem ser zerados. Brenda os compara a um espaço de treinamento emocional. Em *Rockett's New School*, Rockett enfrenta situações familiares a qualquer menina adolescente ou pré-adolescente: tem que fazer amigos, superar situações sociais delicadas e decidir que tipo de pessoa ela é. Será que ela vai convidar a nerd Mavis para a festa? Será que vai ler o diário de outra menina? Será que vai tentar entrar no grupo das populares — uma panelinha chamada "Elas" —, ou vai bater o pé quanto vê alguém sofrendo bullying?

Essas perguntas são feitas em momentos de decisão. Entrando na sala no primeiro dia de aula, Rockett tem que decidir quem vai ser — a escolha está em sua mente, em que três versões diferentes de Rockett dividem frases de seu diálogo interno. Cada versão representa um caminho na história. A Rockett assustada leva o jogo por uma história diferente da que a Rockett confiante, que acaba discutindo com uma menina popular sobre um lugar cobiçado no fundão. É uma versão em hipertexto das histórias "escolha sua aventura" com foco em desenvolvimento social, um primeiro dia de escola que você pode tentar de novo e de novo. Uma jogadora ávida dos games da Purple Moon, que se lembra de jogar *Rockett* durante seus anos de formação, se lembra de como eles influenciaram seu desenvolvimento. "Eu me lembro das vezes em que, em vez de responder a alguém sem pensar, considerei o que ia falar e quais seriam as possíveis repercussões para cada opção que eu tinha", explica ela. "Esses jogos me ajudaram de verdade a aprender[19] a socializar e me dar bem com as pessoas."

Essas lições de socialização não se davam apenas no Whispering Pines. O site da Purple Moon, uma rede social primitiva, estendeu o mundo dos jogos Rockett para a web, permitindo que as jogadoras aprendessem mais sobre seus personagens favoritos e encontrassem outras jogadoras na vida real. Embora o criador da Interval, quando viu pela primeira vez o protótipo do site, tenha perguntado apenas "Você pode fazer isso para garotos?",[20] a página da Purple Moon se tornou um universo para as meninas, algo que hoje chamamos de *fandom*. As garotas enviavam artigos para o jornalzinho do colégio Whispering Pines, inventando histórias próprias a partir dos enredos que conheciam tão bem, passavam o tempo nos fóruns Rockett e trocavam prêmios virtuais relacionados aos jogos. E, ao contrário da web geral, o site da Purple Moon era seguro, porque as meninas registravam suas contas junto com os pais, e o site tinha um botão de pânico embutido. "Simples", explica Brenda, com sua confiança característica. "Tem alguma merda acontecendo?[21] Você aperta o botão do pânico, recebe uma captura de tela, tudo é enviado para nós, a gente vê quem estava se comportando mal, ligamos para os pais da criança e damos uma advertência." Pode-se dizer que o site da Purple Moon era tão influente quanto seus jogos: em 1997, estava superando o portal da Disney tanto em cliques quanto em tempo de permanência, e foi a pedra angular do mundo on-line para muitas meninas.

A Purple Moon lançou uma série de jogos complementar às aventuras de Rockett na escola, chamada *Secret Paths*. Enquanto os jogos *Rockett* enfatizavam habilidades de socialização, os *Secret Paths* eram "Aventuras da Amizade" e, ao contrário do ambiente estressante do colégio, eram relaxantes e reservados. *Secret Paths in the Woods*, por exemplo, começa em uma casa na árvore. Dependendo da preferência da jogadora, do lado de fora da janela vemos uma montanha impressionista, um riacho borbulhante cercado de flores ou um campo ocre, pontilhado de cavalos. Na casa na árvore há uma "Caixa da Amizade", cheia de mensagens de meninas precisando de ajuda. Se você clicar em uma delas com seu coração, ela revela seus segredos. Miko tem medo de outras garotas não gostarem dela porque é inteligente demais; Dana está "superchateada" porque seu time perdeu o campeonato estadual de futebol; Whitney não se dá bem com a madrasta. O objetivo de *Secret Paths in the Forest* é ajudar cada menina a viajar pelo seu "caminho", passando por galhos murmurantes e pores do sol deslumbrantes. Pelo caminho, quebra-cabeças recompensam jogadoras com pedras preciosas representando diferentes qualidades que a menina pode precisar para superar seus problemas. Elas se transformam em um presente — um colar feito de amuletos, brilhando com a promessa da autoconfiança.

O jogo *Secret Paths in the Forest*, e depois o *Secret Paths to the Sea*, satisfazia necessidades emocionais diferentes de *Rockett's New School*. Eram jogos calmos, lentos, meditativos. Ensinavam as meninas a "encontrar recursos emocionais dentro de si[22] e a observar e responder às necessidades silenciosas dos outros", nas palavras de um crítico. Eram feitos para se jogar sozinha. E, enquanto a navegação emocional dos jogos *Rockett* dava às meninas uma chance de experimentar comportamentos sociais sem receios, a série complementar as ajudava a entender valores essenciais como empatia, gentileza e sororidade, para lhes dar força para as mudanças futuras. As crianças tímidas de *Secret Paths* se tornavam pré-adolescentes confiantes em *Rockett*, e não havia necessariamente um jeito certo de elas crescerem. Existem caminhos mais generosos, mas os jogos da Purple Moon refletiam a vida real. As crianças podiam jogar como Rockett sendo um doce, mas às vezes uma decisão ruim levava Rockett a um bom resultado — como se esconder na sala de música, enquanto o garoto mais bonito da escola, Ruben, lhe faz uma serenata no piano. Foi isso que trouxe problemas para Brenda.

262 A HISTÓRIA DESCONHECIDA DAS MULHERES QUE CRIARAM A INTERNET

A Purple Moon lançou seis jogos *Rockett*. Os dois primeiros entraram na lista dos cem jogos mais vendidos no ano em que foram lançados, vencendo titãs da indústria como *John Madden Football*. Assim como a web feminina, eles representavam uma mudança de maré nas dinâmicas de gênero no uso dos computadores: quando a Purple Moon já tinha se estabelecido, os assim chamados "jogos de menina" estavam em todos os lugares. A Mattel, se aproveitando do sucesso de *Barbie Fashion Designer*, lançou outros títulos interativos da boneca — uma aventura no oceano, um jogo de criar e imprimir convites para festas, e o *Barbie Magic Hair Styler*, que não precisa de muita explicação —, enquanto a Sega competia com o *Cosmo Virtual Makeover* e a The Learning Company produzia uma série sobre a linha de bonecas *American Girl*. A designer de games Theresa Duncan teve sucesso com jogos narrativos sonhadores e alt-rock *Chop Suey*, *Zero Zero* e *Smarty*. Sua Interactive, um braço da American Laser Games, produziu outra aventura de colégio, *McKenzie & Co.*, que era como um jogo *Rockett* com cenas em live-action, e ainda uma série popular de jogos de investigação da personagem Nancy Drew. Essa massa crítica teve um efeito ampliador. Quanto mais estúdios se dedicavam a jogos de menina, mais as lojas davam espaços para eles. Para as crianças, aquele lugar é um mundo inteiro; a jogadora da Purple Moon com quem falei, que estava no ensino fundamental na época do estouro, contou que simplesmente achava, quando era criança, que os corredores de jogos de computador *sempre* tiveram todos aqueles títulos para meninas.

O movimento dos jogos para meninas coincidiu com um crescimento de empresas lideradas por mulheres durante os anos 1990. Como a Purple Moon, muitos grandes estúdios desse segmento eram de propriedade de mulheres com equipes majoritariamente femininas, um paralelo com uma maior tendência nacional de empreendedorismo feminino. Isso era um assunto popular na época. A mídia achava o fenômeno fascinante: *Nightline* fez um especial sobre meninas *gamers*, e a revista *Time*, em um perfil da Purple Moon, brincou que as garotas precisavam de um "rom próprio". Isso criou ainda mais discussão na indústria dos games e nos círculos acadêmicos, e muitas antologias de estudos foram publicadas sobre isso. A animação era em grande parte baseada na suposição de que jogos para meninas criariam um "'círculo virtuoso' em que garotas jogando[23] videogames se tornariam mulheres criando softwares e jogos, e consequentemente mais experiências *girl-friendly*, e ainda mais meninas gamers". Mas, no ano 2000, o movimento de jogos para meninas já estava no fim, com os estúdios mais famosos — entre eles a Purple Moon — mortos e enterrados.

Depois do *Barbie Fashion Designer*, nenhum estúdio de jogos para meninas conseguiu produzir um título tão bem-sucedido. Os estudiosos da indústria mais tarde consideraram o jogo algo fora da curva, creditando as vendas à fama da Mattel: a garota norte-americana típica na época tinha, em média, nove bonecas Barbie. Mas muitos críticos argumentaram que a lógica fundamental por trás dos jogos para meninas era falha, e que na verdade projetar jogos especificamente para garotas as atrapalhava, forçando-as a ficar em bolhas cor-de-rosa. Em vez de separar as crianças por gênero, argumentavam os críticos, por que não criar jogos de que todas as crianças gostassem? Os primeiros jogos de computador realmente bem-sucedidos, como *Pong* e *Tetris*, não tinham um gênero como público-alvo, e antes que a Atari colocasse um laço cor-de-rosa no Pac-Man e criasse *Ms. Pac-Man* em 1980, a questão nem sequer era levantada.

A pesquisa de Brenda a levou a acreditar que só meninos gostavam de jogos de tiro e aventura, mas muitas meninas, hoje e naquela época, adoram atirar em alienígenas e aniquilar chefões com metralhadoras. Como uma autoproclamada "Game Grrl" escreveu no final dos anos 1990, "o que a Purple Moon e outras empresas de 'jogos de menina'[24] têm que entender é que, embora exista um mercado para jogos como o *Barbie Fashion Designer*, também há um mercado igualmente grande para garotas que gostam de fazer as mesmas coisas que os garotos".

264 A HISTÓRIA DESCONHECIDA DAS MULHERES QUE CRIARAM A INTERNET

A Purple Moon se viu em uma discussão cultural muito maior sobre a influência dos games na vida das crianças, e sua abordagem centrada em meninas foi considerada simplista. Em um editorial influente, a crítica feminista Rebecca Eisenberg levantou dúvidas sobre a pesquisa que deu origem à Purple Moon, argumentando que os jogos *Rockett*, com seu foco em "popularidade e moda", só "reforçam os mesmos estereótipos[25] que dizem combater". Enquanto Brenda Laurel projetou a escola Whispering Pines Junior High para espelhar a realidade social das meninas entrevistadas, os críticos acusaram a Purple Moon de apresentar uma visão muito míope sobre feminilidade e enfatizar os mesmos padrões de exclusão que as feministas tanto se esforçam para desconstruir. Será que as garotas não merecem mais do que uma versão de desenho animado de um mundo que elas já conhecem? Quando questiono Brenda sobre isso, ela responde de forma pragmática. Ela estava fazendo uma intervenção de dentro da cultura pop, e isso exige um apelo mais amplo. "Você não conquista alguém[26] quando a pessoa não reconhece o personagem com o qual está jogando", diz ela.

Em 1999, a Interval fechou a Purple Moon. A empresa não teve um final bonito. "Paul Allen nos disse que ia declarar falência",[27] conta Brenda, "e tivemos que convencê-lo do contrário e voltar para Chapter 11 para vender tudo para a Mattel a preço de banana e pagar os salários de todo mundo. Foi horrível como tudo acabou." Brenda foi forçada a fechar o site da Purple Moon, onde meninas de todo o mundo formaram amizades intensas, e a demitir a maior parte da equipe — oitenta por cento formada por mulheres, o inverso da maioria das empresas do Vale do Silício — num único dia. Em uma conferência de desenvolvedores de jogos em San Jose naquele ano, ela atribuiu o fracasso da Purple Moon a um mercado de tecnologia que valorizava lucros imediatos e não progresso a longo prazo, e que fetichizava negócios incorpóreos na web, diminuindo empresas que vendiam bens físicos. "Eu prometi que falaria para vocês sobre algumas estratégias de pesquisa e design que podem ajudar a desenvolver tanto nosso público quanto nossas ideias", disse para a plateia, de acordo com o *New York Times*. "Mas, considerando que a Purple Moon não faturou[28] alto na bolsa, não foi vendida por milhões nem deixou ninguém rico, é compreensível que vocês concluam que os métodos que defendo talvez não funcionem." Mais tarde, ela publicou um livro chamado *Empreendedora utópica*.

A Barbie comprou a Rockett no atacado: em 1999, quando a Mattel adquiriu a Purple Moon, também comprou The Learning Company, que fazia os jogos de *Carmen San Diego*, e a Pleasant Company, conhecida pelas bonecas e jogos da franquia *American Girl*, e depois fechou por completo as equipes de desenvolvimento de jogos, com o efeito imediato de matar o movimento de games para meninas. "A Mattel estava tentando proteger a franquia *Barbie*",[29] conta Brenda. "Eles compraram todo mundo e enfiaram uma estaca no nosso coração." Mas, no final dos anos 1990, a personagem feminina mais famosa nos videogames não era Rockett nem Barbie: era a voluptuosa Lara Croft, de *Tomb Raider*, com um corpo hipersexualizado e roupas justas que a fizeram ganhar legiões de fãs masculinos.

Depois que a Purple Moon foi fechada, Brenda fez um velório na sua casa. Antigos funcionários e amigos da empresa se reuniram em torno de uma bonequinha da Rockett, repousando em uma caixinha de plástico em cima da mesa de jantar vintage de Brenda, cercada de "velas pretas, buquês de lírios roxos e uma garrafa quase vazia de uísque". Brenda se serviu de uma dose e fez uma eulogia à menininha ruiva na qual ela havia apostado o futuro dos videogames. "Estamos sempre tentando curar alguma coisa",[30] disse ela. "Infâncias ruins, acordos difíceis, uma autoestima de merda. Estávamos tentando curar algo quando criamos a Rockett." Brenda tem três filhas, e é óbvio que sua missão era pessoal. Elas eram pré-adolescentes quando a Purple Moon lançou seu primeiro jogo, e poucos anos mais velhas quando a empresa fechou. Como qualquer passagem pelo último estágio da infância, não durou o bastante. Para consolar a mãe, as meninas amarraram a bonequinha da Rockett em um barbante cor-de-rosa e a penduraram do segundo andar, voando como um anjo.

Antes de terminarmos, Brenda corre até o escritório e pega algo de um altar no canto: uma conta azul-clara, com o formato de uma lua. É uma das pedras preciosas originais do jogo *Secret Paths*, vendidas pela Purple Moon em pacotes de seis, em saquinhos de veludo roxo, para as meninas colecionarem e trocarem. Ela me passa a conta, triunfante. No verso, uma única palavra está escrita: maturidade. Suponho que seja a característica de que preciso para a atravessar a próxima fase da minha vida. Parece incongruente que um brinquedo de plástico diga a qualquer um para crescer. Mas olho para Brenda, para o altar de objetos sagrados ao seu lado, e percebo: a conta não está me *dizendo* para crescer. Está tentando me *ensinar* como crescer.

A pedra volta comigo para casa, pelo longo caminho através da floresta.

Epílogo
AS CIBERFEMINISTAS

No verão de 1992, um outdoor surgiu do dia para a noite na lateral de uma galeria de arte em Sydney, Austrália. Com mais de 5 metros de comprimento, ele trazia uma estranha mistura de imagens: fragmentos esféricos de DNA, recortes vaginais coloridos e duas mulheres espelhadas com chifres de unicórnio, flexionando os músculos e surgindo de conchas. No meio havia uma bolha de texto, convexa como uma gota de água: NÓS SOMOS O VÍRUS DE UMA NOVA DESORDEM MUNDIAL, DESTRUINDO O SIMBÓLICO DE DENTRO PARA FORA. SABOTAMOS O MAINFRAME DO PAPAI. O CLITÓRIS É UMA LINHA DIRETA COM A MATRIX.[1]

Bem a tempo, as ciberfeministas tinham chegado.

O outdoor, uma obra chamada *Um manifesto ciberfeminista para o século XXI*, foi produzido por um coletivo de arte de Adelaide formado por quatro mulheres: Josephine Starrs, Julianne Pierce, Francesca da Rimini e Virginia Barratt, conhecidas como VNS Matrix. Seu "texto blasfemo" foi escrito em uma noite alguns anos antes, um exercício de livre associação sobre "novas representações da mulher, de gênero e da sexualidade no tecnoespaço, ao mesmo tempo primordial e remoto e futurista, fantástico e ativo", como Barratt me explicou anos atrás. Em 1991, a VNS Matrix tinha feito cartazes de lambe-lambe com seu manifesto, colando-os nas paredes da cidade e mandando-os por fax para revistas de tecnologia e artistas feministas do mundo todo, proclamando o nascimento de uma nova era: um século e meio depois de Ada Lovelace ter rascunhado o primeiro programa de computador no papel, chegara a hora de as mulheres se tornarem o vírus, o sinal e o pulso da rede.

Quando o manifesto tomou a forma de um outdoor, uma estudante da Inglaterra tirou uma foto e levou a fotografia para casa, mostrando-a para sua professora, a teórica cultural Sadie Plant, que estava criando um currículo em um espírito semelhante. No seu livro de 1997, *Zeros + Ones*, Plant explica que, quando a VNS Matrix escreveu que "o clitóris é uma linha direta com a matrix", se referia tanto ao útero (*matrix* em latim) como às "redes abstratas de comunicação [...] cada vez mais criando a si mesmas" no mundo ao redor. Era uma imagem evocativa da conexão física das mulheres com a computação em rede, uma conexão que surgiu antes mesmo dessa tecnologia, começando com Ada Lovelace e incontáveis computadoras anônimas — uma linhagem que Plant traça no seu livro como eu fiz no meu.

Sadie Plant e a VNS Matrix são consideradas as matriarcas do ciberfeminismo, um movimento artístico muito breve, louco e incrivelmente utópico que floresceu em meados dos anos 1990, quando a web começou a transformar o mundo. O ciberfeminismo evoca, de certa maneira, o sentimento contracultural e tecnoutópico da cultura dos primórdios da internet, herdeiro espiritual dos ciber-hippies da Costa Oeste que acreditavam que a comunicação mediada por computadores criaria uma civilização mentalmente livre. O grupo diverso de artistas, programadoras, designers de jogos e escritoras que se declararam ciberfeministas subverteu com alegria o que a VNS Matrix chamou de "mainframe do papai": o patriarcado gravado nas bases tecnológicas do mundo, um backbone construído por homens. "O mundo da tecnologia era muito seco,[2] cartesiano, reverente", diz Barratt. "Não tinha senso crítico e era esmagadoramente dominado por homens. Era um espaço masculinista, programado dessa forma, e os *gatekeepers* do código se mantinham no controle da produção tecnológica."

Depois de tantas gerações de realizações femininas no campo da tecnologia serem enterradas pelo tempo, pela indiferença e pelos sempre mutáveis protocolos da própria rede, as ciberfeministas estavam ávidas por demarcar seu espaço no presente da tecnologia, e nada discretamente. Pensadoras e artistas do ciberfeminismo compreendiam a internet como uma plataforma sem precedentes para a liberdade de pensamento e de expressão, como um vírus inativo no mainframe. O prefixo "ciber" demonstrava isso. Estava em todos os lugares na época — cibercultura, ciberdélico, cibersexo, ciberpunk, e CyberSlacker também, é lógico. "Ciber" evocava uma alucinação coletiva de espaço digital e o mundo incorpóreo e imaterial das redes eletrônicas. As ciberfeministas eram fascinadas pela ideia de um espaço on-line sem geografia, sem convenções predeterminadas, e acreditavam que um novo tipo de feminismo poderia surgir ali, sem amarras e flutuando em um oceano de fibra óptica e bits. "A internet era bem menos regulada,[3] bem menos mercantilizada", conta Francesca da Rimini. "Mais martelo e marra que mercadoria. Parecia haver infinitas possibilidades."

Para as muitas mulheres que entraram na internet no início dos anos 1990, o ciberfeminismo parecia a próxima grande onda do feminismo a varrer o mundo: se a geração anterior pensara globalmente mas agira localmente, fazendo sessões de conscientização em salas de estar, então a internet poderia aproximar as duas coisas, criando uma sala de estar planetária em que pixels e código seriam piquetes e punhos.

A primeira geração de feministas na web entendeu que ter acesso à tecnologia era uma questão de igualdade, e elas aprenderam a converter a experiência de organização e campanha do feminismo da segunda onda para aquele novo meio de comunicação. Algumas das primeiras missões na web incluíram sites informativos para vítimas de abuso, fóruns feministas e uma vigília de velas em GIF para vítimas de violência doméstica. "À medida que a população geral se familiarizou[4] com as novas tecnologias de comunicação", escreveu Scarlet Pollock e Jo Sutton, editoras da revista feminista canadense *Women'space*, "o desafio para as feministas é se estaremos on-line e prontas para recebê-las".

As artistas ciberfeministas criaram CD-ROMs revolucionários, obras de arte multimídia on-line e mundos virtuais, assumindo diversas formas conforme avançavam pela rede em busca de prazer e conhecimento. Escreveram agitprops chamativos como o *Manifesto ciberfeminista para o século XXI*. Formaram coalizões, criaram malas diretas e grupos de discussão, como o Old Boys' Network, um grupo que declarava que o ciberfeminismo era, acima de tudo, "uma questão de sobrevivência, poder[5] e diversão". A VNS Matrix chegou a criar um videogame, o *All New Gen*, cujo objetivo é invadir os bancos de dados do "mainframe do papai", a personificação edipiana do complexo tecnoindustrial, e destruir sua coorte ("Circuit Boy, Streetfighter e outros cuzões"), espalhando as sementes da Nova Desordem Mundial e pondo fim ao reinado do poder fálico na Terra.

Tal como a própria rede, o movimento era imenso e multifacetado. "O ciberfeminismo existe somente no plural",[6] declarou a crítica de arte suíça Yvonne Volkart em 1999. Até no auge do uso da palavra, era impossível presumir qualquer abordagem única e específica ao feminismo do início da revolução da web. Na verdade, a palavra "ciberfeminismo" dava voz a uma variedade de posições, algumas até mutuamente exclusivas. No primeiro encontro ciberfeminista (o First Cyberfeminist International) em 1997, em Kassel, Alemanha, as participantes decidiram não definir o termo, e em vez disso criaram coletivamente cem "antiteses", uma lista de coisas que o ciberfeminismo *não era*. Essa lista inclui o seguinte: não está à venda, não é pós-moderna, não é uma tendência de moda, não é um piquenique, não é uma farsa midiática, não é agradável, não é lacaniana, não é ficção científica e — meu favorito — "não é um brinquedo chato para caras chatos".[7]

No fundo, porém, as ciberfeministas temiam que o que estava sendo propagandeado como "o tecnoparaíso virtual do novo milênio",[8] como a cientista social Renate Klein escreveu em 1999, pudesse em algum

AS CIBERFEMINISTAS 271

momento se tornar tão "misógino quanto [...] grande parte da vida real no fim do século XX". Para eliminar essa possibilidade, elas queriam ser rápidas, estabelecendo uma presença on-line que fosse colorida, confiante e animada o bastante para criar uma associação permanente entre mulheres e a cultura da tecnologia, que é nossa por direito.

Mas ser mulher na web hoje em dia traz as mesmas ansiedades que sempre espreitaram as mulheres e as minorias, e os temores de sermos silenciadas, excluídas ou massacradas permanecem tão palpavelmente reais no mundo digital quanto são na vida real. Nossa densa rede de tecnologias conectáveis, e a facilidade crescente com a qual somos vigiadas através delas, criaram novas formas de violência: *doxxing* (prática de vazamento de dados pessoais on-line sem a permissão da vítima), *cyberstalking* (ou perseguição em meios digitais), trolls e *revenge porn* (pornografia de vingança). E o anonimato — que as ciberfeministas, assim como muitos pensadores do início da cibercultura, defendiam como um método para transcender gêneros e diferenças — permite que linguagem misógina e violenta se reproduza por toda a web: em comentários no YouTube, em fóruns, no Reddit e no 4chan, e nas caixas de entrada e *@replies* de mulheres que ousam divulgar suas opiniões publicamente. A novidade incorpórea que tanto intoxicou as primeiras mulheres a entrar na internet sofreu uma mutação; tornou-se o que a crítica de videogames Katherine Cross denomina muito corretamente de "uma faixa de Möbius de realidade e irrealidade",[9] na qual a cultura da internet "se torna real quando convém e irreal quando não; real o bastante para machucar as pessoas, irreal o bastante para justificar que isso seja feito".

Como movimento, o ciberfeminismo desapareceu com o estouro da bolha das pontocom. "A gente fez o que tinha que fazer na época",[10] explica Barratt. "Nosso trabalho, enquanto pessoas que se identificam como mulheres, e enquanto feministas, era derrubar os *gatekeepers* para acessar uma nova e poderosa tecnologia com imensas possibilidades para o domínio e o controle do patriarcado e dos sistemas capitalistas." Conforme a web se comercializava, ficou evidente que a internet *não ia*

A HISTÓRIA DESCONHECIDA DAS MULHERES QUE CRIARAM A INTERNET

libertar ninguém do sexismo, ou nem mesmo de divisões de classe, raça, capacidade e idade. Na verdade, a web muitas vezes perpetuava os mesmos padrões e dinâmicas do mundo de carne e osso. Os sistemas capitalistas venceram, a marca pessoal é quem manda e, tal como as batalhas constantes pela neutralidade da internet revelaram, os *gatekeepers* ainda seguram bem firme as suas chaves.

Não é que as ciberfeministas, ou qualquer uma de suas predecessoras, tenham falhado. O problema é que, conforme as fronteiras entre a vida digital e a real se aproximam até se sobreporem por completo, o mundo digital herda os problemas do real. Se você traçar uma linha por uma faixa de Möbius, vai voltar para onde começou. Nessa superfície contínua, é cada vez mais difícil distinguir as coisas. Os computadores são menores agora, e deitam na cama conosco; eles medem nossas respirações enquanto dormimos; ouvem-nos e seguem-nos enquanto navegamos pelo mundo. Redes sociais construíram impérios vendendo para nós o que já queremos, e nossas opiniões são formadas em bolhas, em um loop contínuo de feedback algorítmico. Para o bem ou para o mal, nós nos tornamos a rede, com nosso corpo e tudo o mais.

Mas isso também pode ser uma coisa boa. Porque, enquanto mapeamos nossa sociedade cada vez mais próxima das telas, criamos uma ferramenta cada vez mais poderosa para modificá-la. Mentiras on-line podem se tornar verdade quando se espalham demais, e as mídias sociais transformaram como viajamos, comemos e fazemos revoluções: toda decisão tomada no design das nossas tecnologias mais íntimas afeta nossas vidas, nossas cidades, nossas estruturas sociais e nossa experiência coletiva do que é verdade, real e correto. Quando criamos tecnologia, não simplesmente espelhamos o mundo. Na verdade, o criamos. E podemos recriá-lo, contanto que entendamos a incrível responsabilidade que vem com esse poder.

Quanto mais diversidade há na mesa, mais o resultado na tela é interessante; quanto mais humano, como diria Stacy Horn, *foda-se*, melhor. Não há jeito certo de construir, não há um plano especial de pensamento que deva ser alcançado para representar uma contribuição válida. Não há formação correta nem plano de carreira exato. Às vezes não existe nem mesmo plano algum. A internet é feita de pessoas, como foi feita por pessoas, e faz o que a mandamos fazer.

Nós podemos recriar o mundo.

O primeiro passo é enxergá-lo com nitidez, vendo quem estava mesmo lá nos momentos mais importantes da nossa história da tecnologia, sem acreditar cegamente nos mitos predominantes sobre gênios e garagens, nerds-alfa e brogrammers. O segundo passo é absorver todas as estraté-gias de triunfo e sobrevivência que aprendemos com nossas antepassadas, e espero que este livro tenha mostrado algumas: a recusa à propriedade de Ada Lovelace, a tenacidade e visão de Grace Hopper e o apoio que as mulheres do Resource One davam umas às outras. A nitidez da visão de Jake Feinler em meio ao caos de uma rede em transformação. Uma pitada do espírito punk rock de Jaime Levy para nos dar coragem, e uma boa dose da segurança que tinham as mulheres da VNS Matrix de que a internet é o nosso lugar — selvagem e estranha e louca, como sempre foi.

O último passo é o mais difícil: ao trabalho.

Agradecimentos

Escrever um livro é o guia de sobrevivência definitivo; não conheço maneira melhor de conhecer seus heróis. Estou em dívida eterna com as pessoas que abriram suas agendas, seus HDs e suas lembranças para mim. Nem todo mundo entrou na versão final deste livro, mas todos tiveram uma influência imensurável nos meus pensamentos: Pat Wilcox, Pamela Hardt-English, Sherry Reson, Joan Lefkowitz, Mya Shone, Chris Macie, Lee Felsenstein, Elizabeth "Jake" Feinler, Mary Stahl, Radia Perlman, Aliza Sherman, Ellen Pack, Nancy Rhine, Naomi Pearce, Stacy Horn, Marisa Bowe, Jaime Levy, Howard Mittelmark, a dama Wendy Hall, Annette Wagner, Cathy Marshall, Judy Malloy, Karen Catlin, Nicole Yankelovich, Gina Garrubbo, Laurie Kretchmar, Marleen McDaniel, Naomi Clark, Brenda Laurel, Adriene Jenik, Amy Bruckman, Antoinette LaFarge, Cynthia DuVal, Helen Varley Jamieson, Judy (yduJ) Anderson, Juli Burk, Lisa Brenneis, Lynn Finch, Pavel Curtis, Jim Bumgardner e Yib. Eu fui uma testemunha admirada e grata, mas este é só o começo. Existem muitas outras histórias sobre mulheres na tecnologia do que eu sequer conseguiria contar nestas páginas, e, sinceramente, espero ler muitos outros livros sobre o assunto nos anos que virão.

Preciso agradecer também àqueles que apoiaram minha jornada: a Robert Kett e Martina Haidvogl no SFMOMA, que me ajudaram a consultar o arquivo em CD-ROM da revista *Word* na coleção permanente do museu; Wende Cover do Internet Hall of Fame, que me conectou com as pioneiras da rede; Sydney Gulbronson Olson, no Computer History Museum, que atendeu minhas perguntas sobre o Memória Comunitária; e aos santos do Internet Archive, que sem a sua Wayback Machine seria impossível escrever os capítulos da era das pontocom. Doem todo o dinheiro do mundo para eles. Não sou uma historiadora, e sinto-me profundamente grata pelo trabalho dos acadêmicos da história da computação citados neste livro, em especial nos primeiros capítulos. Eles estão fazendo um trabalho revolucionário, em muitos casos corrigindo omissões absurdas. Quando me sentia assoberbada pelo trabalho, eu buscava o apoio dos melhores escritores que conheço. Brian Merchant dividiu casos, estratégia de software e insights essenciais nos primeiros capítulos e nos rascunhos do livro. Corrina Laughlin era sempre rápida no gatilho, com e-mails cheios de dicas de pesquisa, PDFs e críticas construtivas. Kathryn Borel Jr. foi uma ouvinte inestimável, e Addie Wagenknecht, a ciberfeminista definitiva, fez a revisão técnica no livro.

Sem minha agente literária sempre gentil e ambiciosa, Sarah Levitt, este livro ainda seria um documento de três páginas em uma pasta chamada "algum dia talvez". Ela viu ali algo maior do que eu ousei sonhar, e me fez chegar até aqui. Agradeço à minha editora, Stephanie Frerich, pela sua paixão por contar histórias de mulheres, por me ajudar a tirar este livro do limbo e por me dar força. Obrigada a Olivia Peluso e a todos na Portfolio por me acompanharem durante esse processo com tanto carinho; obrigada à minha copidesque, Juliann Barbato, e ao meu editor de produção, Ryan Boyle, por parar e explicar até as dúvidas mais confusas. Obrigada aos meus pais, Colin e Rosine Evans, pelo Dell e pelo apoio infinito e inquestionável, e a Jona Bechtolt, que me tira de mim mesma: obrigada por mergulhar sem medo nas cavernas mais escuras comigo. Você é minha luz.

NOTAS

CAPÍTULO UM: PROCURA-SE UM COMPUTADOR

1. "A Computer Wanted," *The New York Times*, 2 de maio de 1892.
2. James Gleick, *The Information: A History, A Theory, A Flood* (Nova York: Vintage Books, 2012), p. 84.
3. Charles Babbage, *On the Economy of Machinery and Manufactures* (Londres: Charles Knight, Pall Mall East, 1832), p. 153.
4. David Alan Grier, *When Computers Were Human* (Princeton, NJ: Princeton University Press, 2005), p. 276.
5. Sadie Plant, *Zeroes + Ones: Digital Women and the New Technoculture* (Londres: Fourth Estate, 1998), p. 66.
6. George Gordon Byron, *Lord Byron: Selected Letters and Journals*, ed. Leslie A. Marchand (Cambridge, MA: Harvard University Press, 1982), p. 58.
7. Charles Babbage, *Passages from the Life of a Philosopher* (Nova Brunswick, NJ: Rutgers University Press, 1994), p. 116-117.
8. Ibid., p. 117.
9. Gleick, *The Information*, p. 101-105.
10. Betty Alexander Toole, *Ada, the Enchantress of Numbers: Prophet of the Computer Age* (Mill Valley, CA: Strawberry Press, 1992), p. 6.
11. Ibid., p. 21.
12. Ibid., p. 156-57.
13. B. V. Bowden, "A Brief History of Computation". In: *Faster than Thought: A Symposium on Digital Computing Machines*, ed. B. V. Bowden (Londres: Pitman and Sons, 1953), p. 22.
14. Toole, *Ada, the Enchantress*, p. 33.
15. Sophia Elizabeth De Morgan, *Memoir of Augustus De Morgan* (Londres: Longmans, 1882), p. 89.

278 NOTAS

16. Toole, *Ada, the Enchantress*, p. 83.
17. Ibid., p. 101.
18. Ibid., p. 172.
19. Ibid., p. 182.
20. Ibid., p. 147.
21. Ibid., p. 155.
22. Plant, *Zeroes + Ones*, p. 32.
23. Benjamin Wooley, *The Bride of Science: Romance, Reason, and Byron's Daughter* (Nova York: McGraw-Hill, 1999), p. 340-341.
24. Toole, *Ada, the Enchantress*, p. 290.
25. B. V. Bowden, prefácio de *Faster than Thought*, xi.
26. A lenda corrente aqui, embora haja evidências contrárias, é que Pickering chamou Fleming depois de se frustrar com um grupo de assistentes homens contratados para inspecionar placas fotográficas de espectro estelar. Ao sair furioso do escritório, ele jurou que até sua empregada escocesa seria capaz de fazer um trabalho melhor. E estava mais certo do que podia imaginar.
27. Grier, *When Computers Were Human*, p. 83.
28. Gabriele Kass-Simon, *Women of Science: Righting the Record* (Bloomington: Indiana University Press, 1993), p. 100.
29. Grier, *When Computers Were Human*, p. 81.
30. Ibid., p. 276.
31. Beverly E. Golemba, *Human Computers: The Women in Aeronautical Research* (manuscrito não publicado, 1994), p. 43. Disponível em: https://crgis.ndc.nasa.gov/crgis/images/c/c7/Golemba.pdf.
32. Sarah McLennan and Mary Gainer, "When the Computer Wore a Skirt: Langley's Computers, 1935-1970", *NASA News & Notes 29*, n. 1, 2012. Disponível em: https://crgis.ndc.nasa.gov/crgis/images/c/c3/Nltr29-1.pdf.
33. Jim Hodges, "She Was a Computer When Computers Wore Skirts", 2008. Disponível em: www.nasa.gov/centers/langley/news/researchernews/rn_kjohnson.html.

NOTAS 279

CAPÍTULO DOIS: INCRÍVEL GRACE

1. Ela foi somente a décima primeira mulher a receber um ph.D. em matemática.
2. Kathleen Broome Williams, *Grace Hopper: Admiral of the Cyber Sea* (Anápolis, MD: Naval Institute Press, 2004), p. 12.
3. Williams, Grace Hopper, p. 16.
4. Grace Murray Hopper, entrevistada por Uta Merzbach, julho de 1968, Computer Oral History Collection, Archives Center, Museu Nacional da História Americana, Smithsonian Institution, p. 16. Disponível em: http://amhistory.si.edu/archives/AC0196.pdf.
5. Ibid., p. 28.
6. Ibid., p. 25.
7. Ibid.
8. Ibid., p. 26.
9. Ibid., p. 29.
10. Kurt W. Beyer, *Grace Hopper and the Invention of the Information Age* (Cambridge, MA: MIT Press, 2009), p. 37.
11. Hopper, entrevistada por Merzbach, 1968, p. 29.
12. Grace ficou tão acostumada a escrever códigos em oito bits que às vezes fazia sem querer sua contabilidade em base oito.
13. Hopper, entrevistada por Merzbach, 1968, p. 29.
14. Ibid.
15. Beyer, *Grace Hopper*, p. 314.
16. Hopper, entrevistada por Merzbach, 1968, p. 31.
17. A reputação de Aiken era tal que até um artigo elogioso sobre sua aposentadoria na edição de abril de 1962 do *Communications of the ACM*, jornal da área que ele ajudou a criar, o descreveu como "de personalidade forte, independente, determinado e exigente dos maiores graus de integridade, performance e realização acadêmica" e "um mentor impiedoso".
18. Grace Murray Hopper, entrevistada por Beth Luebbert e Henry Tropp, julho de 1972, Computer Oral History Collection, Archives Center,

280 NOTAS

Museu Nacional da História Americana, Smithsonian Institution, p. 29. Disponível em: http://amhistory.si.edu/archives/AC0196.pdf.

19. Ibid., p. 47.

20. Howard Aiken, entrevistado por Henry Tropp e I. B. Cohen, fevereiro de 1973, Computer Oral History Collection, Archives Center, Museu Nacional da História Americana, Smithsonian Institution, p. 44. Disponível em: http://amhistory.si.edu/archives/AC0196.pdf.

21. Ibid.

22. Fred R. Shapiro, "Etymology of the Computer Bug: History and Folklore," *American Speech*, 1987, v. 62, n. 4, p. 376-378.

23. Hopper, entrevistada por Luebbert e Tropp, 1972, p. 27.

24. Grace Murray Hopper, entrevistada por Uta Merzbach, janeiro de 1969, Computer Oral History Collection, Archives Center, Museu Nacional da História Americana, Smithsonian Institution, p. 13. Disponível em: http://amhistory.si.edu/archives/AC0196.pdf.

25. Ibid., p. 10.

26. Williams, *Grace Hopper*, p. 13.

27. Hopper, entrevistada por Merzbach, 1968, p. 4.

28. Thomas Haigh, Mark Priestly e Crispin Rope, *ENIAC in Action: Making and Remaking the Modern Computer* (Cambridge, MA: MIT Press, 2016), p. 298.

29. Mark Priestley e Thomas Haigh, *Working on ENIAC: The Lost Labors of the Information Age*. Disponível em: http://opentranscripts.org/transcript/working-on-eniac-lost-labors-information-age.

30. John Mauchly, entrevistado por Uta Merzbach, junho de 1973, Computer Oral History Collection, Archives Center, Museu Nacional da História Americana, Smithsonian Institution, p. 22. Disponível em: http://amhistory.si.edu/archives/AC0196.pdf.

31. Jean Jennings Bartik, *Pioneer Programmer: Jean Jennings Bartik and the Computer That Changed the World* (Kirksville, MO: Truman State University Press, 2013), p. 9.

32. Nathan Ensmenger, *The Computer Boys Take Over: Computers, Programmers, and the Politics of Technical Expertise* (Cambridge, MA: MIT Press, 2010), p. 15.

NOTAS 281

33. Bartik, *Pioneer Programmer*, p. 13.
34. Haigh et al., *ENIAC in Action*, p. 96-97.
35. John Mauchly, entrevistado por Henry Tropp, Janeiro de 1973, Computer Oral History Collection, Archives Center, Museu Nacional da História Americana, Smithsonian Institution, p. 70. Disponível em: http://amhistory.si.edu/archives/AC0196.pdf.
36. Ibid.
37. Kay McNulty, citada em W. Barkley Fritz, "The Women of ENIAC", IEEE Annals of the History of Computing, outono de 1996, v. 18, n. 3, p. 16.
38. H. H. Goldstine e Adele Goldstine, "The Electronic Numerical Integrator and Computer (ENIAC)", *IEEE Annals of the History of Computing*, primavera de 1996, v. 18, n. 1, p. 10.
39. Jean J. Bartik e Frances E. "Betty" Snyder Holberton, entrevistados por Henry Tropp, abril de 1973, Computer Oral History Collection, Archives Center, Museu Nacional da História Americana, Smithsonian Institution, p. 19. Disponível em: http://amhistory.si.edu/archives/AC0196.pdf.
40. Ibid., p. 21.
41. Mauchly, entrevistado por Tropp, 1973, p. 66.
42. Bartik e Holberton, entrevistados por Tropp, 1973, p. 29.
43. Fritz, "The Women of ENIAC", 1996, p. 1096.
44. *The Computers: The Remarkable Story of the ENIAC Programmers*, dirigido por Kathy Kleiman (Vimeo, 2016), VOD.
45. Bartik, *Pioneer Programmer*, p. 84.
46. Ibid., p. 84-85.
47. Ibid., p. 92.
48. Ibid., p. 95.
49. Ibid., p. 85.
50. Ibid., p. 25.
51. Jean Jennings Bartik, "Oral History of Jean Bartik: Interviewed by Gardner Hendrie", 1 de julho de 2008, Museu da História do Computador, p. 31. Disponível em: www.computerhistory.org/collections/oralhistories.

282 NOTAS

52. Bartik e Holberton, entrevistado por Tropp, abril de 1973, p. 55.
53. T. R. Kennedy, "Electronic Computer Flashes Answers, May Speed Engineering", *The New York Times*, 15 de fevereiro de 1946.
54. Jennifer S. Light, "When Computers Were Women", *Technology and Culture*, 1999, v. 40, p. 474.
55. Ibid.
56. Bartik, *Pioneer Programmer*, p. 85.
57. Bartik, entrevistado por Gardner Hendrie, julho de 2008, p. 31.
58. Janet Abbate, *Recoding Gender: Women's Changing Participation in Computing* (Cambridge, MA: MIT Press, 2012), p. 37.
59. Light, "When Computers Were Women," 475
60. Ibid., p. 473.
61. Bartik, *Pioneer Programmer*, p. 21.
62. Jennifer S. Light, "Programming". In: *Gender and Technology: A Reader*, ed. Nina Lerman, Ruth Oldenziel, e Arwen P. Mohun (Baltimore, MD: The Johns Hopkins University Press, 2003), p. 295.

CAPÍTULO TRÊS: OS VERDES ANOS DA MOCIDADE

1. Williams, *Grace Hopper*, p. 17.
2. Hopper, entrevistada por Merzbach, 1969, p. 15.
3. Ibid.
4. Abbate, *Recoding Gender*, p. 42.
5. Bartik, *Pioneer Programmer*, p. 140.
6. Frances E. "Betty" Holberton, entrevistada por James Ross, abril de 1983, Charles Babbage Institute, Instituto de Processamento de Informações, University of Minnesota, Mineápolis, p. 10. Disponível em: www.cbi.umn.edu/oh.
7. Hopper, entrevistada por Merzbach, 1969, p. 3.
8. Bartik, *Pioneer Programmer*, p. 138-140.
9. Ibid., p. 123.
10. Captain Grace Hopper, "Oral History of Captain Grace Hopper: Interviewed by Angeline Pantages", dezembro de 1980, Museu da

NOTAS   283

História do Computador, p. 27. Disponível em: www.computerhistory.org/collections/oralhistories.

11. Beyer, *Grace Hopper*, 171.

12. Hopper, entrevistada por Merzbach, 1969, p. 10.

13. Holberton, entrevistada por Ross, 1983, p. 6-7.

14. Bartik, *Pioneer Programmer*, p. 123.

15. Hopper, entrevistada por Merzbach, 1969, p. 3.

16. Grace Murray Hopper, "Keynote Address". In *History of Programming Languages*, ed. Richard L. Wexelblat (Nova York: Academic Press, 1981), p. 9.

17. *UNIVAC Conference*, OH 200 (História Oral em 17-18 de maio de 1990, Washington, DC, Charles Babbage Institute, University of Minnesota, Mineápolis. Disponível em: http://purl.umn.edu/104288).

18. *UNIVAC Conference*, 1990.

19. Ibid.

20. Holberton, entrevistada por Ross, 1983, p. 14.

21. *UNIVAC Conference*, 1990.

22. Holberton, entrevistada por Ross, 1983, p. 14.

23. Beyer, *Grace Hopper*, p. 217-218.

24. Hopper, entrevistada por Merzbach, 1968, p. 8.

CAPÍTULO QUATRO: TORRE DE BABEL

1. Jean Sammet, *Programming Languages: History and Fundamentals* (Englewood Cliffs, NJ: Prentice-Hall, 1969), p. 44-53.

2. John Backus, "Programming in America in the 1950s: Some Personal Impressions". In: *A History of Computing in the Twentieth Century*, eds. N. Metropolis, J. Howlett, e Gian-Carlo Rota (Nova York: Academic Press, 1980), p. 127.

3. Abbate, *Recoding Gender*, p. 76.

4. Douglas Hofstadter, *Gödel, Escher, Bach: An Eternal Golden Braid* (Nova York: Basic Books, 1979), p. 290.

284 NOTAS

5. Como muitas pessoas nos anos 1950, Grace usa "UNIVAC" significando "computador".

6. Grace Hopper, "The Education of a Computer," ACM '52, Proceedings of the 1952 ACM National Meeting, Pittsburgh, p. 243-249.

7. Ibid.

8. Abbate, *Recoding Gender*, p. 86.

9. Hopper, entrevistada por Pantages, 1980, p. 7.

10. A metáfora bíblica foi usada por Grace Hopper e ficou. Até a capa do canônico *Programming Languages: History and Fundamentals* de Jean Sammet, que foi a primeira grande análise da área, traz a imagem de uma torre alta marcada com os nomes de uma centena de diferentes linguagens.

11. R. W. Bemer, "A View of the History of COBOL" Honeywell Computer Journal, 1971, v. 5, n. 3, p. 131.

12. Em 1959, isso significava IBM, Honeywell, RCA, General Electric, Burroughs, National Cash Register, Philco, Sylvania, International Computers and Tabulators e Sperry Rand, uma empresa formada pela fusão da Remington Rand e da Sperry Gyroscope.

13. Ensmenger, *The Computer Boys*, p. 94.

14. Betty Holberton, "COBOL Session: Transcript of Discussant's Remarks". In: *History of Programming Languages*, p. 262.

15. Quando Jean Sammet era uma jovem programadora, trabalhava na Sperry Gyroscope Company, uma terceirizada do Departamento de Defesa. Em 1955, a Sperry comprou a Remington Rand, formando a Sperry Rand. Sammet muitas vezes pegava o trem noturno para a Filadélfia para testar programas nos computadores UNIVAC antes de distribuí-los, servindo como testador-beta da divisão de programação de Grace Hopper. Ela foi uma grande admiradora de Grace durante toda a sua carreira. Steve Lohr, Go To: *The Story of the Math Majors, Bridge Players, Engineers, Chess Wizards, Maverick Scientists, and Iconoclasts — the Programmers Who Created the Software Revolution* (Nova York: Basic Books, 2008), p. 47.

16. Ensmenger, *The Computer Boys*, p. 96.

NOTAS 285

17. Ibid., p. 100-101.

18. Para ser justa, Dijkstra era um crítico feroz de linguagens de programação. Sobre a FORTRAN ele escreveu: "Quanto mais rapidamente pudermos esquecer que a FORTRAN existiu, melhor, pois como veículo do pensamento ela não é mais acertada"; enquanto a PL/I, na sua opinião, "poderia se tornar uma doença fatal". Edsger W. Dijkstra, *Selected Writings on Computing: A Personal Perspective* (Nova York: Springer-Verlag, 1982), p. 130.

19. *The New Hacker's Dictionary*, 3ª ed., comp. Eric S. Raymond (Cambridge, MA: MIT Press, 1996), p. 115.

20. Sammet, "COBOL Session," 266.

21. Ibid., p. 4.

22. Denise Gürer, "Pioneering Women in Computer Science", *Communications of the ACM* 38(1): p. 45-54. Disponível em: https://courses. cs.washington.edu/courses/csep590/06au/readings/p175-gurer.pdf.

23. Abbate, *Recoding Gender*, p. 84.

24. Ibid., p. 81.

CAPÍTULO CINCO: AS GAROTAS DOS COMPUTADORES

1. Lois Mandel, "The Computer Girls", *Cosmopolitan*, 1967, p. 52-56. Ibid.

2. Nathan Ensmenger, "Making Programming Masculine". In: *Gender Codes: Why Women Are Leaving Computing*, ed. Thomas Misa (I Ioboken, NJ: Wiley, 2010).

3. Ibid.

4. Abbate, *Recoding Gender*, p. 92.

5. Frederick Brooks, *The Mythical Man-Month: Essays on Software Engineering* (Boston: Addison-Wesley, 1975), p. 8.

6. Ensmenger, *The Computer Boys*, p. 147.

7. Abbate, *Recoding Gender*, p. 90.

8. Ensmenger, *The Computer Boys*, p. 239.

NOTAS

9. Ensmenger, "Making Programming Masculine".
10. Abbate, *Recoding Gender*, p. 103.
11. Hopper, entrevistada por Merzbach, 1968, p. 17.
12. Abbate, *Recoding Gender*, p. 109.
13. Plant, *Zeroes + Ones*, p. 33.
14. Ibid., p. 37.

CAPÍTULO SEIS: A CAVERNA MAIS LONGA

1. Gerações posteriores de guias escravizados vendiam esses peixes aos turistas para juntar dinheiro e comprar sua liberdade.
2. Roger W. Brucker, "Mapping of Mammoth Cave: How Cartography Fueled Discoveries, with Emphasis on Max Kaemper's 1908 Map" (Mammoth Cave Research Symposia, Paper, v. 4), 9 de outubro de 2008. Disponível em: http://digitalcommons.wku.edu/mc_reserch_symp/9th_Research_Symposium_2008/Day_one/4.
3. Ibid.
4. Richard D. Lyons, "A Link Is Found Between Two Major Cave Systems", *The New York Times*, 2 de dezembro de 1972. Disponível em: www.nytimes.com/1972/12/02/archives/a-link-is-found-between--two-major-cave-systems-link-found-between-2.html?_r=0.
5. Patricia P. Crowther, Cleveland F. Pinnix, Richard B. Zopf, Thomas A. Brucker, P. Gary Eller, Stephen G. Wells e John P. Wilcox, *The Grand Kentucky Junction: A Memoir* (St. Louis, MO: Cave Books, 1984), p. 96.
6. Roger W. Brucker e Richard A. Watson, *The Longest Cave* (Carbondale: Southern Illinois University Press, 1976), p. 213.
7. Ibid., 171.
8. Dennis G. Jerz, "Somewhere Nearby Is Colossal Cave: Examining Will Crowther's Original 'Adventure' in Code and in Kentucky," *Digital Humanities Quarterly*, 2007. Disponível em: www.digitalhumanities.org/dhq/vol/1/2/000009/000009.html.
9. James Gillies e Robert Caillau, *How the Web Was Born: The Story of the World Wide Web* (Oxford: Oxford University Press, 2000), p. 15.

10. Brucker e Watson, *The Longest Cave*, p. 171.
11. Crowther et al., *The Grand Kentucky Junction*, p. 10.
12. Ibid., p. 19-20.
13. Ibid., p. 20.
14. Brucker e Watson, *The Longest Cave*, xvii.
15. Brucker, "Mapping of Mammoth Cave".
16. Joseph P. Freeman, *Cave Research Foundation Personnel Manual*, 2ª ed. (Cave City, KY: Cave Research Foundation, 1975).
17. Julian Dibbell, "A Marketable Wonder: Spelunking the American Imagination", *Topic Magazine*, v. 2. Disponível em: www.webdelson.com/Topic/articles/02/dibbell.html.
18. Richard Powers, *Plowing the Dark* (Nova York: Picador, 2001), p. 307.
19. Jerz, "Somewhere Nearby Is Colossal Cave".
20. Tracy Kidder, *The Soul of a New Machine* (Nova York: Back Bay Books, 1981), p. 88.
21. Disponível em: www.legacy.com/obituaries/dispatch/obituary.aspx?n=john-preston-wilcox&pid=145049233.
22. Jerz, "Somewhere Nearby Is Colossal Cave".
23. Walt Bilofsky, "Adventures in Computing", Profiles: *The Magazine for Kaypro Users*, 1984, v. 2, n. 1, p. 25. Disponível em: https://archive.org/stream/PROFILES_Volume_2_Number_1_1984-07_Kaypro_Corp_US/PROFILES_Volume_2_Number_1_1984-07_Kaypro_Corp_US_djvu.txt.
24. Steven Levy, *Hackers: Heroes of the Computer Revolution*, Edição do 25º Aniversário (Sebastopol, CA: O'Reilly Media, 2010), p. 113.
25. Jerz, "Somewhere Nearby Is Colossal Cave".
26. Mary Ann Buckles, "Interactive Fiction: The Computer Storygame 'Adventure'" (tese de ph.D., Universidade da Califórnia, San Diego, 1985).
27. Espen J. Aarseth, Cybertext: Perspectives on *Ergodic Literature* (Baltimore, MD: Johns Hopkins University Press, 1997), p. 108.
28. Thomas J. Misa, "Gender Codes: Defining the Problem". In: *Gender Codes: Why Women Are Leaving Computing*, ed. Thomas J. Misa (Hoboken: Wiley-iEEE Computer Society Press, 2010), p. 3.

288 **NOTAS**

29. "Bytes for Bites: The Kitchen Computer", Computer History Museum. Disponível em: www.computerhistory.org/revolution/minicomputers/11/362.

30. Jesse Adams Stein, "Domesticity, Gender, and the 1977 Apple II Personal Computer", *Design and Culture*, 2011, v. 3, n. 2, p. 193-216.

CAPÍTULO SETE: RESOURCE ONE

1. Charles Raisch, "Pueblo in the City: Computer Freaks, Architects and Visionaries Turn a Vacant San Francisco Candy Factory into a Technological Commune", *Mother Jones*, Maio de 1976. Disponível em: https://books.google.com/books?id=aOYDAAAAMBAJ&lpg=PA27&dq=mother%20jones%20pueblo%20in%20the%20city%20charles%20raisch&pg=PA28#v=onepage&q&f=true. Acesso em: 5 de fevereiro de 2017.

2. Lee Felsenstein, entrevista com a autora, 7 de março de 2017.

3. Pamela Hardt-English, entrevista com a autora, 6 de fevereiro de 2017.

4. Optic Nerve, "Project One", (Pacific Film Archive Film and Video Collection), 1972. Disponível em: https://archive.org/details/cbpf_000052.

5. Hardt-English, entrevista com a autora, 6 de fevereiro de 2017.

6. Ibid.

7. Stewart Brand, "SPACEWAR: Fanatic Life and Symbolic Death Among the Computer Bums," *Rolling Stone*, 7 de dezembro de 1972.

8. Felsenstein, entrevista com a autora, 7 de março de 2017.

9. Jane R. Speiser, *Roadmap of the Promised Land* (Turim: Edizioni Angolo Manzoni, 2006), p. 45.

10. Hardt-English, entrevista com a autora, 6 de fevereiro de 2017.

11. Stewart Brand, *II Cybernetic Frontiers* (Nova York: Random House, 1974), p. 49-50.

12. Ibid., p. 50.

13. Lee Felsenstein, "Community Memory: The First Public-Access Social Media System". In: *Social Media Archaeology and Poetics*, ed. Judy Malloy (Cambridge, MA: MIT Press, 2016), p. 91.

NOTAS 289

14. Ibid., p. 89.
15. Levy, Hackers, p. 128.
16. Hardt-English, entrevista com a autora, 20 de fevereiro de 2017.
17. Felsenstein, e-mail para a autora, 9 de abril de 2017.
18. Sherry Reson, entrevista com a autora, 20 de fevereiro de 2017.
19. Chris Macie, entrevista com a autora, 20 de fevereiro de 2017.
20. Reson, entrevista com a autora, 20 de fevereiro de 2017.
21. Joan Lefkowitz, entrevista com a autora, 6 de março de 2017.
22. Ibid.
23. Reson, entrevista com a autora, 20 de fevereiro de 2017.

CAPÍTULO OITO: REDES

1. Janet Abbate, *Inventing the Internet* (Cambridge, MA: MIT Press, 1999), p. 1.
2. Elizabeth "Jake" Feinler, "Oral History of Elizabeth (Jake) Feinler: Interviewed by Marc Weber", 10 de setembro de 2009, Museu da História do Computador, p. 4. Disponível em: www.computerhistory.org/collections/oralhistories.
3. Elizabeth Jocelyn Feinler, "Interview by Janet Abbate", IEEE History Center, 8 de julho de 2002. Disponível em: http://ethw.org/Oral-History:Elizabeth_%22Jake%22_Feinler.
4. Ibid.
5. Ela também rodava em um SDS-940 — e de acordo com alguns relatos, na mesma máquina que mais tarde ficaria nas mãos do Resource One.
6. Elizabeth "Jake" Feinler, entrevista com a autora, 1 de setembro de 2017.
7. Leonard Kleinrock, "An Early History of the Internet [History of Communications]", *IEEE Communications Magazine*, agosto de 2010, v. 48, n. 8.
8. Feinler, entrevista com a autora, 1 de setembro de 2017.
9. Ibid.
10. Ibid.

290 **NOTAS**

11. Garth O. Bruen, WHOIS Running the Internet: Protocol, Policy, and Privacy (Hoboken, NJ: Wiley, 2016), p. 27.

12. Elizabeth Feinler, "Host Tables, Top-Level Domain Names, and the Origin of Dot Com", IEEE Annals of the History of Computing, março de 2011, v. 33, n. 3. Disponível em: http://ieeexplore.ieee.org/stamp/stamp.jsp?arnumber=5986499.

13. Feinler, entrevista com a autora, 1 de setembro de 2017.

14. Ibid.

15. Elizabeth "Jake" Feinler, entrevistada por Marc Weber, p. 14.

16. Ibid.

17. Feinler, entrevista com a autora, 1 de setembro de 2017.

18. Ibid.

19. Ibid.

20. Ibid.

21. Ibid.

22. Feinler, entrevistada por Weber, p. 9.

23. Feinler, entrevista com a autora, 1 de setembro de 2017.

24. Internet Society, "Elizabeth Feinler — INTERNET HALL OF FAME PIONEER", 4:40, filmado em 23 de abril de 2012, postado no YouTube em 8 de maio de 2012. Disponível em: https://youtu.be/idb-7Z3qk_o.

25. Mary K. Stahl, entrevista com a autora, 7 de setembro de 2017.

26. Feinler, entrevista com a autora, 1 de setembro de 2017.

27. Feinler, entrevistada por Weber, p. 19.

28. Ibid., p. 26.

29. Bruen, *WHOIS Running the Internet*, p. 7.

30. Stahl, entrevista com a autora, 7 de setembro de 2017.

31. Feinler, "Host Tables".

32. Ibid.

33. Stahl, entrevista com a autora, 7 de setembro de 2017.

34. Feinler, entrevista com a autora, 1 de setembro de 2017.

35. Ibid.

36. Rebecca J. Rosen, "Radia Perlman: Don't Call Me the Mother of the Internet," *The Atlantic*, 3 de março de 2014. Disponível em: www.

NOTAS **291**

theatlantic.com/technology/archive/2014/03/radia-perlman-dont--call-me-the-mother-of-the-internet/284146.

37. Feinler, entrevistada por Marc Weber, p. 28.
38. Radia Perlman, entrevista com a autora, 22 de junho de 2017.
39. Ibid.
40. Ibid.
41. Ibid.
42. Ibid.
43. Ibid.
44. Ibid.
45. Ibid.
46. Imagining the Internet, "Internet Hall of Fame 2014: Radia Perlman", 16:48, filmado em 7 de abril de 2014, postado no YouTube em 15 de abril de 2014. Disponível em: https://youtu.be/G3zJuMht5Kk.
47. Perlman, entrevista com a autora, 22 de junho de 2017.
48. Ibid.
49. Imagining the Internet, "Internet Hall of Fame 2014: Radia Perlman", 16:48, filmado em 7 de abril de 2014, postado no YouTube em 15 de abril de 2014. Disponível em: https://youtu.be/G3zJuMht5Kk.
50. Perlman, entrevista com a autora, 22 de junho de 2017.
51. Radia Perlman, *Interconnections: Bridges, Routers, Switches, and Internetworking Protocols* (Boston: Addison-Wesley, 2000), p. 58.
52. Perlman, entrevista com a autora, 22 de junho de 2017.

CAPÍTULO NOVE: COMUNIDADES

1. Reyner Banham, *The Architecture of Four Ecologies* (Berkeley: University of California Press, 2009), p. 5.
2. Abbate, *Inventing the Internet*, p. 2.
3. Essa conveniência não era acidental. Os dois homens que criaram o software original do BBS em 1978 fizeram isso porque seu clube de microcomputadores em Chicago queria compartilhar boletins, mesmo durante as tempestades de neve pesadas do Meio-oeste.

292 NOTAS

4. Madeline Gonzales Allen, "Community Networking, an Evolution". In: *Social Media Archaeology and Poetics*, p. 291.

5. Jason Scott, *BBS: The Documentary*. Disponível em: https://archive.org/details/BBS.The.Documentary.

6. Ibid.

7. "First Memories: Aliza Sherman", Women's Internet History Project, última alteração feita em 26 de março de 2015. Disponível em: http://womensinternethistory.org/2015/03/first-memories-aliza-sherman.

8. Stewart Brand, *Whole Earth Software Catalog* (Nova York: Quantum Press/Doubleday, 1984), p. 4.

9. Nancy Rhine, entrevista com a autora, 8 de fevereiro de 2017.

10. Naomi Pearce, entrevista com a autora, 16 de fevereiro de 2017.

11. Cliff Figalo, "The WELL: A Regionally Based On-Line Community on the Internet". In: *Public Access to the Internet*, eds. Brian Kahin and James Keller (Cambridge, MA: MIT Press, 1995), p. 55.

12. Rhine, entrevista com a autora, 8 de fevereiro de 2017.

13. *Encyclopedia of New Media*, ed. Steve Jones (Thousand Oaks, CA: Sage Reference Publications, 2003), p. 481.

14. Horn, *Cyberville*, p. 72.

15. Stacy Horn, entrevista com a autora, 26 de maio de 2016.

16. Ibid.

17. Ibid.

18. Horn, *Cyberville*, p. 44.

19. Horn, entrevista com a autora, 26 de maio de 2016.

20. Horn, *Cyberville*, p. 44.

21. Horn, entrevista com a autora, 26 de maio de 2016.

22. Ibid.

23. Casey Kait and Stephen Weiss, *Digital Hustlers: Living Large and Falling Hard in Silicon Alley* (Nova York: HarperCollins, 2001), p. 56.

24. Marisa Bowe, entrevista com a autora, 26 de julho de 2016.

25. Horn, *Cyberville*, p. 147.

26. Marisa Bowe, "Net Living: The East Coast Hang Out", *Wired*, 1 de março de 1993. Disponível em: www.wired.com/1993/03/net-living--the-east-coast-hang-out.

27. Horn, *Cyberville*, p. 76.
28. Stacy Horn, "Echo". In: *Social Media Archaeology and Poetics*, p. 246.
29. Horn, entrevista com a autora, 26 de maio de 2016.
30. Ibid.
31. Aliza Sherman, entrevista com a autora, 2 de junho de 2016.
32. Horn, *Cyberville*, p. 92.
33. Horn, entrevista com a autora, 26 de maio de 2016.
34. Horn, *Cyberville*, p. 246.
35. Ibid., p. 87.
36. "First Memories: Aliza Sherman".
37. O MUD popular LambdaMOO oferecia onze gêneros. Um personagem podia ser homem ou mulher, mas também podia ser plural, aparecendo como uma espécie de colônia, ou ego, para o qual o único pronome era "eu", ou então da realeza, usando somente o plural majestático. Os gêneros neutros tinham suas convenções próprias em relação aos pronomes: "splats" baseavam-se em asteriscos, enquanto um personagem "spivak" usava pronomes como "e", "em", "eir" e "emself".
38. Pavel Curtis, "Mudding: Social Phenomena in Text-Based Virtual Realities". Disponível em: https://w2.eff.org/Net_culture/MOO_MUD_IRC/curtis_mudding.article.
39. Allucquére Rosanne Stone, "Will the Real Body Please Stand Up?: Boundary Stories About Virtual Cultures". In: *Cyberspace: First Steps*, ed. Michael Benedikt (Cambridge, MA: MIT Press, 1992), p. 84.
40. Horn, entrevista com a autora, 26 de maio de 2016.
41. Horn, *Cyberville*, p. 87.
42. Ibid., p. 102.
43. Stacy Horn, e-mail para a autora, 26 de fevereiro de 2016.
44. Horn, entrevista com a autora, 26 de maio de 2016.
45. Ibid.
46. Echo NYC About Page, dezembro de 1998. Disponível em: https://web.archive.org/web/19990508065020/http://www.echonyc.com/about.

294 NOTAS

47. Jason Cherkovas, "New York's New Media Ground Zero". In: *Silicon Alley: The Rise and Fall of a New Media District*, ed. Michael Indergaard (Nova York: Routledge, 2004), p. 32.
48. Howard Mittelmark, entrevista com a autora, 21 de julho de 2016.
49. Horn, *Cyberville*, p. 113.
50. Mittelmark, entrevista com a autora, 21 de julho de 2016.
51. Bowe, entrevista com a autora, 26 de julho de 2016.
52. Ibid.
53. Horn, *Cyberville*, p. 39.
54. Howard Rheingold, *The Virtual Community: Homesteading on the Electronic Frontier* (Cambridge, MA: MIT Press, 2000), p. 235.
55. Rheingold, *The Virtual Community*, p. 26.
56. Adrian Chen, "The Laborers Who Keep Dick Pics and Beheadings Out of Your Facebook Feed", *Wired*, 23 de outubro em 2014. Disponível em: www.wired.com/2014/10/content-moderation.
57. Horn, *Cyberville*, p. 96
58. Mittelmark, entrevista com a autora, 21 de julho de 2016.
59. Horn, "Echo", p.245.
60. Horn, *Cyberville*, p. 53.
61. Horn, entrevista com a autora, 26 de maio de 2016.

CAPÍTULO DEZ: HIPERTEXTO

1. Jay David Bolter, *Writing Space: The Computer, Hypertext, and the History of Writing* (Hillsdale, NJ: Lawrence Erlbaum Associates, 1991), p. 24.
2. Jorge Luis Borges, *Ficções* (São Paulo: Companhia das Letras, 2007), p. 100.
3. Dame Wendy Hall, entrevista com a autora, 18 de janeiro de 2017.
4. Richard FitzNeal (Richard Fitz Nigel), *Dialogus de Scaccario, the Course of the Exchequer, and Constitutio Domus Regis, the King's Household*, ed. and trans. Charles Johnson (Oxford: Oxford University Press, 1983), p. 64.
5. Hall, entrevista com a autora, 18 de janeiro de 2017.

NOTAS 295

6. "1986: A Child's View of the Future", Domesday Reloaded, BBC. Disponível em: www.bbc.co.uk/history/domesday/dblock/GB-424000-534000/page/16.

7. Hall, entrevista com a autora, 18 de janeiro de 2017.

8. Web Science Trust, "Professor Wendy Hall: Making Links", 50:28, filmado em 14 de julho de 1997, postado no YouTube em 12 de março de 2017. Disponível em: https://youtu.be/cFa3e-VkgMk.

9. Wendy Hall, entrevistada por Jim Al-Khalili, 8 de outubro de 2013, The Life Scientific, BBC Radio 4.

10. Hall, entrevista com a autora, 18 de janeiro de 2017.

11. Ibid.

12. "1979: IRA Bomb Kills Lord Mountbatten", On This Day August 27, BBC. Disponível em: http://news.bbc.co.uk/onthisday/hi/dates/stories/august/27/newsid_2511000/2511545.stm.

13. "1986: Punks in Romsey", Domesday Reloaded, BBC. Disponível em: www.bbc.co.uk/history/domesday/dblock/GB-432000-120000/page/4.

14. Web Science Trust, "Professor Wendy Hall: Making Links", 50:28, filmado em 14 de julho de 1997, postado no YouTube em 12 de março de 2017. Disponível em: https://youtu.be/cFa3e-VkgMk.

15. Hall, entrevista com a autora, 18 de janeiro de 2017.

16. W. Hall and D. Simmons, "An Open Model for Hypermedia and Its Application to Geographical Information Systems", Proceedings of Eurographics '92, Cambridge, UK.

17. Nicole Yankelovich, entrevista com a autora, 9 de janeiro de 2017.

18. Cathy Marshall, entrevista com a autora, 11 de janeiro de 2017.

19. Cathy Marshall, "The Freshman: Confessions of a CalTech Beaver". In: No Middle Initial, 25 de fevereiro de 2011. Disponível em: http://ccmarshall.blogspot.com.

20. Cathy Marshall, entrevista com a autora, 19 de dezembro de 2016.

21. Ibid.

22. Um desses, uma versão em um veludo cotelê ocre característico dos anos 1970, está em exibição no Computer History Museum, junto

296 NOTAS

com um vídeo da engenheira de software Adele Goldberg falando como era difícil sentar em um pufe desses quando se estava grávida. "Uma vez que você caía de bunda nele", explica ela, "não dava para levantar mais." O que significa que não havia muitas mulheres na Xerox PARC. Mas as poucas que havia fizeram coisas excepcionais. Disponível em: www.computerhistory.org/revolution/input-output/14/348/2300.

23. Marshall, entrevista com a autora, 19 de dezembro de 2016.

24. Cathy Marshall and Judy Malloy, "Closure Was Never a Goal of This Piece". In: *Wired Women: Gender and New Realities in Cyberspace*, ed. Lynn Cherny and Elizabeth Reba Weise (Seattle: Seal Press, 1996), p. 64-65.

25. Marshall, entrevista com a autora, 11 de janeiro de 2017.

26. Rob Swigart, "A Writer's Desktop". In: *The Art of Human-Computer Interface Design*, eds. Brenda Laurel (Boston: Addison-Wesley, 1990), p. 140.

27. Randall H. Trigg and Peggy M. Irish, "Hypertext Habitats: Experiences of Writers in NoteCards", HYPERTEXT '87, Proceedings of the ACM Conference on Hypertext, p. 89-108.

28. A ideia da Apple de fichas digitais era bizarramente similar ao que estava sendo desenvolvido na Xerox PARC, mas talvez fosse apenas o inconsciente coletivo — pegar emprestada uma metáfora do ambiente corporativo já conhecido era "uma dessas ideias que estão por toda a parte", diz Cathy, democraticamente.

29. Esther Dyson, *Release 1.0*, 25 de novembro de 1987.

30. Hall, entrevista com a autora, 18 de janeiro de 2017.

31. Marshall, entrevista com a autora, 11 de janeiro de 2017.

32. Ibid.

33. Trigg and Irish, "Hypertext Habitats", p. 89-108.

34. Catherine C. Marshall, Frank M. Shipman III, James H. Coombs, "VIKI: Spatial Hypertext Supporting Emergent Structure," ECHT '94, Procedimentos da ACM European Conference em tecnologia de Hipermídia de 1994, p. 13-23.

NOTAS 297

35. Alison Kidd, "The Marks Are on the Knowledge Worker", CHI '94, Procedimentos da SIGCHI Conference em Fatores Humanos em Sistemas Computacionais, p. 186-191.

36. "List of Demonstrators: Hypertext '91", World Wide Web Consortium. Disponível em: www.w3.org/Conferences/HT91/Denoers. html.

37. Curiosamente, uma estudante contratada temporariamente por um ano no CERN, Nicola Pellow, tinha criado um navegador da Web, baseado em texto e sem papagaiadas, que rodava em qualquer computador — o navegador Line Mode —, mas ele era prático e nada chamativo. Berners-Lee estava disposto a carregar o NeXT para o outro lado do mundo para apresentar o conceito de um site com gráficos.

38. Marshall, entrevista com a autora, 19 de dezembro de 2016.

39. Hall, entrevista com a autora, 18 de janeiro de 2017.

40. Marshall, entrevista com a autora, 19 de dezembro de 2016.

41. Lynda Hardman, "Hypertext '91 Trip Report", *ACM SIGCHI Bulletin*, 1 de julho de 1992, v. 24, n. 3.

42. Frank M. Shipman III, Catherine C. Marshall e Mark LeMere, "Beyond Location: Hypertext Workspaces and Non-Linear Views". In: Proceedings of ACM Hypertext '99, Darmstadt, Alemanha, p. 121-30.

43. Wendy Hall, "Back to the Future with Hypertext: A Tale of Two or Three Conferences". In: Proceedings of ACM 18th Conference on Hypertext and Hypermedia 2007, Manchester, Reino Unido, p. 179-180.

44. Jason Hennessey and Steven Xijin, "A cross disciplinary study of link decay and the effectiveness of mitigation techniques", *BMC Bioinformatics201314* (Suppl. 14): S5. Disponível em: http://bmcbio informatics.biomedcentral.com/articles/10.1186/1471-2105-14-S14-S5

45. Dame Wendy Hall, entrevista com a autora, 1 de março de 2017.

46. Ibid.

47. Les Carr, Wendy Hall, Hugh Davis e Rupert Hollom, "The Microcosm Link Service and Its Application to the World Wide

298 **NOTAS**

Web". In: Proceedings of the First World-Wide Web Conference, 1994, Genebra.

48. Hall, entrevista com a autora, 1 de março de 2017.
49. Carr et al., "The Microcosm Link Service".
50. Hall, entrevista com a autora, 1 de março de 2017.
51. Web Science Trust, "Professor Wendy Hall: Making Links."
52. Hall, entrevista com a autora, 28 de fevereiro de 2017.
53. Ibid.

CAPÍTULO ONZE: MISS OUTER BORO

1. Abbate, *Inventing the Internet*, p. 5.
2. Bowe, entrevista com a autora, 26 de julho de 2016.
3. "Between Plato and the Social Media Revolution", 10 de maior de 1983. Disponível em: http://just.thinkofit.com/between-plato-and-the-social-media-revolution.
4. David R. Woolley, "PLATO: The Emergence of Online Community". In: *Social Media Archaeology and Poetics*, ed. Judy Malloy (Cambridge, MA: MIT Press, 2016), p. 115.
5. Marisa Bowe, "Wednesday September 18, 1974", Homepages dos funcionários, Word.com. Disponível em: http://web.archive.org/web/19970615070535/http://www.word.com:80/newstaff/mbowe/one/date30b.html.
6. Marisa Bowe, "When I Grow Up", Vice.com, 30 de novembro de 2004. Disponível em: www.vice.com/read/when-I-v11n3.
7. Bowe, entrevista com a autora, 26 de julho de 2016.
8. Digital Archaeology, www.word.com, circa 1995, 5:18, postado no YouTube e, junho de 2011. Disponível em: www.youtube.com/watch?v=mxEhqmpymnQ.
9. Bowe, entrevista com a autora, 26 de julho de 2016.
10. Ibid.
11. Ibid.
12. Horn, *Cyberville*, p. 21.
13. Ibid., p. 78.

NOTAS 299

14. Kait and Weiss, *Digital Hustlers*, p. 78.
15. Bowe, entrevista com a autora, 26 de julho de 2016.
16. Jaime Levy, entrevista com a autora, 6 de agosto de 2016.
17. Jaime Levy, "Web Content Producer". In *Gig: Americans Talk About Their Jobs*, eds. John Bowe, Marisa Bowe, and Sabin Streeter (Nova York: Three Rivers Press, 2000), p. 364.
18. Levy, entrevista com a autora, 6 de agosto de 2016.
19. Jaime Levy, "Jaime Levy and Electronic Publishing from Life and Times KCET in 1993", 5:33, postado no YouTube e, junho de 2015. Disponível em: https://youtu.be/t5aQCQ7-WYU.
20. Ibid.
21. Ibid.
22. Jaime Levy, *UX Strategy: How to Devise Innovative Digital Products That People Want* (Sebastopol, CA: O'Reilly Media, 2015), p. 119-22.
23. Jaime Levy, "Dateline NBC — 'Can You Be a Millionaire? featuring Jaime Levy (2000)'", 10:19, postado no YouTube em setembro de 2016. Disponível em: https://youtu.be/v__oMcjFkI0.
24. Austin Bunn, "Upstart Start-ups", *Village Voice*, 11 de novembro de 1997. Disponível em: www.villagevoice.com/news/upstart-start-ups-6423803.
25. Kait and Weiss, *Digital Hustlers*, p. 79.
26. "Designer Dossier: Jaime Levy, Cyberslacker", Computer Player, junho de 1994. Disponível em: www.ehollywood.net/presskit/computerplayer/body.htm.
27. Levy, "Jaime Levy and Electronic Publishing from Life and Times KCET in 1993".
28. Levy, entrevista com a autora, Los Angeles, 6 de agosto de 2016.
29. "Designer Dossier: Jaime Levy, Cyberslacker".
30. "IBM'S Cyberslacker", *New York*, 13 de junho de 1994. Disponível em: http://jaimelevy.com/press/newyork2.htm.
31. Levy, entrevista com a autora, 6 de agosto de 2016.
32. Ibid.
33. Andrew Smith, *Totally Wired: The Wild Rise and Crazy Fall of the First Dotcom Dream* (Nova York: Simon & Schuster, 2012).

300 NOTAS

34. Kait and Weiss, *Digital Hustlers*, p. 225-227.
35. *Vivemos em público.*
36. Levy, entrevista com a autora, 6 de agosto de 2016.
37. Michael Indergaard, *Silicon Alley: The Rise and Fall of a New Media District* (Nova York: Routledge, 2004), p. 1.
38. Levy, entrevista com a autora, 6 de agosto de 2016.
39. Vanessa Grigoriadis, "Silicon Alley 10003", *New York*, 6 de março de 2000. Disponível em: http://nymag.com/nymetro/news/media/Internet/2285.
40. Kait and Weiss, *Digital Hustlers*, p. 47.
41. Bowe, entrevista com a autora, 26 de julho de 2016.
42. Ibid.
43. Kait and Weiss, *Digital Hustlers*, p. 78.
44. Bowe, entrevista com a autora, 26 de julho de 2016.
45. Marisa Bowe. In: "Wiring the Fourth Estate: Part One of the FEED Dialog on Web Journalism", 1996. Disponível em: https://web.archive.org/web/19970225063402/http://www.feedmag.com/96.06dialog/96.06dialog1.html.
46. O dia depois da sua formatura: "Não aguento a palavra diário, me lembra diarreia. E uma garotinha de vestidinho cor-de-rosa, bochechas rosadas, longos cachos e olhos brilhantes escrevendo relatos diários dos altos e baixos do seu doce coração."
47. Marisa Bowe, "Letter from the Editor", Word.com, outono de 1995. Disponível em: http://web.archive.org/web/19990912085004/http://www.word.com/info/letter/index.html.
48. Bowe, entrevista com a autora, 26 de julho de 2016.
49. "The Thirty Most Powerful Twentysomethings in America: Jaime Levy", *Swing* magazine, janeiro de 1996. Disponível em: http://jaimelevy.com/press/swing.htm.
50. Bowe, entrevista com a autora, 26 de julho de 2016.
51. Steve Silberman, "Word Down: The End of an Era", *Wired*, 11 de março de 1998. Disponível em: https://web.archive.org/web/20080425015225/http://www.wired.com/culture/lifestyle/news/1998/03/10829.

NOTAS 301

52. "So What's a Web Browser, Anyway?" *The New York Times*, 14 de agosto de 1995. Disponível em: http://jaimelevy.com/press/newyorktimes.htm.

53. Michael Kaplan, "Word Up?!", Digital Creativity, junho–julho de 1996, p. 37.

54. Kait and Weiss, *Digital Hustlers*, p. 79.

55. Marisa Bowe, entrevista com a autora, 29 de agosto de 2016.

56. Ibid.

57. Levy, entrevista com a autora, 6 de agosto de 2016.

58. Jason Calcanis, "Cybersurfer's Silicon Alley", *PAPER*, março de 1996, p. 122.

59. Ibid.

60. Bowe, entrevista com a autora, 29 de agosto de 2016.

61. Indergaard, *Silicon Alley*, p. 1.

62. Bowe, entrevista com a autora, 26 de julho de 2016.

63. Ibid.

64. Ibid.

65. Kaplan, "Word Up?!".

66. Naomi Clark, entrevista com a autora, 25 de março de 2017.

67. Bowe, entrevista com a autora, 26 de julho de 2016.

68. "Hit & Run 05.31.01". Disponível em: www.suck.com/daily/2001/05/31.

69. Silberman, "Word Down".

70. Clark, entrevista com a autora, 25 de março de 2017.

71. Lisa Napoli, "From Oil to Fish to the Internet: Zapata Tries Another Incarnation", *The New York Times*, 18 de maio de 1998.

72. Kaitlin Quistgaard, "On the Edge and Under the Wing", *Wired*, 1 de setembro de 1998. Disponível em: https://web.archive.org/web/20101107173917/http://www.wired.com/culture/lifestyle/news/1998/09/14682.

73. Silberman, "Word Down".

74. Levy, entrevista com a autora, 6 de agosto de 2016.

75. Levy, "Web Content Producer", p. 364.

302 NOTAS

76. Uma pessoa que passava o tempo no escritório da Electronic Hollywood naquela época era Genesis P-Orridge, do Psychic TV, que aparece brevemente na matéria da *Dateline*, Clay Shirky e "Tanya", cujo sobrenome Jaime não consegue lembrar mas tem quase certeza de que estava no negócio de vibradores virtuais.

77. Grigoriadis, "Silicon Alley 10003".

78. Jaime Levy, "CyberSlacker–Episode 7 (Job Hunting Blues)", 5:41, postado no YouTube em 11 de maio de 2012. Disponível em: https://youtu.be/9rjVSRssz04.

79. Jaime Levy, "CyberSlacker, Episode 8 (The Secret Sauce)", 6:05, postado no YouTube em 11 de maio de 2012. Disponível em: https://youtu.be/DbB0xBX9yEE

80. Indergaard, *Silicon Alley*, p. 149.

81. Ibid., p. 139.

82. Levy, "Web Content Producer", p. 367

83. Levy, entrevista com a autora, 6 de agosto de 2016.

84. Indergaard, Silicon Alley, p. 142.

85. Kait and Weiss, *Digital Hustlers*, p. 297.

86. Levy, entrevista com a autora, 6 de agosto de 2016.

87. Charlie Leduff, "Dot-Com Fever Followed by Bout of Dot-Com Chill; What a Long, Strange Trip: Pseudo.Com to Dot.Nowhere", *The New York Times*, 27 de outubro de 2000. Disponível em: www.nytimes.com/2000/10/27/nyregion/dot-com-fever-followed-bout--dot-com-chill-what-long-strange-trip-pseudocom.html?_r=0.

88. Indergaard, *Silicon Alley*, p. 150.

89. Ibid., p. 154.

90. Levy, entrevista com a autora, 6 de agosto de 2016.

91. Bowe, entrevista com a autora, 29 de agosto de 2016.

92. Levy, entrevista com a autora, 6 de agosto de 2016.

93. Ibid.

94. Indergaard, *Silicon Alley*, p. 160

95. Ibid., p. 159.

96. Levy, entrevista com a autora, 6 de agosto de 2016.

NOTAS 303

97. Bowe, entrevista com a autora, 26 de julho de 2016.
98. "Hit & Run 05.31.01".

CAPÍTULO DOZE: WOMEN.COM

1. Rhine, entrevista com a autora, 8 de fevereiro de 2017.
2. Women's WIRE, *Women's Information Resource & Exchange* brochure (c. 1993).
3. Mike Langberg, "Women Aim to Build an On-line World That Excludes Boors, Cybermashers", *San Jose Mercury News*, 1 de outubro de 1993.
4. Ellen Pack, entrevista com a autora, 3 de março de 2017.
5. Connie Koenenn, "Chatting the High-Tech Way, on the Women's Wire", *Los Angeles Times*, 24 de fevereiro de 1994.
6. Miriam Weisang Misrach, "Only Connect", Elle, fevereiro de 1994.
7. Leslie Regan Shade, "Gender and the Commodification of Community". In: *Community in the Digital Age: Philosophy and Practice*, *eds.* Andrew Feenberg and Darin Barney (Lanham, MD: Rowman & Littlefield Publishers, 2004), p. 145.
8. Pack, entrevista com a autora, 3 de março de 2017.
9. Pearce, entrevista com a autora, 16 de fevereiro de 2017.
10. Nancy Rhine, entrevista com a autora, 8 de fevereiro de 2017.
11. Rhine, entrevista com a autora, 21 de fevereiro de 2017.
12. Rhine entrevista com a autora, 8 de fevereiro de 2017.
13. Rhine, entrevista com a autora, 21 de fevereiro de 2017.
14. Max Read, "Does Even Mark Zuckerberg Know What Facebook Is?" *New York*, 1 de outubro de 2017. Disponível em: http://nymag.com/selectall/2017/10/does-even-mark-zuckerberg-know-what--facebook-is.html.
15. Myra M. Hart e Sarah Thorp, "Women.com", *HBS 9-800-216* (Boston: Harvard Business School Publishing, 2000), p. 4.
16. Pack, entrevista com a autora, 3 de março de 2017.
17. Marleen McDaniel, entrevista com a autora, 9 de março de 2017.

304 NOTAS

18. Hart e Thorp, "Women.com", p. 5.

19. Pack, entrevista com a autora, 3 de março de 2017.

20. McDaniel, entrevista com a autora, 9 de março de 2017.

21. Ibid.

22. Ibid.

23. "Women's Wire Retools Its Goals", *Examiner Staff Report*, 31 de agosto de 1995, SFGate.com. Disponível em: www.sfgate.com/business/article/Women-s-Wire-retools-its-goals-3132265.php.

24. McDaniel, entrevista com a autora, 9 de março de 2017.

25. David Plotnikoff, "Women's Wire Gives Up Ghost on Halloween", *Salt Lake Tribune*, 30 de outubro de 1995.

26. Ibid.

27. Janet Rae Dupree, "Women's Wire: Bosnia to Barbie", *York Daily Record*, 12 de agosto de 1996.

28. Rhine, entrevista com a autora, 21 de fevereiro 2017.

29. Gina Garrubbo entrevista com a autora, 24 de março de 2017.

30. Ibid.

31. Anne Rickert and Anya Sacharow, "It's a Woman's World Wide Web", Media Metrix and Jupiter Communications, Agosto de 2000.

32. McDaniel, entrevista com a autora, 9 de março de 2017.

33. Hart and Thorp, "Women.com", p. 4.

34. Janet Rae-Dupree, "Women's Wire Blends Humor, Off-Beat Info Online", *San Jose Mercury News*, 5 de agosto de 1996.

35. Shade, "Gender and the Commodification of Community", p. 145.

36. Pack, entrevista com a autora, 3 de março de 2017.

37. Hart and Thorp, "Women.com", p. 4.

38. Gina Garrubbo, entrevista com a autora, 24 de março de 2017.

39. Shade, "Gender and the Commodification of Community", p. 145.

40. Janelle Brown, "What Happened to the Women's Web?" Salon.com, 25 de agosto de 2000. Disponível em: www.salon.com/2000/08/25/womens_web.

41. McDaniel, entrevista com a autora, 9 de março de 2017.

NOTAS 305

42. Erik Larson, "Free Money: The Internet IPO That Made Two Women Rich, and a Lot of People Furious", *The New Yorker*, 11 de outubro de 1999.
43. McDaniel entrevista com a autora, 9 de março de 2017.
44. Garrubbo, entrevista com a autora, 24 de março de 2017.
45. Laurie Kretchmar, entrevista com a autora, 21 de março de 2017.
46. Janelle Brown, "What Happened to the Women's Web?".
47. Shade, "Gender and the Commodification of Community", p. 157.
48. Francine Prose, "A Wasteland of One's Own", *The New York Times*, 13 de fevereiro de 2000.
49. Disponível em: http://web.archive.org/web/20001206145600/http://www.fuckedcompany.com:80.
50. Larson, "Free Money".
51. Ibid.
52. McDaniel, entrevista com a autora, 9 de março de 2017.
53. Myra M. Hart, "Women.com (B)", *HBS 9-802-109* (Boston: Harvard Business School Publishing, 2001), p. 1.
54. Larson, "Free Money".
55. McDaniel, entrevista com a autora, 9 de março de 2017.
56. Jennifer Rewick, "iVillage.com to Buy Rival Women.com for $30 Million," *Wall Street Journal*, 6 de fevereiro de 2001.

CAPÍTULO TREZE: AS JOGADORAS

1. Jane Margolis e Allan Fisher, *Unlocking the Clubhouse: Women in Computing* (Cambridge, MA: MIT Press, 2002), p. 4.
2. Sherry Turkle, *Life on the Screen: Identity in the Age of the Internet* (Nova York: Touchstone, 1995), 62.
3. Brenda Laurel, entrevista com a autora, 9 de agosto de 2016.
4. Ibid.
5. Brenda Laurel, *Utopian Entrepreneur* (Cambridge, MA: MIT Press, 2001), p. 99.

306 NOTAS

6. Laurel, entrevista com a autora, 9 de agosto de 2016.
7. "An Interview with Brenda Laurel (Purple Moon)". In: *From Barbie to Mortal Kombat: Gender and Computer Games*, ed. Justine Cassell and Henry Jenkins (Cambridge, MA: MIT Press, 1998), p. 119.
8. Laurel, entrevista com a autora, 9 de agosto de 2016.
9. Brenda Laurel, *Computers as Theatre*, 2ª ed. (Boston: Addison-Wesley, 2014), p. 60.
10. Laurel, entrevista com a autora, 9 de agosto de 2016.
11. Akira Nakamoto, "Video Game Use and the Development of Socio-Cognitive Abilities in Children: Three Surveys of Elementary School Students", *Journal of Applied Social Psychology*, 1994, v. 24, p. 21-22.
12. Justine Cassell and Henry Jenkins, "Chess for Girls? Feminism and Computer Games". In: *From Barbie to Mortal Kombat*, p. 13.
13. "An Interview with Brenda Laurel (Purple Moon)", p. 122.
14. Turkle, *Life on the Screen*, p. 56.
15. Cassell and Jenkins, "Chess for Girls?", p. 11.
16. Sheri Graner Ray, *Gender Inclusive Game Design: Expanding the Market* (Hingham, MA: Charles River Media, 2004), p. 6.
17. "An Interview with Brenda Laurel (Purple Moon)", p. 122.
18. Ibid.
19. Kacie Gaylon, e-mail para a autora, 1 de novembro de 2016.
20. Laurel, *Computers as Theatre*, p. 172.
21. Laurel, entrevista com a autora, 9 de agosto de 2016.
22. Henry Jenkins, "'Complete Freedom of Movement': Video Games as Gendered Play Spaces". In: *From Barbie to Mortal Kombat*, 285.
23. Misa, "Gender Codes," p. 13.
24. "Voices from the Combat Zone: Game Grrlz Talk Back", adaptado por Henry Jenkins. In: *From Barbie to Mortal Kombat*, p. 330.
25. Rebecca Eisenberg, "Girl Games: Adventures in Lip Gloss", *Gamasutra*, 12 de fevereiro de 1998. Disponível em: www.gamasutra.com/view/feature/131660/girl_games_adventures_in_lip_gloss.php.
26. Laurel, entrevista com a autora, 9 de agosto de 2016.

27. Ibid.

28. Amy Harmon, "With the Best Research and Intentions, a Game Maker Fails", *The New York Times*, 22 de março de 1999. Disponível em: www.nytimes.com/1999/03/22/business/technology-with-the-best-research-and-intentions-a-game-maker-fails.html.

29. Laurel, entrevista com a autora, 9 de agosto de 2016.

30. Laurel, *Utopian Entrepreneur*, p. 4-5.

EPÍLOGO: AS CIBERFEMINISTAS

1. Plant, *Zeros + Ones*, p. 59.

2. Virginia Barratt, e-mail para a autora, 1 de dezembro de 2014.

3. Francesca da Rimini, e-mail para a autora, 2 de dezembro de 2014.

4. Scarlet Pollock e Jo Sutton, "Women Click: Feminism and the Internet". In: *Cyberfeminism: Connectivity, Critique, Creativity*, eds. Susan Hawthorne e Renate Klein (North Melbourne, AUS: Spinifex Press, 1999), p. 38.

5. Old Boys' Network, "Old Boys' Network FAQ", 2000. Disponível em: http://web.archive.org/web/20000424093036/http://www.obn.org:80/faq.htm.

6. Cornelia Solfrank, "The Truth About Cyberfeminism", 1998. Disponível em: www.obn.org/reading_room/writings/html/truth.html.

7. Old Boys' Network, "100 Anti-Theses", 1997. Disponível em: www.obn.org/cfundef/100antitheses.html.

8. Renate Klein, "The Politics of CyberFeminism: If I'm a Cyborg Rather Than a Goddess Will Patriarchy Go Away?". In: *Cyberfeminism*, p. 10.

9. Katherine Cross, "Ethics for Cyborgs: On Real Harassment in an 'Unreal' Place", Loading... *The Journal of the Canadian Game Studies Association*, 2014, v. 8, p. 4-21

10. Virginia Barratt, e-mail para a autora, 6 de dezembro de 2014.

Este livro foi composto na tipografia Dante MT Std,
em corpo 11,5/15,75, e impresso em
papel off-white no Sistema Cameron da
Divisão Gráfica da Distribuidora Record.